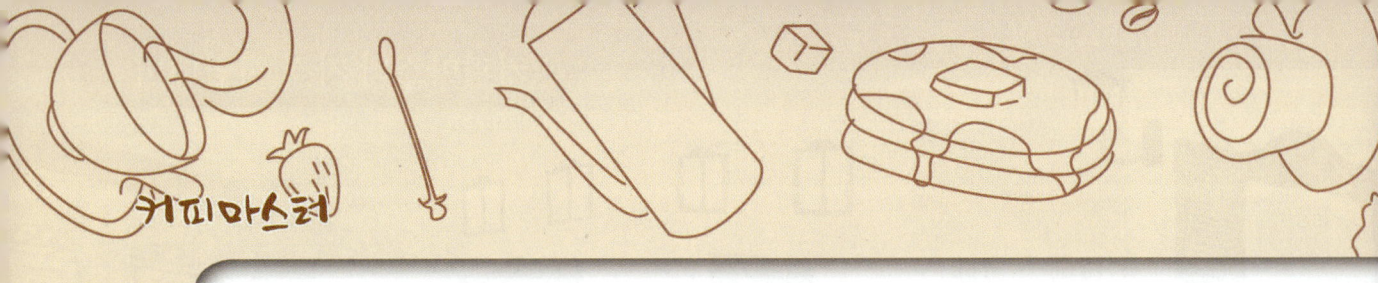

연인, 동료, 친구… 모든 만남에서 '한 잔의 커피'는 이제 특별함이 아닌 일상이 되었다. 이는 우리나라 커피 시장을 가늠하는 하나의 지표로 작용할 뿐 아니라 커피 업계에 종사하는 사람들 또한 많아졌음을 뜻한다 하겠다.

이렇게 넓어진 커피 산업에서 '커피' 하면 떠오르는 전문가는 단연 커피바리스타(Coffee Barista)이며, 이제 굳이 이들의 업무를 설명하지 않아도 되는 직업군으로 정착된 상태이다.

국내 커피시장이 급성장함에 따라 커피바리스타에 대한 높은 관심으로 커피바리스타가 되고자 꿈을 키우며 자격취득에 도전하는 이들을 보면, 남녀노유(男女老幼)를 가릴 수 없으며 특히, 장애우들의 자활의지를 북돋우는 직업으로까지 자리매김하고 있다.

그러나 바리스타 검정이 에스프레소와 카푸치노 추출이라는 기본능력 검증에 머물면서 산업현장의 현실적 요구를 만족시키기에 조금은 부족한 부분이 있다는 여론이 많았다.

따라서 커피바리스타에게 결핍된 부분을 충족하고 자격 취득 후 산업현장에서 곧바로 업무가 가능하도록 핸드드립, 기본메뉴(에스프레소/카푸치노), 카페 메뉴(카페아메리카노, 카페마키아토, 라테마끼아토, 카페라떼) 제작 능력과 매장관리, 위생 및 고객서비스 능력까지를 모두 검증할 수 있는 자격의 필요성을 느끼게 된 것이다.

이에 (사)한국능력교육개발원이 주관하는 명실공히 커피의 최고 전문가 과정이라 할 수 있는 '커피마스터(Coffee Master)' 자격이 탄생케 되었고, 본서는 이러한 커피마스터 자격검정에 초점을 맞춰 구성하였다.

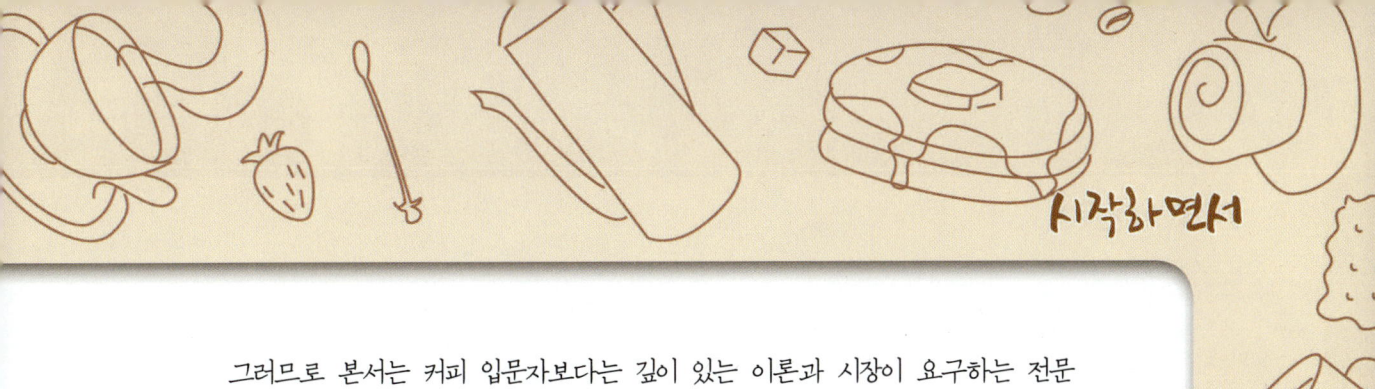

그러므로 본서는 커피 입문자보다는 깊이 있는 이론과 시장이 요구하는 전문기술 습득을 원하는 분들에게 길잡이가 되어 줄 것이며, '커피마스터' 자격 취득을 위한 지침서가 되기에 충분할 것이다.

끝으로 본서가 출간되기까지 노고를 아끼지 않으신 도서출판 한수의 임직원 여러분들과 힘써주신 모든 분들에게 심심한 감사를 표한다.

학술위원 일동

커피마스터

I_커피개론

제1장 커피의 개요 ··· 9
제2장 커피 품종과 생산 과정 ··· 12
제3장 로스팅 ·· 19
제4장 기구를 이용한 추출 ·· 30
제5장 에스프레소 추출 ··· 38
제6장 블렌딩 ·· 44
제7장 커피의 평가 ··· 46
* 적중예상문제 ··· 55

II_카페메뉴

제1장 핫 메뉴 ·· 69
제2장 아이스 메뉴 ··· 75
제3장 기타 메뉴 ·· 77
* 적중예상문제 ··· 83

III_커피기계관리

제1장 커피기계의 발전 과정 ·· 93
* 적중예상문제 ··· 96
제2장 커피기계의 종류 및 설치 환경 ······································ 98
* 적중예상문제 ·· 103
제3장 커피기계의 외부 구조 ·· 106
* 적중예상문제 ·· 114

차 례

제4장 커피기계의 내부 구조 및 관리 ……………………………………… 117
* 적중예상문제 ………………………………………………………………… 131
제5장 그라인더의 구조와 관리 방법 ……………………………………… 138
* 적중예상문제 ………………………………………………………………… 148
제6장 고장 증상과 원인 및 대처 요령 …………………………………… 151
* 적중예상문제 ………………………………………………………………… 153

Ⅳ_업장관리

제1장 메뉴 관리 ……………………………………………………………… 160
제2장 원가 관리 ……………………………………………………………… 161
제3장 구매 관리 ……………………………………………………………… 164
제4장 저장 관리 ……………………………………………………………… 165
제5장 재고 조사 ……………………………………………………………… 169
제6장 위생 관리 ……………………………………………………………… 171
제7장 고객 관리 ……………………………………………………………… 179
제8장 직원 관리 ……………………………………………………………… 182
제9장 조세 관리 ……………………………………………………………… 187
* 적중예상문제 ………………………………………………………………… 189

Ⅴ_고객서비스

제1장 식음료 산업 …………………………………………………………… 199
제2장 서비스란 ……………………………………………………………… 206
* 적중예상문제 ………………………………………………………………… 224

커피마스터

VI_카페창업

제1장 카페창업의 사전준비 …………………………………………………… 239
제2장 카페창업의 일반적인 절차 ……………………………………………… 240
제3장 카페창업에 필요한 기타사항 …………………………………………… 242
제4장 카페 인테리어 사전점검과 공사절차 ………………………………… 245
제5장 카페 메뉴의 이해 ………………………………………………………… 247
* 적중예상문제 …………………………………………………………………… 250

부 록

- 식품위생영업 ……………………………………………………………………… 257
- 식품위해요소 중점관리기준(HACCP) ………………………………………… 264

커피개론

연인, 동료, 친구, … 모든 만남에서 '한 잔의 커피'는 이제 특별함이 아닌 일상이 되었다. 이는 우리나라 커피 시장을 가늠하는 하나의 지표로 작용할 뿐만 아니라 커피 업계에 종사하는 사람들 또한 많아졌음을 뜻한다 하겠다.

제1장 커피의 개요

1. 커피의 의의

　커피는 커피나무 열매의 씨를 볶아서 만든 원두나 가루를 원료로 한 독특한 맛과 향을 지닌 기호음료이며, 유럽에서 1650년 무렵부터 지금의 커피(Coffee)라고 불렸다.
　커피의 어원에 대한 주장은 몇 가지가 있으며, 그 중에서 가장 신뢰하는 주장은 카파(Kaffa)이다. 아랍어로 힘을 의미하는 말로, 에티오피아의 커피나무가 야생하는 곳의 지명이기도 하다. 이 말이 터키로 전파되며 Kahve로, 다시 유럽으로 건너가 프랑스는 Café, 이탈리아에서는 Caffe, 독일은 Kaffee, 네덜란드에서는 Koffie, 영국에서는 Coffee로 불리게 되었다. 현재 일본에서는 코히(コ-ヒ-), 러시아에서는 Kophe, 체코에서는 Káva, 베트남에서는 Cáphê로 불리고 있다. 다른 주장으로는 시(時)에서 와인을 일컫던 Qahwa라는 아랍어에서 나왔다는 것으로, 와인이 금지되어 있던 이슬람교도들 사이에서 커피로 바뀌었다는 것이다.
　커피의 맛은 쓴맛, 신맛, 단맛, 떫은 맛 등 다양한 맛으로 표현되는데 그 중에서 쓴맛은 카페인, 떫은 맛은 타닌, 신맛은 지방산, 단맛은 당질에서 비롯된다.
　오늘날 상업적으로 재배하는 커피의 품종은 아라비카종, 로부스타종, 리베리카종의 3대 원종이 있으며, 전 세계 커피 생산량에서 아라비카종이 70%, 로부스타종이 30%를 차지한다.

2. 커피의 기원

　수천년의 역사를 가지고 있는 커피의 기원을 둘러싸고 다양한 설이 있지만 확실한 기록이나 문헌상의 증거가 없기 때문에 대부분 이야기로만 전해지고 있다.

1) 칼디의 설

커피의 기원과 관련한 설 중에서 가장 유명한 것으로 윌리엄 유커스(Ukers, Willam Harrison)의 저서 '커피의 모든 것(All about coffee)'에 나오는 내용이다. 에티오피아의 양치기 소년인 칼디(Kildi)는 어느 날 자신이 기르는 염소들이 흥분하여 이리저리 뛰어다니는 모습을 보았고, 그 이후 염소들의 행동을 주시하였다. 며칠간 유심히 염소들을 관찰한 칼디는 염소들이 들판에 있는 어떤 나무의 빨간 열매를 먹고 나면 흥분을 하게 되는 것을 알게 되었다. 그 열매의 맛과 성분이 궁금해진 자신도 열매를 먹어보았고, 열매를 먹고 난 뒤 피로감이 사라지면서 신경이 곤두서는 듯한 황홀함을 느끼게 되었다. 그는 곧장 인근의 이슬람 사원에 있는 사제들에게 이러한 사실을 알렸고, 빨간 열매에 잠을 쫓는 효과가 있음을 발견한 사제들에 의해 이후 여러 사원으로 퍼지게 되었다.

2) 오마르의 발견설

1258년 아라비아의 사제였던 '셰이크 오마르(Sheik Omar)'는 어느 날 잘못을 저질러 산으로 추방되었는데 며칠 동안 길을 헤매다가 너무 배가 고팠던 나머지 새가 쪼아 먹고 있던 빨간 열매를 먹게 된다. 열매를 먹은 오마르는 활력을 되찾았고 이 열매가 가진 효능을 알게 되었다. 이후 이 열매를 많은 사람들의 치료에 사용하였고 성자로서 높은 존경을 받았다고 한다.

3) 에티오피아 기원설

다른 지역에서 커피를 액체 형태로 추출하여 약으로 사용하였던 것과 달리 에티오피아 지역에서는 커피나무의 열매를 다른 곡류와 함께 분쇄하여 식량으로 취급하였다. 이렇게 취급된 커피 원두는 점차 아라비아의 여러 지역으로 뻗어나갔고, 11세기 초 아라비아의 라제스(Rhazes)와 아비세나(Avicenna)를 대표로 한 의사들이 커피가 '위장의 수축을 부드럽게 하며 각성효과가 있다'라고 발표하면서부터 약이 아닌 기호음료로 변신을 꾀하게 되었다.

3. 커피의 전파

커피에 관한 정확한 기록이나 문헌이 남아 있지 않지만, 많은 전문가들은 6세기쯤 아비시니아(Abyssinia, 지금의 에티오피아)가 아라비아의 남부 지방(지금의 예멘)을 공격하면서

커피 또한 자연스럽게 옮겨가게 된 것으로 보고 있다. 이후 이슬람 세력의 확장으로 인해 터키에서 많은 수도승들이 즐기는 음료로 활용되었다. 이는 커피가 가진 각성효과로 인해 밤새 기도를 하고 맑은 정신을 유지할 수 있어야 했던 수도승들에게 매우 유용한 음료였기 때문으로 풀이된다. 14세기경 이슬람의 오스만 제국(지금의 터키)은 커피가 대중적인 인기를 얻도록 하는 데 가장 중요한 역할을 하였다. 1517년 오스만 제국의 술탄 셀림(Selim) 1세는 콘스탄티노플(Constantinople, 지금의 이스탄불)에 커피를 소개하고, 커피하우스를 만들어 이곳을 통해 많은 사람들이 커피를 기호음료로서 즐기게 되었다.

십자군 원정 이후 르네상스 시대에 들어서면서부터 커피는 유럽인들의 삶에 들어오기 시작한다. 그 이전까지 이슬람 이교들의 음료라는 이유로 종교 교리에 따라 억압되던 커피는 르네상스 시대에 이르러 예술의 대상으로 여겨질 만큼 관대해지게 되었고, 이탈리아를 비롯한 유럽 전역으로 그 인기가 확산되기에 이른다. 결정적으로 교황 클레멘스 8세가 커피에 세례를 내림으로써 이후 유럽 곳곳에 커피하우스가 생겨나게 되었다.

인도는 1585년에 바바 부단(Baba Budan)이 이슬람으로 성지순례를 갔다가 7개의 커피원두를 몰래 숨겨와 인도 마이소어 지역에 커피를 심게 되고, 곧이어 인도 전체로 퍼져 나갔다. 이후 17세기 말, 네덜란드가 인도의 실론 섬에서 커피묘목을 들여와 유럽에 전파되었으며, 그 뒤 유럽의 제국주의 강대국들은 아시아, 아프리카, 아메리카 등의 식민지들을 유럽에 커피를 공급하는 전진기지로 활용하면서 커피가 세계로 전파되었다.

한국의 커피는 1896년 아관파천 당시 러시아 공사관에서 고종황제가 처음 마셨다고 전해지고 있으며, 고종황제는 덕수궁에 정관헌이라는 서양식 건물을 짓고 이곳에서 커피를 즐겼다고 한다. 그 이후 손탁(Sontag)이라는 여성이 서양식 호텔을 짓고, 그 1층에 '정동구락부'라는 최초의 다방을 열었다고 하며, 한국인에 의한 최초의 다방은 1927년 이경손이 문을 연 '카카듀'라고 한다.

제 2 장 커피 품종과 생산 과정

1. 커피나무의 종류

1) 커피란?

커피는 커피나무의 열매로서 달콤한 체리 속에 들어있는 씨를 다양한 방법으로 가공하여서 마시는 음료이다. 커피나무에 열린 열매자체는 체리라 하여 커피라 불리기에는 다소 무리가 있고 커피는 열매 속의 씨앗을 가공단계를 거쳐 그린 커피상태를 다시 볶아 원두커피를 분쇄하여서 추출한 것을 커피라고 하는 것이 정확하다.

커피나무는 온도, 강수량만 적당하면 야생에서는 10m까지 자라며 나뭇잎과 흰색의 꽃이 피고 고산지대의 배수가 잘 되는 토양에서는 더욱 양질의 커피가 생산된다. 커피나무는 꼭두서니(Rubiaceae)과(科)와 코페아(Coffea)속(屬)에 속하는 관엽수로 식물학적 종(種)은 Arabica, Robusta, Liberica의 세 종류로 분류된다. 현재 전 세계적으로 커피를 생산하는 산지에서는 70% 이상이 아라비카종을 생산하고 나머지 30% 정도는 로부스타 종이 차지하고 있다.

커피나무는 어린 묘목을 경작한 이후 4년이 지나면 수확이 가능하며 15년이 경과하면 수확량이 가장 많다. 위 사진에서 보듯이 커피나무는 흰 꽃이 피고 푸른 열매가 열리며 숙성하면서 붉은 열매가 된다. 세계적으로 커피가 생산되고 있는 산지는 북위 약 23.5°부터 남위 약 23.5°사이를 커피존(Coffee Zone) 또는 커피 벨트(Coffee Belt)라 부르며, 커피 벨트에서도 기후와 지형이 적합한 지역에서만 커피가 생산되고 있으며 고지대일수록 고급 커피가 생산된다.

2. 커피의 주요 품종

아프리카 콩고가 고향인 로부스타는 해발 800m 이하의 지역에서 생산되고 있으며 주로 인스턴트커피의 원료로 사용되고 있으며 아시아, 아프리카 등지에서 생산되고 있다. 로부스타 커피는 다소 거칠고 억센 품종으로 병충해와 토양적응력이 좋아 생산성은 좋으나 쓴맛의 카페인 성분을 많이 함유하고 있으며 향이 빈약하여 점점 생산이 감소하는 추세이다.

해발 600m 이상에서 생산되는 아라비카(Arabica)는 에티오피아가 원산지이다. 아라비카 종은 병충해에 약하며 기온의 영향을 많이 받는다. 그러나 아라비카는 로부스타에 비해 단맛, 신맛 등의 맛과 향이 풍부하며 쓴맛을 내는 카페인 함량이 로부스타의 절반가량만 함유하고 있어 커피 애호가에게 많은 사랑을 받고 있어 생산량은 지속적으로 증가 추세이다.

아라비카의 주요 생산국은 콜롬비아, 엘살바도르, 케냐, 탄자니아, 에티오피아, 멕시코, 브라질, 짐바브웨, 코스타리카, 온두라스, 과테말라, 자마이카, 파나마, 예멘 등이며 로부스타의 주요 생산국은 콩고, 베트남, 우간다, 인도네시아, 필리핀, 가나, 앙고라, 나이지리아 등으로 알려져 있다.

		아라비카(Arabica)	로부스타(Robusta)
원산지		에디오피아	아프리카 콩고
환경	온도	15~24℃	24~30℃
	고도	500~1,500m	200~900m
	강수량	1,500~2,000mm	2,000~3,000mm
	병충해	약함	강함
기본수확량		1,500~3,000	2,400~4,000
당분 함량		8%	5%
카페인 함량		0.8~1.4%	1.7~4.0%
모양		납작하고 길며 붉은색조	볼록한 둥근모양에 푸른색조
성숙기간		9개월	10~11개월
특성		향이 풍부하고 단맛과 신맛이 강한 편	단맛과 신맛은 약하나 중후한 맛은 강한 편

【아라비카 & 로부스타 비교】

3. 아라비카의 품종

아라비카종은 열대기후를 나타내는 곳으로 퍼져나가 돌연변이, 개체변이, 교배종 등으로 그 품종이 다양해졌다. 커피품종은 각 지역의 특성과 기후 등에 맞추어 환경적응을 하여 생산되고 있다.

1) 원종 또는 원종에 가까운 아라비카종

① 티피카(Typica) : 아라비카 원종에 가장 가까운 품종으로 좋은 향과 풍미를 지녔으나 병충해에 약하고 다른 품종에 비해 생산성도 좋지 않다. 생두의 모양은 긴 형태로 대표적으로는 블루마운틴, 코나가 있다.

② 버번(Bourbon) : 티피카의 돌연변이종으로 맛과 풍미는 뛰어나지만 병충해와 생산성이 낮다. 센터컷이 S자형으로 생두의 크기가 작다.

③ 카투라(Caturra) : 브라질에서 처음 발견된 버본의 돌연변이종으로 생두의 크기가 작고 신맛이 높은 편이며 커피나무의 크기가 작아 수확이 용이하고 수확량 또한 많으나 버번과 같이 질병에 취약하여 관리가 필요하다.

④ 아마렐로(Amarelo) : 브라질에서 주로 생산되는 품종으로 체리의 색상이 노란색으로 나무의 크기가 작고 생산성이 높다.

⑤ 마라고지페(Maragogype) : 브라질에서 발견된 티피카의 돌연변이 품종으로 생두의 크기가 큰 편이며 나무의 키 또한 커서 생산성이 좋은 편은 아니다.

⑥ 켄트(Kent) : 인도 고유 품종으로 티피카와 타품종의 교배종이라는 설이 있으며 커피의 녹병에 강하고 높은 생산성을 자랑하는 품종이다.

⑦ 수마트라(Sumatra) : 인도네시아 수마트라섬에서 주로 생산되는 품종으로 가늘고 긴 형태의 생두 모양을 가지고 있다.

2) 교배종으로 새롭게 탄생된 아라비카종

① 문도노보(Moundo Novo) : 버본과 수마트라의 교배종으로 아라비카종 중 가장 많은 수확량을 보여주고 있으며 병충해와 환경적응력이 강해서 현재 브라질에서 주요 품종으로 자리 잡고 있다. 문도노보종은 나무의 키가 커서 전지를 해주어야 한다. 이 품종은 신맛과 쓴맛의 균형이 좋은 커피를 만들어 준다.
② 카투아이(Catuai) : 문도노보와 카투라의 교배종으로 매년 수확이 가능하며 병충해에도 강하고 나무의 키가 낮아 생산성이 좋다. 콜롬비아와 함께 중미지역에서 재배되는 주요 품종이다. 향이 약하고 비교적 단조로운 맛을 보여준다.
③ 티모르(Timor) : 아라비카와 로부스타의 교배종으로서 생두의 크기가 크고 녹병에 강한 품종으로 센터컷이 일자형이다.
④ 카티모르(Catimor) : 티모르와 카투라의 교배종으로 나무의 성장이 빠르고 수확량이 아주 높다.
⑤ 베리드 콜롬비아(Varied Colombia) : 카티모르와 카투라의 교배종이며 병충해에 강하고 빠른 성장으로 다수확이 가능한 품종이다. 콜롬비아에서 빠르게 재배 면적을 넓히고 있는 품종이다.
⑥ 에스엘 28(SL 28) : 아라비카와 로부스타의 교배품종으로 케냐 지역에서 주로 재배되고 있으며 가뭄에 매우 강할 뿐만 아니라 생산성도 아주 좋은 품종이다.

4. 커피의 수확

커피나무에서 붉게 잘 익은 열매를 체리(Cherry)라 부르는데 모양과 색상이 체리와 비슷하다. 커피의 수확기간은 커피의 재배지와 기후 등에 따라 다양하며 하나의 나무에서도 잘 익은 체리와 덜 익은 체리가 함께 있어 보통 잘 익은 체리를 손으로 한 알 한 알 수확하는 것이 일반적인 수확방법이다.

생두의 생산성을 높이고 수확을 앞당기기 위해서

농약을 사용하는 것이 일반적이나 최근에는 유기농으로 커피나무를 재배하는 곳이 점점 많아지고 있다. 이러한 유기농법은 생산성도 높지 않고 수확시기도 다소 늦어지지만 커피의 품질은 아주 좋다. 유기농법 중의 하나인 그늘 경작법(Shade Grown)은 키가 큰 나무로 그늘을 만들어 커피나무의 일조량을 줄여주어 생두의 밀도를 높여 맛과 풍미를 깊게 하는 방법이다.

1) 따기, 핸드피킹(Hand Picking)

커피나무에서 체리가 익어가는 속도 차이가 나는 특성 때문에 수확하는 방식이 결정된 것이라고 할 수 있다. 수확하는 시간과 노동력이 많이 들기 때문에 가격이 비싸지만 좋은 커피를 생산할 수 있다. 중남미 대부분의 커피생산국에서 수확방식으로 채택하고 있다. 이 수확방법은 주로 고산지대나 품질의 아라비카종 수확에 이용하고 있다.

2) 훑기, 스트리핑(Stripping)

수확 시 커피나무 밑에 포장지를 깔고 비교적 잘 익은 체리가 많은 부분을 훑어내는 방식으로 인력이 많이 들지 않는 장점은 있으나 평지로 조성된 농장에서 수확이 가능하며 커피를 자연 건조시키기 때문에 커피 맛이 떫고 크기가 불규칙하다. 또한 영양분이 충분치 않은 덜 익은 체리도 같이 수확이 되기 때문에 로스팅하게 되면 당분 성분이 부족하여 품질이 떨어지는 커피가 종종 포함되기도 한다.

3) 기계수확(Mechanical Picking)

기계수확은 섬세한 수확은 할 수 없으나 인력과 시간을 단축할 수 있는 수확법으로 커피나무의 손상 위험이 있다. 이러한 수확법은 대단위 재배단지에서 모든 커피나무의 체리가 동시에 익어서 한꺼번에 수확할 수 있는 곳이 유리하다.

【 커피 수확 】

5. 커피의 가공

커피나무에서 수확한 커피체리는 가능한 빠른 시간 안에 세척, 건조 등의 가공과정을 거쳐 체리가 손상되지 않도록 하는 것이 중요하다. 완숙한 체리는 씨앗을 감싸고 있는 끈끈한 내과피와 외과피를 포함하고 있다. 하나의 체리에는 2개의 생두를 가지고 있는 것이 보통이며 간혹 하나의 생두만을 가지는 체리도 있는데 이를 피베리(Peaberry)라 한다.

생두를 가공하는 방법은 대략 세 가지가 있다. 건식법, 습식법, 건식과 습식의 방법을 다 병행하는 방법이 있다.

1) 건식법(Dry Process, Natural)

건식법은 체리를 수확하여 체리상태로 자연 건조하는 방법으로 특별한 설비가 필요치 않으며 물을 많이 사용할 수 없는 지역에서 주로 이용되고 있다. 주로 훑기, 스트리핑(Stripping) 또는 기계 수확(Mechanical Picking)한 경우에 건식법을 주로 한다. 건식법은 자연건조와 인공건조 두 가지 방법으로 나눌 수 있다. 자연건조는 체리의 선별을 거쳐 햇볕이 좋은 곳에서 약 2주 정도를 건조시킨다. 건조가 종료되면 생두와 외피가 분리되어 흔들었을 때 소리가 나며 수분함량이 20% 정도가 된다. 이렇게 건조된 체리의 과육질을 제거하고 생두를 다시 건조하여 수분함량을 13% 이하 정도까지 되도록 한다. 인공건조방법은 인건비를 절감할 수 있는 건조법으로 온도조절이 가능한 건조기계에 체리를 건조하는 방법이다.

건식법은 주로 브라질, 에티오피아, 인도네시아, 예멘 등과 로부스타도 건식법으로 커피를 가공한다. 건식법은 습식법보다 고형 성분을 더 많이 함유하고 있어 바디감과 단맛이 좋다.

2) 습식법(Wet Process, Washed)

　대부분 고급 아라비카를 가공할 때 사용하는 방법으로 수량이 풍부하고 설비시설이 잘 되어 있는 산지에서 가능하다. 이 가공법은 우수한 품질, 균일한 생두를 얻을 수 있으며 생두의 가격 또한 비싸게 거래된다. 체리를 큰 수조에 넣어 물에 뜨는 체리는 제거하고 24~48시간 정도 발효하면 끈적거리는 점액질을 제거하고 내과피, 즉 파치먼트(Parchment)를 씻어내는데 이 때 수질오염이 많이 발생한다. 케냐, 탄자니아, 하와이, 자메이카 등 생두가 녹색을 띠고 은피(Sliver Skin)가 적은 것이 특징이다.

3) 반습식법(Semi-Wet Process)

　반습식법은 건식법과 습식법을 같이 병행하는 형태로 수조에 체리를 넣고 과육을 제거하고 파치먼트를 둘러싸고 있는 점액질만을 제거하는 방법으로 맛의 편차가 심하여서 소규모 농장에서 주로 사용하는 가공법이다.

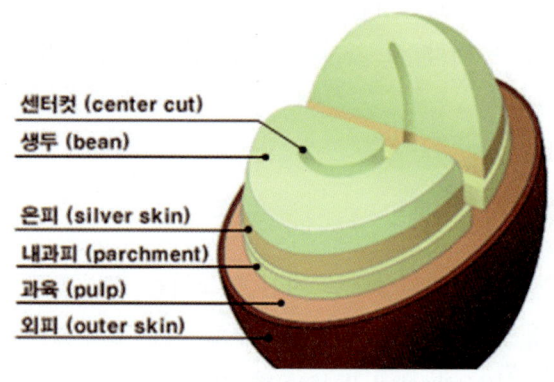

【체리의 가공】

제 3 장 로스팅

1. 로스팅이란?

　로스팅이란 녹색의 생두에 열을 가하여서 볶는 것을 커피 로스팅 또는 배전이라 한다. 커피 로스팅을 하는 목적은 생두가 가지고 있는 여러 가지 다양한 수분, 지방, 섬유질, 카페인, 당분, 단백질, 타닌 등의 성분들을 열에 의해 최상의 맛과 향을 얻기 위함이다.
　생두는 종류와 산지, 목적에 따라 로스팅의 강도 및 방법 또한 달리해야 하는데 커피의 등급을 크기에 따라 분류한 생두의 로스팅과 산지의 고도에 따라 분류한 생두는 로스팅의 방법을 달리 해서 배전하여야 한다. 또한 생두의 특성이 신맛을 많이 함유하고 있는지, 단맛을 많이 함유하고 있는지, 또는 쓴맛을 주로 함유하고 있는지에 따라 로스팅 강도는 달리하여 커피가 가지고 있는 장점을 최대한 표현할 수 있어야 그 원두커피의 맛과 향을 충분히 즐길 수 있다. 예를 들면, 콜롬비아 수프레모를 로스팅한다면 수프레모 커피의 특징을 잘 살릴 수 있는 로스팅이 되어야 한다는 것이다.

2. 로스팅 이전의 처리 과정

1) 생두 선별

　품질의 원두를 생산하기 위해서는 로스팅 전에 생두를 결점두로부터 선별해 내는 작업이 필요하다. 미숙상태의 생두, 썩은 생두, 가공 중에 발생되는 생두의 손상, 벌레 먹은 생두, 생두와 같이 실려 오는 돌, 옥수수 등을 건강한 생두로부터 분리해 내는 과정을 선별 과정이라 한다.

■ 결점두 골라내기

- Partial Black Bean : 부분적으로 검게 변한 생두
- Insect Bean : 벌레 먹은 생두
- Parchment : 선별되지 않은 내과피 상태
- Broken, Cut Bean : 가공이나 운송 도중에 부서진 생두
- Shell : 그린커피 중 안쪽 배아 부분이 빠져 있는 부실한 생두
- Foreign Matter : 나무나돌, 옥수수 같은 커피 외의 물질
- Fissure Bean : 갈라진 상태의 생두 건조과정에서 형성되는 것으로 인도네시아산 생두에 많이 포함되어 있다.

Partial Black Bean

Shell

Parchment

Fissure Bean

Broken, Cut Bean

Peaberry

3. 로스팅

생두를 로스팅 하기 전에 로스터의 드럼을 충분히 예열하여 차가운 생두가 들어갔을 때 떨어질 온도를 감안하고 예열과정을 거쳐 본격적인 로스팅을 하는 것이 로스터 전체가 충분히 가열되어 고른 로스팅이 가능하다. 보통 20~30분 정도의 예열과정을 거쳐 평균 200℃ 정도가 되면 생두를 투입한다. 예열과 함께 로스팅하기 전에 전 로스팅에서 생긴 은피찌꺼기를 집진기에서 비우고 시작버튼을 누르며 호퍼에 생두가 남아있는지 확인하고 댐퍼(Damper), 드럼도어, 온도계, 타이머, 가스밸브 등을 체크하여야 한다. 이러한 사전준비도 로스팅을 위한 예열과정에 포함된다. 예열시키고 있는 동안 생두의 수분율을 체크하고, 크기를 소팅하며, 결점두를 골라내고 로스팅 준비를 한다. 예열이 끝나고 적정온도가 되면 드럼에 생두를 투입한다. 이때 화력은 생두의 종류와 수분율에 따라 다르지만 화력은 너무 강하지도 약하지도 않은 정도로 유지한다. 예열을 한 드럼도 생두가 들어가면서 온도는 급격히 떨어진다.

2,000가지가 넘는 물질로 구성된 생두는 일반적으로 220~230℃의 온도에서 로스팅이 되어, 전체적인 시간을 30분 정도 볶는 로스팅 과정을 통해서 700~850 가지의 향미를 낼 수 있는 성분을 가진 원두(Coffee Bean)가 된다. 로스팅의 방법에는 전통적인 가정식 방법인 팬 로스팅(Pan Roasting)과 가장 널리 사용되는 드럼 로스팅(Drum Roasting), 주로 인스턴트 커피 제조용으로 쓰이는 열풍 로스팅(Hot Air Roasting)이 있다.

생두가 열을 흡수하는 흡열반응이 생기면서 생두에서 수분이 날아가고 생두에서 발생되는 풋 콩냄새가 나면서 은피가 생두에서 분리되기 시작한다. 이때 불의 온도를 좀 더 올려 생두가 부풀어 오르는 과정을 거치되면서 연한 갈색으로 표면이 부드러워진다.

로스팅 시간이 약 10여 분이 경과되면 원두의 수분이 많이 증발되고 콩의 크기가 팽창되면서 원래 생두크기보다 더 커지게 된다. 그러면서 1차 크랙이라고 하는 팝콘을 만들 때 나는 '탁, 탁' 하는 튀는 소리가 연속적으로 발생하고 갈색의 색상과 함께 약한 로스팅 상태로 강한 신맛을 동반한다. 좀 더 로스팅이 진행되면서 원두에서 수분은 거의 없는 상태로 다당류의 당분성분이 커피의 색상을 좀 더 진하게 만들어 준다.

1) 로스팅 단계

- **1단계 - 생두 투입**

    로스팅의 초기 단계로 가열된 드럼에 선별한 생두를 투입하는 과정이다. 생두의 색은 밝은 녹색에서 황록색으로 점차 변화되고, 생두가 단단하고 수분함량이 많을수록 풋내가 오래 지속되며 수분 증발이 늦게 나타난다.

- **2단계 - 건조단계(Drying Phase) : 옐로우(Yellow) 시점**

    이 단계에서 생두는 황록색을 거쳐 노란색으로 바뀌며, 풋내는 고소한 빵 굽는 향으로 바뀌게 된다. 생두가 열을 흡수(흡열반응)하면서 70~90% 가까운 수분이 소실되고, 드럼의 온도가 서서히 증가한다. 댐퍼(Damper : 배기 송풍 조절기)를 통해 드럼 내부의 열량과 기압공급이 균일하도록(화력은 통상 210℃를 넘지 않도록 하고 댐퍼는 닫거나 30~50% 개방)하고 드럼회전속도 40~50회 정도가 적당하다.

- **3단계 - 1차 크랙(1st Crack)**

    열을 가한 생두는 이 시기에 탄수화물이 산화되면서 생두의 센터 컷(Center Cut)이 탁탁 갈라지는 소리가 들리게 된다. 이 과정을 통해 원두의 표면은 보다 팽창되고 색은 갈색에 가까우며 표면도 매끈해진다. 또 신향의 발산이 강한 시점으로 불필요한 신향을 줄이고 싶다면 댐퍼를 열어둔다. 통상 이 시점을 시나몬 로스팅(Cinnamon Roasting) 단계라고 한다.

- **4단계 - 2차 크랙(2nd Crack)**

    원두의 고유한 향이 발산되는 지점으로 로스팅 과정에서 가장 중요한 단계이다. 1차 크랙 이후 원두 내부의 오일 성분이 원두의 표면으로 올라오게 된다. 원두는 점차 갈색에서 진한 갈색으로 바뀌며 원두의 표면은 1차 크랙 때보다 더 팽창한다. 대략 이 시점을 풀 시티 로스팅(Full City Roasting) 단계라고 하며 가열로 인한 캐러멜화로 신맛보다 단맛이 섞이게 된다. 2차 크랙 이후부터는 신맛과 단맛은 거의 없어지고 쓴맛이 강해지는 프렌치 로스팅(French Roasting), 이탈리아 로스팅(Italian Roasting) 단계가 된다.

2) 로스팅의 물리적·화학적 변화

① **물리적 변화** : 물리적으로 색상과 크기, 수분 함량 등이 로스팅 과정을 통해 변화하게 된다.
- 크기는 생두일 때 기준으로 50~80% 커지게 된다.
- 수분함량은 12% 내외에서 1% 내외로 낮아지게 된다.
- 색상은 그린에서 검은색으로 명도가 낮아진다.

② **화학적 변화** : 로스팅을 통해 맛과 향을 가지게 된다.
- 카페인보다는 당의 변화에 의해 커피의 맛과 향이 달라진다.
- 생두의 셀(Cell)이 확장되면서 수분화 기화성분이 날아가고 당 성분이 녹아 고르게 퍼져 나가게 되며 맛과 향이 변하게 된다.

3) 로스팅에 따른 컬러값

로스팅 후 로스팅 강도를 측정하기 위해 사용하는 기계가 에그트론(Agtron)과 네오텍(Neotec)이다. 눈으로 봐서 정확한 로스팅 강도를 측정하기는 어렵다. 어림잡아 로스팅 정도를 알 수는 있으나 보다 정교한 컬러 값을 측정하기 위하여 사용하는 장비이다.

Level	Agtron No.	Neotec No.	Color
Light Roast	95	125	미디어 다크, 옐로우
Cinnamon	85	115	다크 옐로우
Medium	75	105	아주 연한 브라운
High	65	95	연한 브라운
City	55	85	브라운
Full City	45	75	미디엄 다크 브라운
French	35	65	다크 브라운
Italian	25	55	매우 진한 브라운

Agtron　　　　　　　　　Neotec

4) 로스팅 강도

아라비카종은 시티 또는 풀시티 로스팅 단계에서 맛과 향이 최상이라는 평가를 받고 있다. 로스팅이 약할수록 신맛이 강하고 수분함량이 높으며 로스팅이 강할수록 수분이 많이 빠져서 원두는 가벼워지고 쓴맛이 강하게 느껴질 수 있다.

① 라이트 로스팅(최약배전)

가장 약하게 로스팅된 상태로 라이트 로스팅 단계의 원두를 가지고 커피를 추출하면 커피가 가지고 있는 쓴맛, 단맛 등의 깊은 바디감을 느낄 수 없으며 생두의 수분이 어느 정도 남아 있어 색상은 황색을 띠게 된다.

② 시나몬 로스팅(약배전)

이 단계에서의 로스팅은 커피의 신맛이 가장 두드러지며 생두의 외피로부터 떨어져 나온 은피(Silver Skin)가 가장 많이 제거되는 단계이다. 색상은 황갈색을 띠는데 커피의 신맛을 즐기고 싶다면 시나몬 로스팅이 제격이다.

③ 미디엄 로스팅(중약배전)

아메리칸 로스트라고 불리어지는 단계로 신맛과 쓴맛을 적절히 느낄 수 있어 편안하게 마실 수 있는 로스팅 단계로 원두의 색상은 담갈색을 띤다.

④ 하이로스팅(중배전)

이 단계에서는 신맛보다 단맛이 더 두드러지게 되며 일반적으로 가장 많이 로스팅되

는 단계로 원두의 색상은 갈색을 띠고 레귤러 커피로서 핸드드립용으로도 가장 이상적이라는 평가를 받고 있는 로스팅 단계이다.

⑤ 시티로스팅(강중배전)

이 단계는 균형잡힌 맛과 다소 강한 향미를 느낄 수 있는 단계로 원두의 색상이 진갈색을 보여주며 하이 로스팅과 같이 가장 많이 로스팅되는 단계로 무난한 균형미를 보여주는 로스팅이라 할 수 있다.

⑥ 풀시티 로스팅(약강배전)

이 단계로 접어들면 신맛보다는 쓴맛과 진한 커피가 가지고 있는 고유의 강한 맛이 강조되는 단계로 아이스커피 또는 우유가 들어가는 메뉴를 만들기에 적당한 로스팅이다.

⑦ 르렌치 로스팅(강배전)

커피의 중후한 맛이 강조되며 원두의 표면에 기름기가 보이기 시작하고 검은 갈색의 색상으로 커피의 진한 맛을 즐기기에 좋으며 로스팅할 때 로스터의 잘 숙련된 기술이 필요한 단계이다.

⑧ 이탈리아 로스팅(최강배전)

가장 쓴맛이 정점에 달하는 단계로 원두가 타는 냄새가 나는 단계이다. 현재 이탈리아에서도 거의 하지 않는 로스팅이다.

5) 로스팅을 위한 로스터의 종류

생두를 볶는 방법도 많이 진화하고 있다. 철판에 생두를 넣고 볶아서 먹었던 시대부터 수망로스팅, 후라이팬 등의 재래식의 로스팅이 현재는 종류가 더 다양해졌다.

일반적으로 현재 대형 로스팅 공장이나 로스터리 카페 등에서 가장 많이 사용하는 로스터의 종류를 알아보자.

먼저 직화식 로스터(Drum Roaster)는 가장 일반적인 로스터기로 드럼에 열을 직접적으로 보내 생두를 볶는 것이다. 열풍식 로스터(Hot Air Roaster)는 고온 열풍으로 생두를 볶는 방식으로 직화식보다 균일한 배전이 가능하고 열손실도 적다는 장점을 가지고 있다.

종류	원리	장점	단점
직화식	• 원통형 드럼의 회전에 의한 로스팅 • 통 속에 생콩을 넣고 열을 가하여 볶음.	• 커피의 맛과 향이 직접적으로 표현	• 생콩의 팽창이 적고, 균일한 로스팅이 어려움
반열풍식	• 직화식 로스터의 변형 • 드럼 뒤쪽에서 내부로 열풍이 전달되어 연소가스가 드럼 내부를 순환	• 열효율이 높아 직화식보다 균일한 로스팅 가능	• 이동이 불편하고 비용 부담이 커 상용화 어려움
열풍식	• 열풍을 원두 사이로 순환시켜 로스팅	• 균일하고 단시간에 로스팅이 가능 • 대량으로 생두를 볶을 때 사용	• 드럼 로스트보다 개성의 표현이 어려움

6) 산지별 로스팅 특징

① 브라질

명실 공히 세계 최대 원두 생산국이며, 로스터들에게 필요한 질 좋은 커피 생두를 많이 생산하고 있다. 지역에 따라 품종도 가지가지이고 맛도 다르지만 가뭄, 서리 등의 기후변화는 항상 위험 요소로 커피가격을 불안정하게 만든다. 매년 8월이 되면 세계 커피 관계자들은 브라질 커피의 작황에 주목하게 된다.

브라질은 블렌드커피를 만드는 데 기본베이스로 사용되는 필수적인 커피로, 콜롬비아와 더불어 생산량이나 수요량이 많다. 그러나 브라질에서 양질의 커피를 입수하는 것이 쉬운 일만은 아니다. 좋은 커피를 입수하는 노하우가 좋은 맛의 블렌드커피를 볶을 수 있는 결정적 요인이 된다. 양질의 브라질 커피는 신맛과 쓴맛의 밸런스가 훌륭하고 단맛도 풍부하여 스트레이트건 블렌드이건 다양하게 즐길 수 있다. 배전도는 전 부분에 걸쳐 가능하며, 각 단계마다 맛을 표현하기에 적합한 커피다. 자연건조식이 주류를 이루기 때문에 에스프레소커피를 볶을 때 실버스킨을 완전히 벗겨주는 것이 필요하다. 에스프레소커피에 사용되는 원두는 기본적으로 뉴 크롭(New Crop)을 사용해야 양질의 커피를 만들 수 있다.

② 콜롬비아

브라질과 쌍벽을 이루는 커피 대량 생산국이지만 적절한 시기에 구입하지 못하면 금세 품절되는 것이 콜롬비아 커피다. 이 커피 역시 블렌드커피에 많이 쓰이고 양질의 신맛과 감칠 맛, 특유의 향이 일품이다. 콜롬비아 마일드 커피(케냐, 탄자니아 포함)로 칭해지며 거래되고 특히 '수프레모'는 최고급 상품이다.

콜롬비아 커피는 배전도에 따라 다양한 맛으로 표현할 수 있으며 대부분의 수입 콩은 뉴 크롭이다. 콩이 크고 두꺼우며 수분함량이 많기 때문에 콩 내부에까지 열을 침투시켜 수분을 날리며 배전하는 것이 요령이다. 드립커피를 위해 적정량보다 넉넉하게 구입하여 쌓아두었다 사용하는 것도 맛있는 커피를 만드는 노하우다.

③ 중미

멕시코, 과테말라, 온두라스, 코스타리카, 니카라과, 파나마 등의 국가에서 생산되는 커피들은 대부분 스트레이트나 블렌드커피의 증량제로 사용된다. 특히 과테말라나 코스타리카 커피는 블렌드 외에 스트레이트로도 많이 애용될 정도로 맛이 우수하다. 품종 또한 다양해서 선택에 주의해야 한다. 블렌드커피로 사용할 때 기본베이스로 사용되는 원두와의 관계를 잘 살펴서 등급을 조절할 필요가 있다. 약배전에서 중간배전까지 다양한 맛을 표현할 수 있다.

④ 카리브해

대부분이 고급상품으로 모양에 있어서나 맛에 있어서나 모두 훌륭하다. 신맛과 달콤한 향이 조화를 이루어 스트레이트로 주로 사용한다. 가격이 높고 생산량이 적기 때문에 블렌드로 사용하기에는 부적절하다. 비교적 로스팅하기가 쉬워서 초보자의 경우에도 실수가 적은 커피이다.

⑤ 남미

페루, 베네수엘라, 에콰도르 등에서 재배되는데, 그 중 원활한 조달이 가능한 커피가 페루 산이다. 빌라리카 화산지대 근방에서 재배되는 페루 커피는 맛이 양호하여 콜롬비아 대용품으로 사용하기도 한다. 신맛과 쓴맛이 잘 조화를 이루어 강배전을 해도 극단으로 치우치지 않게 되고 중용을 이루는 농도 짙은 커피를 완성할 수 있다. 배전에 입문하는 사람들이 수월하게 다룰 수 있는 커피이다.

⑥ 만델링

수마트라와 술라웨시가 있다. 수마트라섬 해발 500m 이상에서 생산되는 커피를 통칭해서 '만델링'이라고 한다. 한때 세계 최고의 품질을 자랑했으나 근래 들어서는 만델링만큼 결점두가 많은 생두가 없다는 평가까지 듣고 있다. 중량감 있는 쓴맛의 커피로 에스프레소나 짙은 아이스커피를 만들 때 알맞다. 스트레이트 커피로 사용할 때는 강배전 초입단계 정도가 알맞다. 술라웨시섬에서 생산되는 카로시나 토라자는 깊은 맛과 여운을 남기는 뒷맛으로 커피 애호가들이 즐기는 스트레이트 커피로 사용된다. 최근에 자바섬에서 '신산'이라는 맛 좋은 커피가 생산되고 있다.

⑦ 모카

예멘과 에티오피아에서 생산되는 모카커피는 대단히 의미있는 커피이다. 신맛과 단맛이 잘 조화되어 있으며 풍부한 향기는 스트레이트나 블렌드커피에 있어 절대적으로 필요한 요소이다. 때로는 결점두로 따기(Hand Pick)를 해야 하는 부분도 맛의 일부분을 담당하기도 한다. 풍부한 양질의 원두를 확보하는 것이 커피숍의 맛을 좌지우지한다고 할 수 있다. 블렌드에 사용 시 과다하게 사용하면 들큼한 맛을 낼 우려가 있기 때문에 배전할 때 많은 기술을 요하는 까다로운 콩이다.

최근 웰빙 커피가 주목을 받으면서 오가닉(유기농) 커피를 재배한다고 하는 나라들이 많은데, 실제로 오가닉을 재배하는 곳은 대규모 농장이 아닌 방치된 상태의 소규모 농원이며 예멘 같은 나라에서 나오는 오가닉 커피야말로 진짜 순수한 오가닉이라고 할 수 있다.

⑧ 아프리카

콜롬비아 마일드로 거래되는 탄자니아, 케냐가 대표적이다. 탄자니아 커피는 동양 사람들이 특히 좋아하는 커피로 신맛과 산뜻한 향기가 월등한 커피이다. 케냐와 더불어 블렌드커피나 단종으로 사용되며, 비교적 수급도 안정적이고 배전하기에도 수월하다. 중배전에서 강배전까지 가능하며, 원두의 부풀음도 훌륭하다.

⑨ 아시아, 오세아니아

인도, 뉴기니, 하와이, 필리핀, 베트남 등이 대표적인 커피 생산국으로 인도는 페루 커피처럼 강배전을 해도 맛이 강해지지 않기 때문에 배전의 폭이 넓다고 할 수 있는 원두이다. 시애틀 쪽에서는 에스프레소 용도로 사용하기도 한다.

하와이 커피인 코나는 고가의 커피이지만 그만큼 결점두를 거의 찾아볼 수 없는 양질의 커피이다. 맛 좋은 산미를 지닌 커피로 배전의 폭이 넓어 약배전에서 강배전까지 모두 적합하다. 유지분이 많기 때문에 미리 구입해 두었다가 사용하는 것도 좋은 방법이다. 그 외 필리핀이나 베트남 등의 커피는 저급의 상품들이 주류를 이룬다.

⑩ 로부스타

많은 생산국이 있지만 그 중 인도네시아, 코트디부아르, 마다가스카르, 우간다, 인도 등이 대표적인 생산국이다. 로부스타는 아라비카에 비해 신맛과 향은 부족하지만, 에스프레소나 짙은 커피에 소량 사용하면 무게가 더해져 풍부한 맛을 낼 수 있어 블렌드 커피로 사용하기도 한다. 일부 지역의 로부스타는 가격도 고가이며 맛도 좋다.

제4장 기구를 이용한 추출

1. 추출

1) 추출의 목적

커피가 가지고 있는 좋은 맛과 향의 성분을 뽑아내기 위하여 로스팅 한 원두를 분쇄하고 뜨거운 물로 커피가 가지고 있는 여러 성분들을 녹이고 녹은 성분들을 커피입자 밖으로 흘러나오게 하는 것이 추출이다. 커피의 추출은 잡스러운 맛을 제외한 양질의 유효 성분만을 뽑아내는 것이다. 즉 커피의 추출은 커피가 가진 향미의 유효성분을 추출하는 것을 목적으로 한다.

2) 추출 시간

뜨거운 물은 커피 향미성분의 약 80% 정도를 추출할 수 있는데 보통 맛있는 성분(상큼한 맛, 달콤한 맛)은 먼저 추출되고 떫은맛, 쓴맛은 물과 오래 접촉하면서 천천히 추출된다. 따라서 커피 추출시 '시간'에 대한 부분이 체크되어야 커피 결과물이 달라진다. 즉 무거운 맛과 떫은맛을 최소로 추출하고 싶다면 유일한 방법은 시간을 최대한 단축시키는 방법이다. 그러나 너무 빨리 추출하면 커피성분이 제대로 우러나지 않기 때문에 빈약한(Flat) 맛으로 커피 본연의 맛을 느낄 수 없다.

3) 추출 과정

커피 추출 과정으로 먼저 물과의 접촉 1단계(Wetting)로 커피가루가 물에 적셔짐으로써 로스팅으로 발생된 이산화탄소를 배출하고 물을 머금은 커피는 추출하고자 하는 성분을 내보낼 준비를 하게 된다. 다음 단계로는 물을 부음으로써 농축되어 있는 커피의 성분이 물과 만나 희석되어 추출된다. 커피의 추출 원리로는 커피가루에 물을 침투시키고 커피가 물에 융해되고 마지막으로 물과 커피가 분리되는 과정으로 한 잔의 커피가 추출된다.

- 침투(Percolation)
- 용해(Solution)
- 분리(Separation)

4) 추출시 고려 사항

① 원두의 종류
② 추출하고자 하는 커피의 양
③ 원두의 로스팅 정도
④ 추출 시간
⑤ 원두의 신선도
⑥ 원두의 분쇄 정도
⑦ 사용하고자 하는 원두의 양
⑧ 사용하고자 하는 물의 종류 및 온도

5) 추출 방법

방법	특징
달임법(Decoction)	추출 용기 안에 물과 커피가루를 넣고 짧은 시간 동안 끓인 후 커피가루가 가라앉은 후 음용하는 것 터키식 커피(Turkish Coffee)
우려내기(Infusion)	추출 용기 안에 물과 커피가루를 넣고 커피 성분이 용해되기를 기다린 후 커피가루를 가라앉히고 음용하는 것 프렌치 프레스(French Press)
여과법(Brewing)	추출 용기 안에 커피가루를 넣고 그 위에 뜨거운 물을 부어 밑의 용기에 떨어진 커피를 음용하는 것 커피메이커, 핸드드립(Hand Drip), 워터드립(Water Drip)
가압추출법 (Pressed Extraction)	분쇄된 커피가루에 뜨거운 물을 압력을 가해 통과시켜 음용하는 것 모카포트(Mocha Pot), 에스프레소(Espresso)

2. 핸드드립(Hand-Drip)

핸드드립은 사람의 손으로 드립포트와 드립퍼, 페이퍼 필터, 서버 등을 이용하여 여과 필터에 분쇄한 원두를 넣고 뜨거운 물을 투과하여 커피액을 추출해 내는 방식으로 커피 고유의 맛과 향을 그대로 느낄 수 있다. 핸드드립 시 커피와 물의 접촉 방법 및 물 주입의 다양한 방법이 존재하는 것은 개인이 추구하는 방법과 수단 등 선호도에 따라 달라질 수 있기 때문이다. 분쇄입자는 커피의 분쇄가 얇게 되어야 표면적이 넓어져서 물을 쉽게 흡수하고 물이 분쇄된 가루를 통과하는 데 용이하여 커피가 가지고 있는 고유의 성분들이 잘 추출될 수 있다. 굵게 분쇄한 커피의 추출시간은 평소보다 물 주입시간을 길게 하여 커피가 가지고 있는 좋은 성분들을 충분히 추출될 수 있도록 하여야 하며 반대로 얇게 분쇄한 커피의 추출시간은 빠르게 하여 커피가 물과의 접촉시간이 길어 쓰고 떫은 맛이 많이 추출되지 않도록 빨리 추출한다. 물의 온도는 낮으면 신맛과 떫은 맛이 강하고, 온도가 높으면 쓴맛과 날카로운 맛이 강해진다.

1) 서버(Server)

강화 유리 재질로 되어 있으며 추출된 커피의 양을 확인할 수 있도록 눈금이 표시되어 있다.

2) 드립 포트(Drip Pot)

물을 가늘게 조용히 부을 수 있도록 추출구가 가늘면서 일정하고 긴 것이 좋다.

3) 드립퍼(Dripper)

고 노

칼리타

하리오

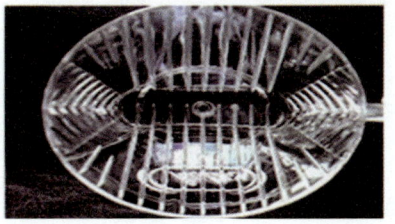

멜리타

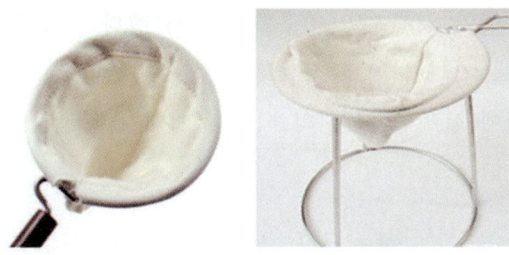

융드립

3. 이브릭(Ibric), 체즈베(Cezve)

터키식 커피로 알려진 추출 방법으로 원두를 밀가루처럼 아주 곱게 갈아 찬물과 함께 가열하여 추출하는 방식으로 진하고 풍부한 맛을 내는 것이 특징이다.

- 이브릭 : 뚜껑이 있는 형태 - 침지 방식의 원조
- 체즈베 : 뚜껑이 없는 형태

이브릭은 원두를 밀가루처럼(0.1mm) 아주 곱게 분쇄한 커피가루를 넣고 찬물과 함께 가열하여 추출하는 방식으로 가장 오래된 추출기구이다.

체즈베

이브릭

- **이브릭 & 체즈베 추출 방법**

  ① 아주 미세하게 분쇄한 커피 가루를 추출도구에 넣고 물을 부어 천천히 저어가면서 커피를 끓인다. 가열하면 전면적으로 동시에 커피가 끓어오른다.
  ② 거품이 한꺼번에 발생한다. 거품이 일기 시작하면 기구를 불에서 뺀다. 거품은 따로 덜어 두고 커피는 앙금이 가라앉기를 기다려 잔에 적절히 나누어 따른다.
  ③ 마지막 거품을 적절히 나누어 각 잔에 올리면 한 잔의 터키식 커피가 완성된다.

4. 사이폰(Siphon)

플라스크에 담긴 물이 가열되면서 로트로 밀려 올라가 커피가루와 섞인 후 추출된 커피가 플라스크로 내려오게 하는 추출 방식으로 진공여과 방식이라고 한다.

- 로트 : 다리부분이 가늘고 유리로 되어 있어 취급 시 주의해야 하고 갑작스런 온도 변화에 깨질 수 있어 뜨거운 상태에서 식혀준다.
- 필터 : 재질은 융으로 되어 있으며 사용 후 깨끗이 씻어 물에 담궈 냉장고에 보관한다. 그러나 최근 사이폰의 필터는 일회용 종이 여과지를 많이 사용하는 추세이다.

- 플라스크 : 알코올램프 등의 불이 닿기 때문에 표면에 물이 묻어 있는 상태에서 불에 올리면 깨지기 쉬우므로 물기를 제거하고 사용한다.
- 대나무 스틱 : 커피의 성분이 골고루 추출될 수 있도록 저어 주는 데 사용한다.

■ **추출 방법**

① 하부 플라스크에 물을 넣고 가열한다.(뜨거운 물을 사용)
② 0.5mm 정도의 분쇄입도로 커피를 분쇄한다.
③ 필터에 여과지를 끼운 후 돌려 두 개의 필터를 단단히 고정한다.
④ 여과필터를 상부 로트에 끼우고 밑에 달려있는 홀더를 관에 걸어서 고정한다.
⑤ 로트를 하부 플라스크에 살짝 걸쳐 놓는다.
⑥ 물이 끓으면 로트에 분쇄한 커피를 넣은 후 평평하게 되도록 살짝 쳐준다.
⑦ 불을 절반 정도 줄이고 로트를 삽입한다.
⑧ 스틱을 로트 가장자리에 꽂아준다.
⑨ 플라스크의 물이 로트로 다 올라가면 스틱으로 저어 고르게 끓여준다.
⑩ 25~30초가 경과하면 불을 끄고 다시 스틱을 10회 정도 저어준다.
⑪ 커피가 하부 플라스크로 내려오면 로트를 뺀다.
⑫ 하부 플라스크에 있는 추출액을 잔에 붓는다.

5. 프렌치 프레스(French Press)

간단하게 추출하는 방법으로 물과 커피의 접촉 시간의 조절로 커피 맛을 조절할 수 있다. 추출된 커피는 강한 향미와 높은 바디감이 특징이다. 차를 우릴 때나 가정에서 카푸치노를 만들 때, 필요한 우유거품을 낼 때도 사용된다.

■ 특징

프렌치 프레스는 분쇄한 커피를 넣고 뜨거운 물을 붓고 일정한 시간이 경과되면 커피 성분이 녹아져 나오게 되는데, 피스톤으로 눌러 추출액만 분리해 내면 된다. 우려내기 방식과 가압 추출방식이 혼용된 추출방법으로 더 많은 커피 성분이 남아있어 유럽인들이 선호하는 커피 오일 성분이 있어 바디감이 짙은 커피가 된다. 150~160ml 한 잔의 커피를 추출하는데 약 8~10g의 커피와 180~200ml의 물이 필요하다. 로스팅 정도는 풀시티 정도의 강 볶음으로 분쇄입자는 약 1.0mm 정도의 굵기로 분쇄한다.

6. 더치커피(Dutch Coffee)

워터드립(Water Drip)이라고도 하며 차가운 상태의 물을 아주 천천히 추출하는 방식으로 쓴맛과 떫은 맛이 적은 것이 특징이다. 찬물로 추출하기 때문에 추출 후 오랜 시간이 지나도 맛의 변화가 거의 없다.

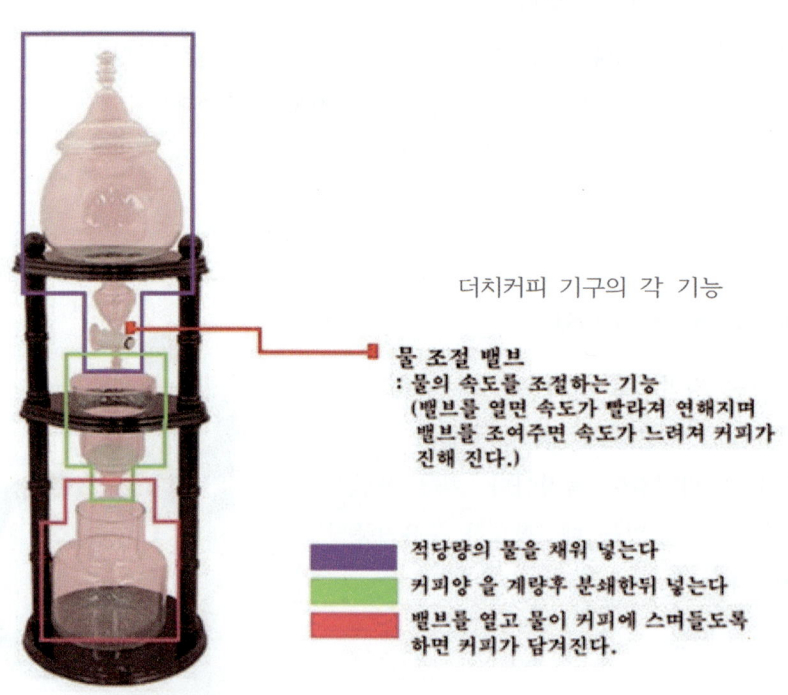

더치커피 기구의 각 기능

7. 모카 포트(Mocha Pot)

이탈리안 스토브 탑(Italian Stove Top)이라고도 부르며 추출되는 원리는 증기압에 의해서이다. 에스프레소 머신의 원조격으로 간단하게 사용할 수 있으며 크레마는 적지만 가정에 에스프레소를 즐길 수 있는 가정용 에스프레소라고 한다.

모카 포트

■ 특징

수증기의 힘에 의해 물이 필터바스켓의 관을 따라 위로 올라가게 된다. 바스켓에 담겨있는 커피는 물이 끓으면서 찐 상태가 된다. 관을 타고 올라간 물이 커피를 통과하면서 커피성분이 추출된다. 1잔당 6~7g의 커피, 30ml 추출을 위해서 45ml 정도의 물이 필요하며, 커피분쇄는 아주 가늘게 분쇄한 0.3mm 정도가 적당하다.

8. 커피 언(Coffee Urn)

여과식으로 추출하며 직결식이어서 정수 시설이 같이 갖추어져야 하며 볶은 커피를 대형 여과지에 넣고 끓인 물을 위에서 부어 추출을 하며 오랜 시간 서비스할 수 있도록 추출된 커피에 뜨거운 물을 순환시켜 온기를 유지한다. 대형 사무실, 연회장 등 커피를 동시에 다량 서비스해야 할 때 사용하는 기구이다.

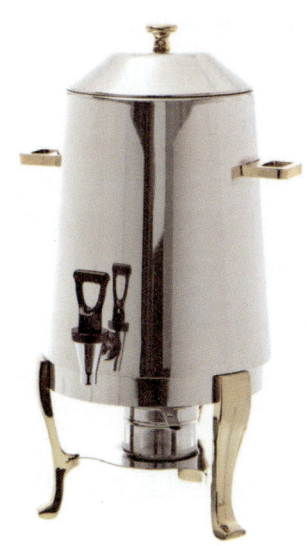

커피 언

제 5장 에스프레소 추출

1. 에스프레소란

　에스프레소(Espresso)란 '빠르다'란 의미의 'Express'에서 비롯되어진 말로 고객의 요청에 의해 만들어지고 바로 서빙되기 때문에 이태리어 'Esspressivo'에서 유래된 것으로 보인다.
　드립식 커피가 적어도 2~3분이 소요되는데 비해 에스프레소는 20~30초에 추출한다.
　짧은 시간 안에 작업을 끝내야 하는 만큼 원두의 입자도 일반 커피보다 더 미세하고, 7~9기압 정도의 증기를 투과시켜야 하므로 일반 커피메이커나 드립퍼로는 에스프레소를 추출하기 어렵다. 보통 에스프레소용 원두의 경우 짧은 시간에 빨리 뽑아내기 때문에 카페인 함량이 다른 일반 커피에 비해 적은 것으로 알려져 있다.
　제대로 추출된 에스프레소는 맛이 매우 진하며 일반 커피에서는 볼 수 없는 크레마(Crema)라는 황금색 크림층이 형성된다.
　이 크레마는 원두속의 오일과 투과증기가 만나 커피 위로 떠오른 층이며, 에스프레소 기계의 성능과 종류, 원두의 종류와 로스팅 상태에 따라 차이가 나며, 크레마에는 원두의 향이 응축되어 있으므로 너무 두껍거나 옅으면 에스프레소의 적절한 맛을 즐기기가 어려운 만큼 크레마가 에스프레소의 맛을 좌우한다 해도 과언이 아니다.

2. 에소프레소 추출 기준

　에스프레소의 추출 기준은 각 나라와 지역의 취향과 문화에 따라 다르므로 절대적인 기준은 없으나 가장 많이 사용하는 기준을 보면 다음의 표와 같다.

추출 요소	추출 기준
분쇄 커피의 양	7~9g(1잔 기준)
분쇄 입자의 굵기	0.25mm
추출량	25~30ml(크레마 포함)
물의 압력	7~9기압
추출 시간	25~30초
물의 온도	88~95℃
크레마의 두께	2~4mm

1) 다양한 에스프레소 추출

① 에스프레소(Espresso)

에스프레소 커피를 원액으로 먹고 입 속에 여운을 즐기는 커피로 25~30ml 정도를 추출하여 에스프레소 잔에 제공한다.

② 리스트렛토(Ristretto)

짧게 추출한 에스프레소를 말한다. 에스프레소 보다 적은 양인 15~20ml 정도 짧은 시간에 추출해 에스프레소 잔에 제공을 한다. 진하면서도 부드러운 맛이 특징이다. 에스프레소보다 커피의 양은 적지만 추출 시간이 짧아 커피의 쓴맛과 떫은 맛이 적게 추출되어 진하지만 좀 더 부드럽게 즐길 수 있다. 에스프레소에 우유와 설탕을 같이 넣고 마시면 더욱 맛이 있다.

③ 룽고(Lungo)

길게 추출한 에스프레소를 말한다. 에스프레소보다 더 많은 35~40ml 정도를 추출하여 연하고 쓴맛이 특징이다. 에스프레소보다 시간과 양을 길고 많이 추출하여 에스프레소, 리스트레토보다 쓴맛이 더 추출되는 것이 특징이다.

④ 도피오(Doppio)

영어로 더블(Double)의 의미이며 두 배의 추출을 의미하기 때문에 도피오는 14~15g을 넣고 에스프레소 2샷을 추출한다.
- 에스프레소 도피오 : 25~30ml 에스프레소를 2잔 추출하여 제공한다.

- 리스트레토 도피오 : 15~20ml 리스트레토를 2잔 추출하여 제공한다.
- 룽고 도피오 : 35~40ml 룽고를 2잔 추출하여 제공한다.

2) 에스프레소 추출시 주의사항

① 탬퍼의 선택

탬퍼는 커피를 다지는 기술에서 중요한 역할을 하는 도구로 탬퍼의 강도는 커피의 추출시간과도 관계가 있으며 탬퍼는 바스켓 지름과 유격이 거의 없는 탬퍼를 선택해야 고른 탬핑을 할 수 있다.

② 크레마

에스프레소 추출시 가압에 의해 커피의 지방성분이 밀려나온 것으로 에스프레소에서 크레마의 역할은 커피가 빨리 식지 않도록 온도유지를 해주며 커피가 가지고 있는 향이 좀 더 풍성하게 만들어주는 역할을 한다. 크레마 상태에 의해 커피의 추출 이상 유무를 판단할 수 있다. 추출시 정상압력 이하 또는 이상이면 크레마가 생기지 않거나 빠르게 휘발될 수 있다.

3) 에스프레소를 맛있게 하는 요인들

① 생두 : 좋은 등급의 생두를 용도에 알맞게 로스팅하여 품질의 원두가 준비되어야 맛있는 에스프레소를 추출할 수 있다. 따라서 좋은 생두와 로스팅이 첫 번째 맛있는 에스프레소의 요인이 된다.

- 등급분류법
  - 스크린 사이즈
  - 재배 고도
  - 결점두의 수
  - 결점두의 수 + 커핑 점수

② 블렌드(Blend)

스타일	블렌딩
블렌딩A	브라질 50% + 에티오피아(예가체프) 25% + 인도네시아(만델링) 25%
블렌딩B	브라질 30% + 과테말라 30% + 콜롬비아 30% + 로부스타 10%

③ 커피분쇄입자 : 분쇄입자의 크기는 에스프레소를 추출하는 데 많은 영향을 미친다. 분쇄 입자가 너무 크면 커피가 빠르게 추출되어 커피가 가지고 있는 좋은 성분들을 제대로 추출하기 어렵고, 반대로 너무 곱게 분쇄된 커피는 물과 분쇄된 커피가 오래 접촉하고 있어 커피의 쓴맛과 떫은맛이 더 추출될 수 있다. 따라서 커피의 분쇄입자는 에스프레소를 추출하는 데 중요한 역할을 한다.

④ 에스프레소 기계 : 좋은 커피를 추출하기 위해서는 일정한 온도, 일정한 압력, 일정한 추출량이 가능한 기계여야 한다.

4) 커피를 맛없게 만드는 요인

커피는 신선식품으로서 수확 또는 로스팅한 날로부터 멀어질수록 맛과 향이 떨어진다. 일반식품은 신선하지 않으면 경우에 따라 사람의 인체에 해로운 경우가 있으나 커피는 오래 되었다고 하여 건강을 해치는 경우는 드물다. 다만, 맛과 향이 떨어지게 된다.

커피는 오래되었다고 하여 인체에 해롭지 않다는 이유로 식품위생법상의 유효기간은 1~2년이다. 그러나 커피는 로스팅한 날로부터 멀어질수록 신선도가 떨어지고 불포화지방 상태가 포화 상태로 가려고 한다.

- 산소(Oxygen) : 공기를 통해 원두가 산소와 접촉하면서 원두는 산화되기 시작한다. 바로 로스팅한 원두는 이산화탄소가 발생하여 가스를 가지고 있다가 시간이 지나면서 가스가 배출되는 자리에 산소와 접촉하게 된다. 따라서 원두는 산소와 접촉하는 시간이 길수록 신선도가 떨어진다.
- 햇빛(Sun) : 온도를 상승시켜 산소와의 반응속도를 가속화시킴으로써 원두가 보다 빨리 산화된다. 따라서 원두의 보관에서 햇빛은 신선도에 좋지 않은 요인이 될 수 있다.
- 습기(Moisture) : 커피를 추출하는 데 가장 필요한 도구가 수분이지만 원두를 보관하는 측면에서의 수분은 커피를 완전 산패시키는 요인으로 작용한다. 따라서 원두 보관시

반드시 수분에 주의하여 보관하는 것이 원두의 수명을 길게 유지할 수 있는 방법 중 하나이다.
- 냄새(Perfume) : 커피 이외의 모든 향에 대해서는 커피에 좋지 않은 영향을 미칠 수 있으므로 커피를 보관하는 장소에는 커피에 영향을 줄 수 있는 냄새가 나는 요인은 차단하는 것이 좋다.
- 시간(Time) : 커피는 생두 상태와 원두 상태, 개봉한 상태에서 각각 수명이 다르므로 신선한 커피를 마시고 싶다면 커피보관 시간을 지키는 것이 중요하다.

3. 에스프레소의 평가

1) 크레마(Crema)의 색감

에스프레소를 평가할 때는 먼저 크레마의 색감을 확인하고, 그 다음으로 양과 품질, 냄새를 차례로 확인하게 된다. 에스프레소는 추출 시, 잔에 떨어지는 위치에 따라 크레마의 색감에 차이가 생긴다.

에스프레소 추출 시 잔의 벽면으로 커피가 떨어지도록 하면 벽면을 타고 떨어지면서 가속도가 붙어 흰색에 가까운 물결이 만들어지고, 이에 따라 최종 크레마도 흰색으로 뒤덮이게 된다. 이 경우에는 크레마의 색감이 떨어지기 때문에 에스프레소의 맛을 감소시킬 수 있다. 이때는 에스프레소 잔의 안쪽에 떨어지게 하면 크레마의 색감은 좋아진다.

에스프레소는 시각적인 면을 무시할 수 없는 기본 메뉴이기 때문에 떨어지는 위치를 잘 잡아 주어야 좀 더 보기 좋은 양질의 크레마를 얻을 수 있다.

2) 크레마의 양

크레마의 양은 곧 에스프레소의 품질과 직결된다. 좋은 색감, 적절한 양의 크레마가 덮여 있는 에스프레소가 시각적인 평가는 물론 맛 부분에서도 좋은 평가를 받기 마련이다.

잔을 기울였을 때 커피 색깔이 보이지 않아야 양적으로 적절하고 좋은 크레마라고 할 수 있다. 또한 크레마를 스푼으로 갈라보았을 때 바로 봉합될 정도의 점성을 가진 크레마가 이상적인 것으로 평가된다.

3) 크레마의 향

향을 확인할 때는 코를 잔 속으로 깊숙이 넣은 다음 확인해야 주위의 영향을 배제할 수 있어서 좋다.

유자향을 비롯한 과일향, 꽃, 꿀, 허브, 보리향 등 느낌이 좋은 향이 많으면 많을수록 좋은 에스프레소로 평가된다. 반면 가죽, 고무, 곰팡이, 담배와 같이 거북한 향이 나면 좋지 않은 에스프레소이다.

4) 맛(Taste)

다음으로 맛을 확인한다. 맛을 확인할 때는 잔으로 마시지 말고 스푼을 이용해서 커핑하듯 빠르게 흡입하는 것이 좋다. 에스프레소의 맛은 혀의 특성에 따라 쓴맛, 신맛, 단맛의 순으로 느껴지기 마련이다. 아주 짧은 순간에 이어지는 이 미묘한 맛의 변화를 잘 캐치하기 위해서는 반복적인 맛보기 훈련이 필요하다.

먼저 쓴맛을 느낀다. 쓴맛을 평가할 때는 강도보다는 품질적인 면을 우선적으로 판단한다. 쓴맛은 그 자체로 품질을 결정하는 것은 아니다. 강하면 나쁘고 적으면 좋은 커피가 아니라 쓴맛이 강하더라도 부드러우면 좋은 에스프레소이고, 쓴맛이 약하더라도 거칠면 나쁜 에스프레소라 할 수 있다.

다음 신맛을 확인한다. 신맛 또한 품질을 확인해야 한다. 신맛이 강하다고 나쁘고 신맛이 적다고 좋은 것은 아니다. 신맛이 강하더라도 상큼하고 부드러우면 좋은 에스프레소이고, 신맛이 적더라도 자극적이거나 거칠면 나쁜 에스프레소라 할 수 있다.

그 다음 단맛을 확인한다. 쓴맛 때문에 잘 드러나지는 않지만, 대개의 커피 속에는 비교적 풍부한 단맛이 포함되어 있다. 단맛의 강도는 높을수록 좋다.

5) 잔향(After Flavor)과 바디(Body)

잔향(After Flavor)은 커피를 마시고 난 다음 잔잔하게 남아 있는 향을 의미하고, 바디(Body)는 흔히 '감칠맛', '매끄러운 여운', '묵직한 느낌' 등으로 표현되는 뒷맛을 일컫는다.

입 속에서 느껴지는 향의 깊이와 여운, 바디의 정도를 정확하게 느끼기 위해서는 많은 노력이 필요하다. 에스프레소의 최종적인 품질이 이 바디의 정도에 의해 결정된다고 해도 과언이 아니므로 반복적인 연습과 훈련을 통해 나름의 기준을 세울 필요가 있다.

제6장 블렌딩

1. 블렌딩의 목적

커피 블렌딩은 특징이 다른 커피를 2가지 이상 혼합하는 것을 의미한다. 커피맛과 향기를 창조하는 예술로서 두 가지 이상의 커피를 혼합하는 것을 말한다. 즉 향과 맛이 부족한 원두를 다른 종류의 원두와 혼합하여 그 단점을 보완, 완화하고자 하는데 그 의의가 있다. 각각의 커피에 없는 향과 맛을 배합을 통해 재창조하기 위함이며 배합을 통해 전체적으로 새로운 맛과 향미를 출현하는 데 그 목적이 있다.

- 밸런스가 좋은 커피를 만들기 위해
- 특정 맛을 지향하는 커피를 만들기 위해
- 추출 용도에 맞는 커피를 만들기 위해
- 안정적 공급과 수급을 위해
- 가격을 위해

2. 블렌딩의 조건

커피를 블렌딩할 때에는 다양한 여러 가지 조건들을 고려하여 시도해야 단점의 보완이 의미가 있다.

- 세척 처리된 커피와 자연건조 커피를 블렌딩한다.
- 맛과 향의 강약을 맞춘다.
- 로스팅 컬러가 1단계 이상 차이가 나지 않아야 한다.

- 품종별 맛을 조절한다.
- 고객의 기호를 파악한다.
- 커피생두의 공급 여건을 파악하여 공급이 원활한 커피를 사용한다.
- 커피생두의 가격을 파악하여 결정한다.
- 커피생두의 품종별 특성을 고려하여 맛과 향을 잘 파악한다.
- 로스팅 후 블렌딩
- 블렌딩 후 로스팅

3. 블렌딩 방법

커피 블렌딩은 각각의 커피가 가지고 있는 맛과 향을 정확히 이해해야 가능하며 블렌딩의 목적과 부합할 수 있다.

- 대륙별로 성장이 다른 원두를 감안한다.
- 품종을 다르게 해서 접근한다.
- 나무의 성장 연도를 감안해 본다.
- 원두별로 산화되는 시간이 다르므로 로스팅 날짜를 참고하여 블렌딩 한다.

4. 블렌딩의 효과

- 맛과 향기가 더 다양해지면서 풍부해진다.
- 커피의 품질을 일정하게 유지할 수 있다.
- 대체용 커피 원두를 배합함으로써 비용을 절감할 수 있다.

5. 대표적인 블렌딩

현재 커피전문점에서 판매하는 커피는 대부분 블렌딩 커피를 사용하고 있으며 상업적인 목적 이외에 균형잡힌 맛과 향으로 단종 커피에서 오는 부족함을 채워서 보다 풍부한 향을 즐기기 위함이다. 따라서 블렌딩에도 여러 가지 컨셉에 따라서 조금씩 배합 또는 커피 종류가 달라질 수 있다.

제7장 커피의 평가

1. 생두의 평가

1) 커피 품질 평가방법

커피를 평가하는 방법이 크게 변하고 있다. 고품질의 스페셜티 커피를 객관적으로 정확하게 평가하기 위하여 와인 감정의 방법을 도입하여 항목마다 점수를 내어 종합 득점으로 평가하는 방식으로 바뀌고 있다. 농장별 평가와 연도별 평가도 주목받게 되었다.

재배지와 해발고도로 나누는 국가	멕시코, 과테말라 등 중미 여러 나라
스크린 사이즈 분류로 나누는 국가	케냐, 탄자니아 등
결점두의 수에 따라 분류하는 국가	에티오피아, 페루 등
재배지의 지명이나 지역의 이름을 붙이는 국가	쿠바, 자메이카 등
기타, 타입별을 포함한 복합형의 국가	브라질, 베트남, 콜롬비아 등

▲ 품질평가 방법

브라질은 생두 외견의 결점과 컵 테스트를 통한 미각 결점의 양자를 병행하고 있다.

2) 미국의 SCAA(Specialty Coffee Association of America)

① '산뜻함', '은은한 달콤한 뒷맛', '섬세한 신맛 특성', '전체적인 균형' 등이 뛰어난 커피를 Specialty Coffee라 한다.
② 커핑(Cupping) : 미각 평가 방법
  → 가볍게 로스팅한 원두를 규정된 방법으로 분쇄한 후 90.5~96℃의 물을 부어 3~5분간 둔 후 컵 속에 커피가루가 뜬 것을 걷어 내고 커피를 들이 마시고 뱉어냄으로

써 맛 평가한다.
③ 커피가루의 향, 추출된 커피의 아로마, 신맛, 바디감, 풍미, 뒷맛 그리고 균형감을 평가한다.

3) 브라질의 BSCA(Brazil Specialty Coffee Association)

① SCAA가 정도나 수량을 사용하는 것에 대해 단어를 사용하여 SCAA가 고안한 'Coffee Taster's Flavor Wheel'을 기초로 하여 평가한다.

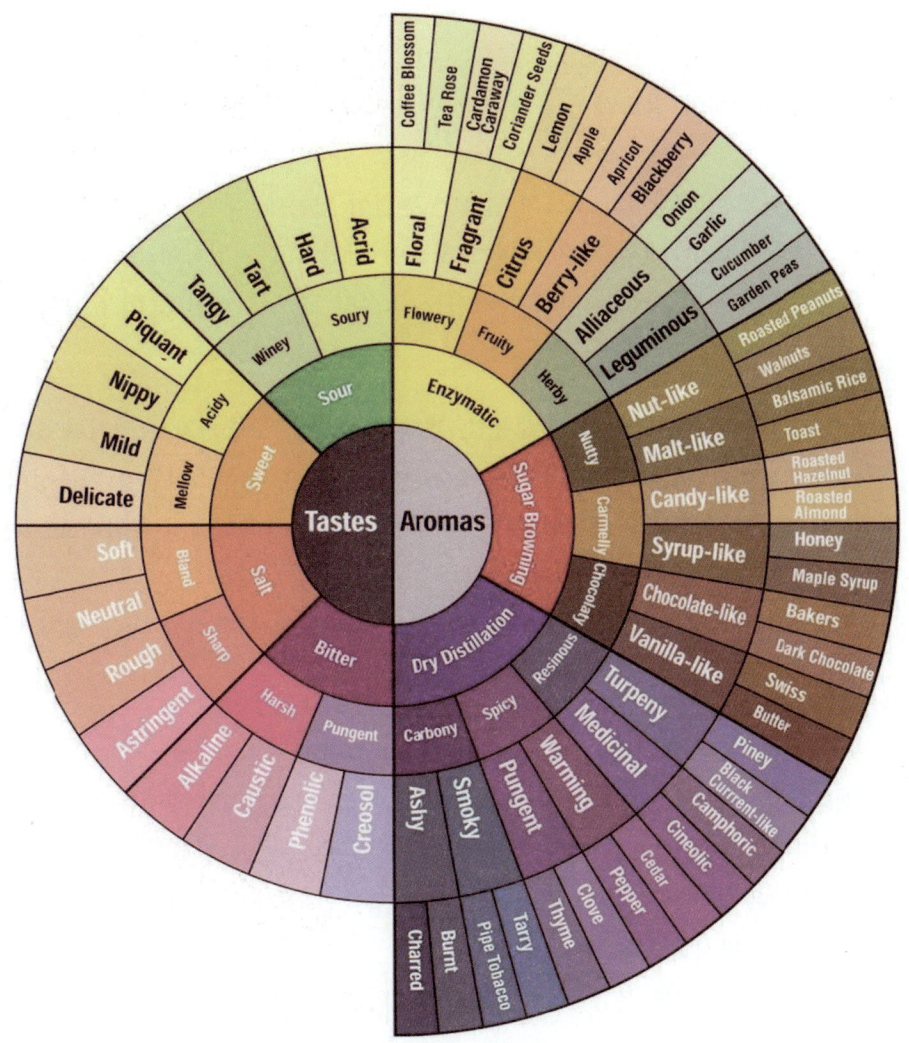

4) 생두 품질 평가 기준

① 크기
- 생두의 크기가 클수록 고급으로 평가되며 가격도 비싼 편임.
- 커피의 맛과 향을 좌우하는 밀도가 낮은 생두도 일부 포함되어 있으므로 잘 살펴보아야 함.
- 크기를 분류할 때는 일정한 크기의 구멍이 뚫린 체로 쳐서 작은 생두를 밑으로 빠지게 하여 체 위에 생두가 남도록 하여 분류함.
- 생두의 크기는 "길이"가 아니라 "폭"을 기준으로 함.

② 밀도
- 조직이 치밀하여 밀도가 높을수록 커피의 맛과 향이 풍부한 고급커피로 인정하고 있다.
- 커피의 밀도는 재배지의 고도와 밀접한 관련이 있는데, 해발고도 500m~1,500m의 높고 서늘한 고지대에서 자란 커피는 조직이 단단하고 치밀하여 밀도가 높다.
- 온난화 기후에서 자란 저지대의 커피는 조직이 덜 단단하여 밀도가 낮다.

③ 색상
- 아라비카종은 청록색을 띨수록 맑고 투명한 느낌의 고급커피로 알려져 있다.
- 반면 색상이 탁하고 황색에 가까울수록 낮은 등급의 로부스타종일 가능성이 있다.
- 커피 열매를 수확하여 가공한 후 오래 두면 둘수록 청록색에서 황갈색으로 변한다.
- 온도와 습도의 영향을 많이 받는다.
- 생두의 색상분류는 사람이 직접 하기 때문에 세밀히 구분하는 것은 쉽지 않다.

④ 수분 함량
- 생두의 표준 수분 함량은 10~12% 정도이어야 한다.
- 13% 이상이 되면 곰팡이가 번식하기 쉽고 나쁜 냄새가 스며들 수 있다.
- 수분함량이 10% 미만인 생두는 오래되어 수분이 증발한 것일 가능성이 높다.
- 수분함량은 커피의 볶기와 저장 품질에 직접적인 영향을 미치므로, 국제적으로 거래 규격에 명시하도록 하고 있다.
- 생두의 크기나 밀도 분류에 앞서 샘플을 가지고 측정하는 것이 일반적인 측정방법이다.

⑤ 결점두와 이물질
- 커피의 재배 과정이나 가공 과정에서 생긴 비정상적인 생두로, 전체적인 커피의 품질을 떨어뜨린다.
- 색이 변한 콩, 곰팡이 콩, 마른 콩, 벌레 먹은 콩, 깨진 콩, 미성숙한 콩 등을 포함하며 돌이나 커피나무 줄기와 같은 이물질 등도 커피의 품질에 영향을 미친다.

생두와 원두

2. 원두의 평가

1) 로스팅한 커피의 향과 성분

커피의 향을 만들어내는 성분은 생두에 함유되어 있는 단백질, 자당, 트리고넬린, 클로로제닉산 등이다. 이들 성분이 열분해, 축합이라고 하는 공정을 거쳐 향기물질로 변화한다. 단백질이나 당분은 서로 반응함으로써 고급스러운 달콤한 향기를 발생시키고 트리고넬린, 클로로제닉산은 분해되면 탄 냄새와 쓴맛을 만들어낸다. 배전 중 처음에는 커피원두가 상큼한 향을 내고 그 후에는 달콤한 향, 탄 냄새로 변화한다.

① 배전두의 보존과 향의 변화 : 커피원두는 배전 후 1주일 이내라면 볶여진 원두 그대로 보존하고, 추출 직전에 분쇄하는 것이 향의 면에서 보았을 때 바람직하다.
② 커피 품종에 따라 향기 성분이 다르다.

2) 원두 품질의 향 조건

① **커피 오일 성분의 향**: 커피 향의 근원은 휘발성 물질로 커피 원두의 표면에 나타나는 눈에 보이는 오일 성분과 원두 속에 스며들어 있는 수용성 오일 성분에 의한 향이다. 커피 원두 표면의 오일은 배전 종료 시에는 나오지 않더라도 2~3일 정도 차고 어두운 곳에 보존하여 표면에 아주 엷은 '윤기'를 느낄 정도의 상태가 좋다.

② **좋은 향을 추출하는 물 온도**: 맛있는 커피의 성분을 녹여 추출할 때의 물 온도는 88~95℃ 사이인데, 그 이유는 이 온도대가 깨끗한 신맛, 부드러운 쓴맛, 깔끔한 단맛이 녹기 쉽기 때문이다. 강하게 볶는 경우는 약하게 볶는 경우보다 낮은 온도가 좋다.

③ **커피의 생육 환경과 향의 관계**: 커피 열매가 구수하게 되는 조건으로 '바람의 흐름'이 있다. 항상 공기가 이동하게 되면 열매의 표면이 건조되고, 이를 보충하기 위해 땅속에서 수분을 흡수한다. 수분을 흡수할 때에 동시에 땅속으로부터 향의 재료가 되는 양분이 열매 속에 저장되는 것이다. 고급 원두가 생산되는 블루마운틴, 파푸아뉴기니, 하와이 코나 등의 지역도 그러한 조건이 잘 갖추어져 양질의 원두가 생산된다.

3) 원두를 오래 보관하여 좋은 향을 유지하는 조건

① **로스팅 이후 보존의 기준**: 원두는 배전 직후부터 산화라고 하는 열화가 시작된다. 그러나 동시에 묵히면서 맛을 낸다고 하는 맛 성분의 숙성도 진행된다. 숙성에 의하여 커피는 단 맛, 바디감, 과일의 상큼한 맛, 부드러운 쓴맛으로 변화하여 간다. 산화와 숙성의 관계를 알고 산화의 비율이 숙성의 비율을 넘지 않도록 주의한다.

② 식품 보존에 있어서 영향을 미치는 요인은 빛, 습도, 급격한 온도의 변화, 산소의 공급 등이 있다. 커피 원두를 배전한 다음 급격히 냉각시켜 연기와 바람을 모두 날려버리고 냄새가 없는 어둡고 서늘한 곳에서 공기를 갈아준다. 그리고 병의 주위에 UV 차단을 겸해 두꺼운 골판지로 감은 다음 병의 안쪽에는 알루미늄 호일을 두른 유리로 된 밀폐 병에 원두를 보관한다. 원두를 보관할 때는 숙성에 방해가 되는 가스가 발생하므로 이 가스를 내보내고 바깥으로부터는 다른 공기가 들어오지 못하도록 뚜껑에 벨브를 달아준다.

③ 배전이 정확하게 이루어지고 원두가 균일한 크기로 분쇄되었다면 가스가 잘 빠져나갈 때 추출하는 경우 거품이 균일한 원으로 부풀어 오르고 커피가 추출되어서 서버 속으로 떨어질 때 표면에 호박색의 구슬이 돌아다니듯이 구르는 상태가 나타난다.

4) 원두의 색상과 향의 관계

① 배전 방법에 따른 차이

열풍식 배전 커피 추출액	직화식 배전 커피 추출액
바디감과 거품이 느껴진다.	단맛과 신맛, 캐러멜 냄새가 느껴진다.
향이 부드럽고, 오래동안 유지된다.	향은 강하나, 길게 유지되는 편은 아니다.

② 배전 정도에 따른 차이

약배전	중배전	강배전
신맛이 강하다. 감칠맛이 느껴지지 않는다.	신맛, 쓴맛, 단맛, 감칠맛이 있다.	단맛은 줄어들고 중후함과 바디감이 좋아진다.

3. 커핑

1) 커핑이란?

'커핑(Cupping)'은 좁은 의미로는 산지에 따른 커피의 특성을 판단하는 것에 한정되지만, 조금 더 넓게는 생두가 지닌 맛과 향의 특성을 체계적으로 평가하는 데 쓰이는 것으로 다른 말로 컵 테스트(Cup Test)라고도 불리며, 커피 감별사를 가리켜 커퍼(Cupper)라고 한다. 또 SCAA에서는 '커피 테이스팅을 전문가가 생두(Bean)를 평가하는 과정'이라 정의 내리고 있기도 하다.

커피의 특성은 생두에서부터 결정되기 때문에 생두의 특성을 정확히 파악하고 있어야 로스팅을 했을 때 무엇이 잘못되었는지 수정할 수 있으며 더 나아가 결과에 대한 만족도를 높일 수 있다. 한 잔으로 추출된 커피에 대해 색상과 향, 질감 등을 평가하는 커핑은 오감(五感)으로 품질을 평가하는 지극히 주관적인 방법이라 할 수 있다. 그래서 커핑 프로토콜(Cupping Protocol)과 커핑 폼(Cupping Form)이 만들어지게 되는데, 세계적으로 가장 보편적으로 쓰이고 있는 것이 SCAA에서 규정한 것이다. 이는 스페셜티 커피가 보편화되기 시작하면서 좀 더 명확한 기준의 필요성을 느낀 데서 나오게 됐다.

SCAA는 현재 커핑을 마쳤을 때 그 점수가 100점 만점에 85점 이상인 커피에만 'Specialty Coffee'란 이름을 붙이고 있다.

2) 커핑하는 방법

커피의 향을 크게 아로마(Aroma)와 플레이버(Flavor)로 나누며 이 중 아로마는 코로 느끼는 향을 말하는데 달콤함, 신선함, 상큼함 등으로 표현할 수 있다. 플레이버는 입에서 느끼는 강한 커피의 느낌, 부드러운 맛, 타닌의 거친 맛 등의 맛으로 표현할 수 있다. 이러한 아로마와 플레이버를 찾아내는 방법들의 조건은 다음과 같다.

- 커피의 양 : 7.25~8.25g
- 물 온도 : 90.5~96℃
- 물의 양 : 150ml
- 분쇄입자 : 0.6mm
- 로스팅 단계 : City~High 로스팅 단계

① 커핑컵 : 원두 7.25~8.25g을 분쇄하여 먼저 향을 맡은 다음 물 150ml를 붓는다.
② 물 붓기 : 준비한 잔에 붓는 물의 양이 동일해야 하며, 붓는 시간의 오차는 최대한 줄여야 한다.
③ 냄새맡기 : 물을 붓고 3분이 지나면 컵의 표면을 커핑 스푼으로 3~4회 저어주면서 커피의 향을 맡는다.
④ 걷어내기 : 표면에 떠 있는 가루를 최대한 깨끗이 걷어낸다.
⑤ 흡입 : 물의 온도가 70℃ 이하로 떨어지면 커핑 스푼을 이용하여 6~8ml 정도 떠서 입으로 흡입한다. → 혀 전체에 골고루 퍼지게 하기 위해
⑥ 맛보기 : 입안에 3~5초 정도 머금어 맛을 평가한다.
⑦ 삼키기(Swallowing) : 90%를 뱉고, 10%를 삼킨다.

3) 커핑 용어

- Acidity   (신맛) 강함-산미 산뜻함의 정도
- Aftertaste   (후미) 다 마시고 난 후의 감각으로 뒷맛의 향과 맛
- Aroma   (아로마) 추출 액체의 향
- Balance   여러 풍미의 복합적인 좋은 느낌
- Body   (바디), 감칠맛 입안에 머금었을 때의 중량감, 질감

- Bouquet — (부케) 후각에 의한 종합적인 향
- Buttery — (버터)와 같은 매끈하고 중후한 버터의 감촉
- Caramelly — 카라멜과 같은
- Cedar — 삼목의 향 스파이시향의 표현
- Chocolaty — 초코렛과 같은 향, 커피의 뒷맛에서 느끼는 맛
- Clove — 정향 특유의 매운 맛
- Coffee Blossom — 커피 꽃의 향, 쟈스민 같은 향
- Coriander Seed — 고수풀의 열매의 향
- Creamy — 신선한 크림 같은
- Delicate — 미묘하고 섬세한 달콤한 향
- Fragrance — 분쇄한 고체의 향
- Fruity — 과일 같은 달콤한 감각 베리류를 생각나게 하는 드라이한 감각
- Hazelnut — 헤이즐넛 같은 향
- Honey — 벌꿀향, 꽃의 향이 나는 시럽의 맛
- Lemon — 레몬 레몬의 껍질을 벗긴 듯한 향
- Mellow — 단맛에 관계된 표현, 아라비카가 단맛을 가진 경우의 표현
- Nutty — 견과류를 생각나게 하는 향
- Pepper — 후추 같은 향
- Rich — Bouquet의 양적 표현
- Smooth — 유분이 낮을 때의 입에 머금은 중량감의 표현
- Soft — 미세한 드라이 외에는 어떤 맛도 돌출되지 않은 미각 특징
- Spicy — 스파이스 같은 뒷맛에 특징적으로 나오는 향의 감각
- Sweet — 단맛 당질과 어떤 산미의 단맛의 표현
- Tea Rose — 꽃 같은 향의 하나
- Thick — 두께 입에 머금었을 때의 중감의 표현
- Toast — 토스트 빵과 같은 향
- Vanilla — 바닐라 향을 연상시킴
- Winey — 와인과 같은 고산지 커피, 에티오피아, 케냐의 커피에서 나오는 커피 맛
- Astringent — 떫은 맛
- Bitter — 쓴맛, 카페인
- Bland — 싱거운 맛, 밋밋한 맛

- Burnt　　　　　탄 냄새 연기나 타르의 냄새인 탄 듯한 감각
- Cucumber　　　오이 같은 냄새 오이를 연상시키는 향기의 감각
- Dirty　　　　　오염되었다, 흙, 먼지 같은 더러운 감각
- Dull　　　　　　특징이 없다.
- Earthy　　　　 흙냄새, 뒷맛의 감각에서 흙먼지의 오염된 느낌
- Flat　　　　　　평탄함, 커피의 부케의 양적 표현
- Grassy　　　　풋내, 오래 묵은 생두에 종종 나는 냄새
- Harsh　　　　 자극적인 쓰고 떫은 맛 쓴맛 즉, 거친 맛
- Herby　　　　 풋내 야채, 풀 같은 풋내, 잔디향, 일본에서는 중대한 결점
- Malty　　　　 몰트와 같은 곡물을 태운 듯한 냄새
- Moldy/Musty　 곰팡이 냄새
- Potato　　　　구운 감자의 껍질 향 Herby와 거의 같은 감각
- Rioy　　　　　가벼운 요오드 냄새
- Rough　　　　거칠고 강한 오염 Sharp와 관련된 미각 표현, 단 맛이 없음
- Rubbery　　　고무 냄새 같은, 탄 고무 냄새
- Smoky　　　　연기 냄새
- Sour　　　　　자극적인 산미, 불쾌한 자극적인 산의 감각
- Soury　　　　 가벼운 자극적 산미 매운 맛에 산이 더해져 약해짐
- Strawy　　　　짚, 풀 같은 풍미 감각 표현
- Tainted　　　　질의 저하, 오염, 부패 풍미 결점의 표현
- Tart　　　　　 시고 자극적인 Winy와 관련된 미각 표현으로 자극적인 산의 감각 표현
- Thin　　　　　얕은 입에 머금었을 때의 중감의 표현
- Tipped　　　　곡물 같은 맛, 원두의 앞부분이 타는 것에 의해 생김
- Watery　　　　물 같은 입에 머금었을 때의 중감의 표현

적중 예상 문제

01. 아라비카와 로부스타의 특징 중 꽃가루받이(Polination)를 비교한 내용 중 틀린 것은?

1) 아라비카는 비가 온 후 개화를 하고 로부스타는 불규칙하게 개화를 한다.
2) 강한 비, 바람은 아라비카와 로부스타종의 수분에 도움이 되는 주요 원인이 된다.
3) 아라비카의 번식은 자가수분을 하고 로부스타는 교접에 의해 이루어진다.
4) 아라비카 체리의 숙성기간은 6~9개월이고 로부스타 체리의 숙성기간은 9~11개월이 소요된다.
5) 아라비카는 분접이 이루어진 후 6~8주 후 열매가 작게 솟아나게 된다.

02. 다음의 커피의 역사적 사건들 중 가장 오래 된 순서로 바르게 나열한 것을 고르시오.

> 가. 유럽 최초의 커피하우스는 이태리 베네치아에서 문을 열었다.
> 나. 바흐(Bach)가 커피 칸타타를 작곡하였다.
> 다. 독일 최초의 커피숍이 함부르크에 문을 열었다.
> 라. 파리에 프랑스 최초의 커피숍 Cafe Procope가 문을 열었다.
> 마. 네덜란드 식물원으로부터 루이 14세에게 커피 묘목이 전해졌다.

1) 가-나-다-라-마
2) 마-나-다-라-가
3) 가-다-라-마-나
4) 다-나-가-라-마
5) 라-마-가-나-다

03. 아라비카 원종에 가장 가까운 품종으로 좋은 향과 신맛은 좋으나 병충해와 햇볕에 약해서 그늘경작법으로 생산하는 품종은 무엇인가?

1) Sumatra(수마트라)　　　　2) Oka(오카)
3) Caturra(카투라)　　　　　4) Catuai(카투아이)
5) Typica(티피카)

04. 커피 나무에 관한 설명으로 틀린 것은?

1) 꼭두서니과에 속하는 상록관목이다.
2) 고산지대의 배수가 잘되는 토양에서는 양질의 커피가 생산된다.
3) 다육질의 과육과 평탄한 면에 나란히 붙어 있는 2개의 씨로 이루어져 있다.
4) 다년생 외떡잎식물로 주로 고온다습한 열대 및 아열대 지역에서 재배되며 최근에는 중국에서도 재배되고 있다.
5) 어린 묘목을 경작한 이후 4년이 지나면 수확이 가능하다.

05. 아라비카 품종이 아닌 것을 모두 고른 것은?

가. Typica(티피카)	나. Amarelo(아마렐로)
다. Kent(켄트)	라. Sumatra(수마트라)
마. Oka(오카)	바. Moundo Novo(문도노보)
사. Conilon(코닐론)	

1) 가, 사　　　　　　　　　2) 가, 다, 라
3) 마, 사　　　　　　　　　4) 가, 다, 마
5) 나, 바

06. 다음 아라비카의 여러 커피품종 중 잘못된 내용은 어느 것인가?

1) 버번(Bourbon)은 티피카(Typica)의 돌연변이로 센터컷이 S자형이다.
2) 코닐론(Conillon)은 인도에서 발견된 돌연변이 품종이다.
3) 카투라(Caturra)는 브라질에서 처음 발견된 버번의 돌연변이종이다.
4) 문도노보(Mundo Novo)는 티피카(Typica)와 버번(Bourbon)의 교배종이다.
5) 아마렐로(Amarelo)는 체리가 노란색이며 나무의 크기가 작다.

07. 커피는 여러 가지 이유에서 지속적으로 품종을 개량하고 있는데 그 이유로 틀린 것은?

1) 다수확을 하기 위하여 개량을 한다.
2) 경작을 보다 쉽게 하기 위한 목적으로 개량한다.
3) 보다 맛과 향이 좋은 커피를 개발하기 위해 개량한다.
4) 내병성이 강한 품종으로 개량한다.
5) 수확기가 짧아지면 더 좋은 미각적 우수성이 있는 품종을 개량할 수 있다.

08. 커피체리 수확 후 껍질을 제거하여 펄핑을 한 후에 파치먼트에 달라붙은 점액질이 그대로 생두에 흡수되게 하여 단맛을 형성하게 하는 방법으로 브라질에서 주로 사용하는 건식과 습식의 중간적인 형태의 방법은 무엇인가?

1) 반습식법
2) 습식법
3) 건식법
4) 자연 건조법
5) 인공 건조법

09. 커피체리에 있는 점액질에 대한 설명으로 틀린 것은?

1) 점액질(Mucilage)은 미끄러운 물질로서 투명하고 색깔이 없다. 공기에 노출되면, 효소의 산화작용으로 갈색으로 변한다.
2) 점액질은 완숙체리, 미숙체리, 과숙체리 모두에 생성되므로, 과육제거(Pulping)시 필요한 윤활작용을 하여 펄핑이 쉽게 되도록 도와준다.
3) 점액질(Mucilage)은 주로 당과 펙틴(Pectin)으로 구성되어 있으며 pH는 5.6~5.7이다.
4) 점액질 제거는 정통적인 발효 방법(Fermentation)과 점액질 제거기(Mucilage Remover)를 이용한 방법이 있다.
5) 점액질(Mucilage)은 파치먼트를 발효시키기 때문에 건조 전 반드시 제거되야 한다.

10. 다음 중 커피에 대한 설명으로 틀린 것은?

1) 아라비카(Arabica), 로부스타(Robusta)와 같은 커피의 종(Species)은 모두 아프리카에서 기원하였다.

2) 잎의 모양과 색깔이 로부스타종과 아라비카종의 차이를 보인다.
3) 커피 생산국들은 결점두(Defect Bean)의 종류와 명칭을 통일된 기준으로 사용한다.
4) 외피는 초록에서 노란색, 빨간색 그리고 수확을 앞두고는 주황색으로 변한다.
5) 생산량은 아라비카가 약 70%, 로부스타가 약 30%다.

11. 생두(Green Bean)를 평가하는 방법 중 틀린 것은?

1) 아라비카종의 경우 고급 품종일수록 해발 600~1,500m의 고산지대에서 재배된다.
2) 국가에 따라 300g 중 결점두의 수에 따라 등급이 정해지기도 한다.
3) 생두의 표준 함량은 10~13% 정도이어야 한다.
4) 생두는 색깔과 크기가 균일할수록 좋은 등급으로 평가한다.
5) 결점두는 생두(Green Bean) 평가에 영향을 주지 않는 요소이다.

12. 아라비카종이 로부스타종보다 상품가치가 우수한 부분이 아닌 것을 모두 고른 것은?

> 가. 블렌딩용으로 사용한다.　　　　　　나. 신맛이 적다.
> 다. 생산성이 좋은 품종이다.　　　　　　라. 향미가 풍부하다.
> 마. 주로 에스프레소 베이스로 사용되며 핸드드립용으로 사용된다.

1) 가, 마　　　　　　　　　　　　2) 다, 라
3) 가, 나, 다　　　　　　　　　　4) 나, 라, 마
5) 라, 마

13. 커피 생산에 크게 영향을 미치는 기후 요소에 속하는 요인을 모두 고른 것은?

> 가. 온도　　　　나. 강우　　　　다. 바람
> 라. 토양　　　　마. 수질　　　　바. 품종

1) 나, 마　　　　　　　　　　　　2) 다, 라
3) 라, 바　　　　　　　　　　　　4) 가, 나
5) 다, 바

14. 다음 커피에 대한 설명으로 가장 알맞은 것은?

1) 커피 꽃이 지고 체리가 맺혀서 수확할 때까지의 기간은 아라비카종이 로부스타종보다 길다.
2) 콜롬비아, 케냐, 코스타리카의 생두 분류 기준은 스크린 사이즈이다.
3) 그늘경작법(Shade Grown)의 대표적인 나라는 케냐이다.
4) 커피 꽃은 붉은 색으로 열매는 흰색에서 익어갈수록 녹색으로 변한다.
5) 커피는 일반적으로 파치먼트 상태로 심어 번식하는 방법을 사용한다.

15. 아라비카 커피 재배 지역에 대한 설명으로 가장 바르지 않은 것은?

1) 적도를 기준으로 북위 약 23.5°, 남위 약 23.5° 사이의 고산지대로 열대 또는 아열대 및 일부 온대지역이다.
2) 규산염이 주성분인 화성암의 풍화지대로 토양이 비옥하고 배수가 잘 되는 지역이다.
3) 브라질이나 인도의 몬순지역처럼 건기와 우기가 명확하며 알칼리성 토양 지역이다.
4) 연평균 기온이 약 15~24℃ 정도이고, 연 강우량은 1,500~2,000mm 수준인 지역이다.
5) 재배 고도는 500m~1,500m인 높은 지역이다.

16. 해발 1,500m 이상에서 재배되는 커피가 고품질로 평가받는 이유로 가장 바르지 않은 것은?

1) 하루종일 높은 온도가 유지되어 신맛이 많은 것으로 평가받는 커피가 생산된다.
2) 재배고도로 분류하는 SHB, SHG와 같은 상급의 커피가 재배되고 있다.
3) 맛과 향이 풍부한 아라비카 커피가 생산되기 적합하다.
4) 일교차가 크기 때문에 열매의 밀도가 높다.
5) 서늘한 기후는 조직이 단단한 커피를 생산하기 적합하다.

17. 다음은 커피에 함유된 항산화 성분에 대한 설명으로 바르지 않은 것은?

1) 좋은 콜레스테롤(HDL)의 수치를 높이는 작용을 한다.
2) 생체대사에 미치는 영향으로 10~20%가량 기초대사 속도를 증가시킨다.
3) 간 기능을 활발하게 하여 아세트 알데하이드라는 물질의 분해를 빠르게 배설시킨다.

4) 헬리코박터균을 박멸하며 위산의 분비를 촉진시켜 위궤양에 효과가 있다.
5) 클로로겐산은 지방간, 당뇨병 위험을 줄이며 암 예방에도 관련이 있다.

18. 커피에 함유된 클로로겐산에 대한 설명이다. 틀린 것은?

1) OH 발암성 물질을 억제한다는 연구 결과가 있다.
2) 장내에서 분해되어 신진대사가 이루어진다.
3) 세포 촉진을 억제하여 암 예방에 도움이 된다.
4) 클로로겐산을 섭취시 철분 흡수를 방해할 수 있다.
5) 메틸크산틴류로 커피·차·코코아·콜라 등의 음료수의 활성성분인 카페인이 있다.

19. 커피의 영양성분 중 가장 많이 함유되어 있는 당질에 관한 설명 중 틀린 것은?

1) 생두에는 유리당류 중 자당(설탕)이 가장 많이 함유되어 있다.
2) 아라비카종 커피에 6~8%, 로부스타 종이 1~5% 포함되어 있다.
3) 당류는 불용성으로 세포벽의 주성분인 섬유소, 헤미셀룰로스 등으로 이루어져 있다.
4) 당류의 대부분은 수용성 적색물질로 고분자의 멜라노이딘이 많이 만들어진다.
5) 캐러멜화를 통해 물에 잘 녹는 물질이 되어 커피의 향과 감칠맛을 증대시킨다.

20. 커피의 함유되어 있는 성분에 대해 설명한 것이다. 틀린 것은?

1) 당질은 자당, 포도당 형태로 존재하며 열을 가하면 캐러멜로 변해 커피의 색과 향기를 증가시킨다.
2) 지방은 향과 가장 깊은 관계가 있는 성분으로 10% 내외로 포함되어 있으며 팔미트산(Palmitic Acid), 리놀레산(Linoleic Acid)을 많이 함유하고 있다.
3) 지방과 유기산은 물에 녹지 않지만 원두를 볶을 때 화학적 변화로 인해 유리되기 쉬운 상태가 된다.
4) 커피의 단백질 성분은 당과 반응해서 멜라노이딘(Melanoidine) 및 향기 성분으로 변한다.
5) 커피 생두에 가장 많이 함유된 성분은 탄수화물이다.

21. 커피의 4가지 기본 맛(신맛, 단맛, 쓴맛, 짠맛)에 대한 설명이다. 틀린 것은?

1) 커피의 쓴맛은 알카로이드인 카페인과 트리고넬린 등
2) 커피의 단맛은 환원당, 캐러멜당, 단백질에 기인한다.
3) 커피의 짠맛은 산화칼륨에 기인한다.
4) 커피의 신맛은 클로로겐산, 옥살산, 말산, 시트르산, 타타르산 등에 의해 기인되며, 신맛은 쓴맛의 강도를 조절할 뿐이며 커피의 품질에는 영향을 주지 않는다.
5) 커피의 신맛은 올레산, 팔미트산, 스테아르산에 기인한다.

22. 커피가 온도와 맛의 변화에 따라 맛의 강도가 상대적으로 달라진다. 틀린 것은?

1) 단맛은 온도 변화에 따른 영향을 많이 받아 온도가 높아지면 상대적으로 약해진다.
2) 짠맛은 온도의 변화에 따른 영향을 많이 받아 온도가 높아지면 상대적으로 약해진다.
3) 유기산은 온도 변화에 따른 영향을 많이 받아 신맛의 경우 온도의 영향을 가장 많이 받는다.
4) 쓴맛은 다른 세 가지 맛의 강도를 왜곡시키는 맛으로 질이 나쁜 커피, 강배전에서는 예외적으로 지배적이다.
5) 신맛은 온도의 영향을 거의 받지 않는다.

23. 원두를 분쇄하여 뜨거운 물로 추출하였을 때 녹아나오는 성분을 가용성 성분이라 한다. 가용성 성분에 대한 설명이 틀린 것은?

1) 커피 입자에 남은 가용성 성분과 뜨거운 물의 가용성 성분의 농도가 같아지는 원리를 이용한다.
2) 커피의 향기와 맛을 내기 위해서는 가용성 성분의 농도와 추출 수율(Solubles Yield)이 균형을 이뤄야 한다.
3) 커피의 농도와 추출 수율(Solubles Yield)이 균형을 이루기 위해서는 사용하는 커피와 물의 비율에 특정한 기준이 중요하다.
4) 물의 온도가 뜨거우면 커피성분을 추출하는 데 시간이 짧으며, 커피의 맛내기가 쉬워진다.
5) 가용 성분을 추출하는 방법은 달임법, 우려내기, 여과법, 가압추출법이 있다.

24. 커피가 로스팅 과정에서 갈색으로 변하는 갈변반응에 대한 설명이다. 틀린 것은?

1) 효소적 갈변반응과 비효소적 갈변반응이 있는데 커피는 효소적 갈변반응에 속한다.
2) 유리아미노산은 로스팅에 의해 급속히 소실되며 당과 반응해서 멜라노이딘 및 향기 성분으로 변화한다.
3) 당분, 아미노산, 유기산 등이 로스팅 과정을 거치며 갈변반응이 일어난다.
4) 로스팅 중 가스 성분들은 탄산가스로 고온의 열로, 인한 건열반응에 의해 생성된다.
5) 열에 의한 비효소적 갈변 반응은 카라멜화와 마이야르 반응이 원인이다.

25. 커피 생두의 선별과정에서 이물질로 분류되지 않는 것은?

1) Pachment(파치먼트)
2) Fissure Bean(피셔 빈)
3) Shell(쉘)
4) Peaberry(피베리)
5) Insect Bean(인섹트 빈)

26. 커피 생두의 품질을 구분하는 스크린 사이즈(Screen Size)에 대한 설명이 틀린 것은?

1) 스크린 사이즈로 분류하는 대표적인 나라는 콜롬비아와 케냐이다.
2) 100g의 커피콩을 스크린 사이즈(Screen Size)에 통과시켜 8등급으로 분류한다.
3) 1 스크린의 사이즈는 1/64로 8번 스크린의 지름은 약 3mm가 된다.
4) 생두의 크기는 길이가 아닌 폭을 기준으로 한다.
5) 일정한 구멍이 뚫린 체를 이용하여 체 위에 남은 원두를 남겨 분류한다.

27. 드립퍼(Dripper) 내부의 요철을 말하며 리브(Rib)의 역할을 설명한 것이다. 틀린 것은?

1) 물을 부었을 때 커피추출액이 흘러나가는 통로 역할을 한다.
2) 추출이 끝난 뒤 페이퍼 필터를 제거하기 쉬운 역할도 한다.
3) 리브(Rib)는 물을 부을 때 드립퍼와 종이필터 사이에 공간을 만들어 물의 흐름과 추출에 영향을 준다.
4) 리브(Rib)의 역할은 "추출시간 조정"을 한다.
5) 하리오와 멜리타를 비교하면 리브의 구조에 의해 멜리타식이 조금 더 빨리 커피가 떨어진다.

28. 건식법(Dry Processing)으로 생산된 생두를 창고를 열어 바닷가 해풍을 쐬여 가공한 커피로 입에서의 느낌이 묵직하고 독특한 향을 느낄 수 있는 커피를 무엇이라 하는가?

1) 만델링
2) 몬순 말라바르
3) 코피루왁
4) 모카하라
5) 빅토리아

29. 커피를 마시거나 뱉은 후에 입안이나 혀의 뒤쪽에 남아 있는 여운을 무엇이라 하는가?

1) Body
2) Acidity
3) Aftertaste
4) Fragrance
5) Aroma

30. 카페인의 일반적인 특징으로 알맞은 것을 모두 고른 것은?

> 가. 무색이다 나. 냄새가 없다. 다. 물의 온도가 60℃에서 녹는다.
> 라. 찬물에는 녹지 않는다. 마. 쓴맛을 낸다.

1) 가, 나, 마
2) 가, 나, 라
3) 라, 마
4) 가, 나, 다
5) 나, 다, 라

31. 에스프레소 커피기계를 최초로 제작한 나라는 이탈리아로 고온의 스팀압력에 의해 제공되는 맛의 조절을 용이하게 하기 위해 피스톤 펌프를 장착한 사람은 누구인가?

1) Achille Gaggia(아킬레 가찌아)
2) Cremonesi(크레모네시)
3) Giuseppe Bambi(주세페 밤비)
4) Desiderio Pavoni(데지데리오 파보니)
5) La Pavoni(라 파보니)

32. 커피 로스팅시 높은 열에 의해 커피의 맛과 향을 만들어 낸다. 이때 휘발성 물질을 유도하는 성분이 아닌 것은?

1) 카보닐
2) 단백질
3) 탄수화물
4) 지질
5) 카페올

33. 커피에 함유되어 있는 수용성 무기질 성분으로 부족시 권태감과 근육이 약해지며 인스턴트커피 추출율 판단에 이용되는 무기질 성분은?

1) 셀레늄
2) 칼륨
3) 칼슘
4) 나트륨
5) 지질

34. 여과 방식에 대한 설명으로 알맞은 것은?

1) 뜸들이기는 커피에 수분과 열을 주어 세포를 팽창시켜 성분이 추출되기 쉬운 상태를 만들어준다.
2) 드립퍼(Dripper)와 종이 필터만을 사용해야만 우려내기로 추출하는 방법이다.
3) 뜨거운 물에 압력을 가하는 방식으로 추출하는 방법으로 일반적으로 가장 많이 사용하는 추출 방법이다.
4) 3~4회 추출보다는 한 번에 1회 물 붓기를 하면 더 좋은 맛의 커피를 추출할 수 있다.
5) 추출 용기 안에 물과 곱게 분쇄한 원두를 끓인 후 필터로 걸러 마신다.

35. 블렌딩(Blending)을 할 경우 주 베이스로 사용하는 커피에 대한 설명이다. 해당 커피는 무엇인가?

> 가. 발란스가 평균적이다.(쓴맛/ 단맛/ 신맛)
> 나. 생산량이 가장 많다.
> 다. 가격이 저렴하다.

1) 브라질 산토스
2) 하와이안 코나
3) 콜롬비아 수프레모
4) 코스타리카 타라주
5) 인도네시아 만델링

36. 로스팅 후 커피콩의 구성 성분이 변하지 않는 것끼리 묶은 것은?

1) 카페인, 펙틴, 셀룰로오스, 회분
2) 카페인, 트리고넬린, 탄수화물, 질소
3) 회분, 칼륨, 클로로제닉산, 아미노산
4) 지방, 질소, 카페인, 탄수화물
5) 칼륨, 트리고넬린, 아미노산

37. 로스팅시 커피는 갈색 물질(Melanoidins)이 된다. 갈색 물질이 되는 데 기여하는 것끼리 묶은 것은?

1) 아미노산, 탄수화물, 지방
2) 아미노산, 탄수화물, 단백질, 클로로제닉산
3) 탄수화물, 지방, 유기산, 비타민
4) 탄수화물, 클로로제닉산, 단백질, 무기질
5) 비타민, 무기질, 탄수화물

38. 생두의 품질을 유지하며 저장할 수 있는 조건에 대한 설명으로 알맞은 것은?

1) 생두의 ICO 기준 포장단위는 100kg 포대이다.
2) 생두의 상대습도는 50~60%이다.
3) 생두 보관시 벽과 바닥에 붙여두는 것이 좋다.
4) 고품질의 생두는 수분이 10% 미만으로 떨어져도 향미의 변화는 없다.
5) 생두를 보관하는 장소는 통풍이 이루어지지 않는 곳이 적합하다.

정 답

01. ② 02. ③ 03. ⑤ 04. ④ 05. ③ 06. ② 07. ⑤ 08. ① 09. ② 10. ④
11. ⑤ 12. ③ 13. ④ 14. ⑤ 15. ③ 16. ① 17. ④ 18. ⑤ 19. ④ 20. ②
21. ④ 22. ③ 23. ④ 24. ① 25. ④ 26. ② 27. ⑤ 28. ② 29. ③ 30. ①
31. ② 32. ⑤ 33. ④ 34. ① 35. ① 36. ① 37. ② 38. ②

카페메뉴

커피 산업에서 '커피' 하면 떠오르는 전문가는 단연 커피바리스타(Coffee Barista)이며, 이제 굳이 이들의 업무를 설명하지 않아도 되는 직업군으로 정착된 상황이다.

제1장 핫 메뉴

1. 에스프레소

　에스프레소는 보통 카페(Caffe)라 칭하며, 모든 에스프레소 메뉴 커피를 만드는 기본 베이스이기도 하다. 이탈리아나 유럽에서는 커피하면 에스프레소로 통한다. 커피머신을 이용한 압력추출 방식으로 커피의 좋은 성분들을 빠르게 추출하기 때문에 강한 쓴맛과 부드러운 신맛과 단맛, 그리고 깊고 풍부한 향을 느낄 수 있다.

- **재료**

분쇄한 커피 약 6~8g

- **만드는 방법**

① 그라인딩한 커피 6~8g을 넣고 10~13kg의 힘으로 탬핑한 다음, 7~9bar의 압력으로 에스프레소를 추출한다.

② 25~30초 동안 25~30ml를 추출한 다음 물, 설탕과 함께 서빙한다.

2. 카페 아메리카노(Caffe Americano)

에스프레소(Espresso)의 향은 그대로 즐기면서 맛은 좀 더 부드럽게 하기 위해 에스프레소를 뜨거운 물과 1:4 또는 1:5 정도의 비율로 희석하며 미국인들이 즐겨 먹는 커피라고 하여 카페 아메리카노(Caffe Americano)라고 불린다. 농도는 취향에 따라 조절한다. 드립(Drip)방식의 커피와 농도는 유사해 보이나, 카페 아메리카노는 추출된 커피에 물을 섞는다는 점에서 그 향미가 옅어지는 차이가 있다.

- ■ 재료

  에스프레소 25~30ml, 뜨거운 물 120~150ml

- ■ 만드는 방법

  ① 머그컵이나 카푸치노 잔에 에스프레소 25~30ml를 추출한다.
  ② 추출된 커피에 뜨거운 물(120~150ml)을 붓는다.

3. 카페 라떼(Caffe Latte)

카페(Caffe)와 라떼(Latte)의 합성어로 우유를 넣은 커피라고 이해하면 된다.

보통 커피와 우유를 1 : 3이나 1 : 4 정도의 비율로 섞어 주지만 커피의 향미가 묽어지지 않는 범위 내에서 에스프레소와 우유의 양을 조절해서 만들면 된다. 우유는 70℃를 넘어가면 성분에 변화가 일어나면서 텁텁한 맛이 날 수 있으므로 우유의 온도가 너무 높아지지 않도록 주의해야 한다. 반대로 온도가 너무 낮으면 싱겁다는 느낌을 받기 쉽다.

이탈리아에서는 아침식사 대용으로 '까페티에라'라는 도구를 이용해서 진한 커피를 내린 다음, 데운 우유를 듬뿍 넣어 마시는데 카페라떼와 유사하다.

- ■ 재료

  에스프레소 25~30ml, 우유 120~150ml

- ■ 만드는 방법

  ① 카페라떼 잔에 에스프레소 25~30ml를 추출한다.
  ② 스팀기를 이용하여 우유 120~150ml를 데운다.
  ③ 카페라떼 잔에 데운 우유를 붓는다.

4. 카페 마키아토(Coffe Macchiato)

　에스프레소와 같은 양의 스팀 밀크를 넣은 것으로, 카페 마키아토(Coffe Macchiato)는 '얼룩지다", 염색이 되다'라는 뜻의 이탈리아어이다. 에스프레소(Espresso)를 추출할 때 나타나는 크레마(Crema)에 우유 거품이 얼룩진 모양을 뜻한다.

- ■ 재료

　에스프레소 25~30ml, 스팀 밀크 40ml

- ■ 만드는 방법

① 데미타세 잔에 에스프레소 25~30ml를 추출한다.
② 에스프레소의 중앙에 스팀밀크를 떨어뜨린다.

5. 카푸치노(Cappuccino)

　카푸치노의 거품은 로마 카톨릭의 신부들이 쓰고 있는 둥근 모자인 '카푸쵸'를 닮았다고 해서 명명되어진 이름이다. 스티밍된 우유가 70℃ 이상이 되면 우유의 단백질이 변화되어 비린내가 날 뿐만 아니라, 거품이 가벼워져 빨리 식을 수 있으므로 적정 온도를 충분히 혼합하여 주는 것을 원칙으로 한다.

- ■ 재료

　에스프레소 25~30ml, 우유 60ml

- ■ 만드는 방법

① 카푸치노 잔에 에스프레소 25~30ml를 추출한다.
② 우유 60ml를 스팀기를 이용하여 데운다.
③ 카푸치노 잔에 데운 우유를 거품과 함께 붓는다.
④ 커피와 우유, 우유 거품의 잔 높이 비율이 1 : 1 : 1이 되도록 한다.

6. 카페 모카치노(Caffe Mochacino)

에스프레소에 달콤한 초콜릿 시럽과 휘핑크림이 조화를 이룬 메뉴이다. 카페 콘파냐와 유사하지만 초콜릿 시럽이 들어가 커피를 좋아하지 않는 사람들도 맛있게 마실 수 있다. 당도조절이 가능하며 다양한 토핑과 장식으로 개성적인 분위기를 연출할 수 있다.

■ 재료

에스프레소 25~30ml, 초콜릿 시럽 10~15ml, 우유 60ml

■ 만드는 방법

① 초콜릿 시럽 10~15ml를 잔에 준비한다.
② 초콜릿 시럽을 넣은 잔에 에스프레소 25~30ml를 추출한다.
③ 우유 60ml를 스팀기를 이용하여 데운다.
④ 잔에 데운 우유를 거품과 함께 붓는다.
⑤ 초콜릿 가루, 초콜릿 조각으로 장식한다.

7. 카페 콘파냐(Caffe Con Panna)

에스프레소에 달콤한 휘핑크림을 넣어 코코아 파우더를 뿌린 것으로 부드럽게 즐기는 에스프레소 기본 메뉴의 하나이다. 생크림을 넣는다는 측면에서 '비엔나 커피'와 유사하다. 좀 더 부드럽게 마시기 위해 소량의 우유를 넣기도 한다.

■ 재료

에스프레소 25~30ml, 휘핑크림

■ 만드는 방법

① 데미타세 잔에 에스프레소 25~30ml를 추출한다.
② 휘핑크림을 가장자리부터 올린다.
③ 모양을 내며 들어올리듯 마무리 한다.

8. 카페 비엔나(Caffe Vienna)

오스트리아 비엔나에는 이런 이름의 커피는 없고 단지 비슷한 '아인슈패너'라고 하는 커피가 있다. 비엔나 커피의 매력은 뜨거운 커피와 차가운 크림의 극단적인 맛을 함께 즐기는 데 있다.

- **재료**

  에스프레소 25~30ml, 뜨거운 물 60ml, 설탕 5g, 휘핑크림

- **만드는 방법**

  ① 사용할 컵에 물을 담근다.
  ② 컵에 설탕을 넣고 잘 저어준다.
  ③ 휘핑크림을 올린다.

9. 카페 모카(Caffe Mocha)

에스프레소와 생크림 그리고 초콜릿 시럽이 조화를 이룬 커피로 단맛이 강해서 젊은 세대들에게 인기가 많은 편이다.

- **재료**

  초콜릿 시럽 10~15ml, 에스프레소 25~30ml, 우유 60ml, 휘핑크림, 장식용 초콜릿 소스

- **만드는 방법**

  ① 초콜릿 시럽 10~15ml를 넣는다.
  ② 에스프레소 25~30ml를 잔에 받는다.
  ③ 내용물이 잘 섞이도록 저어준다.
  ④ 우유 60ml를 스팀으로 데워서 붓는다.
  ⑤ 휘핑크림을 부드럽게 올린다.
  ⑥ 초콜릿 소스로 장식한다.

10. 라떼 마키아토(Latte Macchiato)

■ **재료**

설탕시럽 10~15ml, 에스프레소 25~30ml, 우유 90ml

■ **만드는 방법**

① 설탕시럽 10~15ml를 잔에 넣는다.
② 스팀기를 이용하여 우유 90ml를 데운다.
③ 데운 우유를 잔에 부어 설탕시럽과 잘 저어 준다.
④ 에스프레소 25~30ml를 넣는다.

제2장 아이스 메뉴

1. 아이스 카페 라떼(Ice Caffe Latte)

- 재료

에스프레소 50~60ml, 얼음 7~9개, 우유 200ml

- 만드는 방법

① 얼음 7~9개를 잔에 넣는다.
② 찬 우유를 붓는다.
③ 에스프레소 50~60ml를 넣는다.

2. 아이스 아메리카노(Ice Americano)

- 재료

에스프레소 50~60ml, 얼음 7~9개, 물 200ml

- 만드는 방법

① 얼음 7~9개를 잔에 넣는다.
② 차가운 물 200ml를 붓는다.
③ 에스프레소 50~60ml를 넣는다.

3. 아이스 카푸치노(Ice Cappuccino)

■ **재료**

에스프레소 50~60ml, 얼음 7~9개, 우유 200ml

■ **만드는 방법**

① 얼음 7~9개를 잔에 넣는다.
② 찬 우유를 잔의 60%까지 넣는다.
③ 에스프레소 50~60m를 넣는다.
④ 수동 우유거품기를 이용하여 만든 우유거품을 잔에 따른다.
⑤ 취향에 따라 시나몬 가루로 토핑하여 마무리 한다.

제3장 기타 메뉴

1. 아포카토(Affogato)

아포카토는 이탈리어로 '끼얹다', '빠지다'라는 뜻이다. 일반적으로 식사 후 바닐라 아이스크림에 진한 에스프레소를 얹어 내는 이탈리아의 대표적인 디저트로 과거에는 생소한 메뉴였지만 최근 카페에서 흔히 찾아 볼 수 있는 커피메뉴이다.

- **재료**

아이스크림 1큰스쿱(Scoop), 에스프레소 25~30ml

- **만드는 방법**

① 에스프레소 25~30ml를 추출한다.
② 잔에 아이스크림 1큰스쿱을 넣는다.
③ 아이스크림 위에 에스프레소 25~30ml를 붓는다.
④ 취향에 따라 파우더나 견과류로 토핑한 후 마무리 한다.

2. 녹차 라떼(Green Tea Latte)

- ■ 재료

녹차 파우더 10~20g, 우유 200ml

- ■ 만드는 방법

① 녹차 파우더 10~20g을 잔에 넣는다.
② 우유 200ml를 스팀기를 이용하여 데운다.
③ 데운 우유를 조금 부어 파우더가 잘 녹도록 스푼으로 젓는다.
④ 남은 우유와 우유거품을 따른다.
⑤ 파우더 가루를 뿌려 마무리 한다.

3. 쿠키 블라섬(Cookie Blossom)

- ■ 재료

초코파우더 20g, 모카소스 10~15ml, 검정색 쿠키 2조각, 아이스크림 1큰스쿱(Scoop), 우유 100ml, 얼음 8~10개

- ■ 만드는 방법

① 여분의 컵에 초코파우더 20g과 모카소스 10~15ml를 소량의 데운 우유에 넣어 잘 녹인다.
② 블렌더에 얼음 8~10개를 넣는다.
③ 우유 100ml와 여분의 컵에 초코파우더, 모카소스를 넣는다.
④ 블렌더로 블렌딩한 후 잔에 따른다.
⑤ 검정색 쿠키를 잘게 부수어 토핑한 후 아이스크림 1큰스쿱을 올린다.
⑥ 취향에 따라 아이스크림 위에 모카소스나 코코아파우더로 장식한다.

4. 녹차 프라페(Green Tea Frappe)

- 재료

  녹차 파우더 20g, 얼음 7~9개, 우유 20ml

- 만드는 방법

① 녹차 파우더 20g를 여유분 컵에 담는다.
② 소량의 우유를 데워 파우더가 잘 녹도록 스푼으로 젓는다.
③ 얼음 7~9개를 잔에 넣는다.
④ 미리 만들어 놓은 여분 컵의 녹차 라떼를 잔에 붓는다.
⑤ 수동 우유거품기를 이용하여 만든 우유거품을 잔에 붓는다.
⑥ 녹차가루를 뿌려 장식한다.

5. 레몬에이드(Lemonade)

- 재료

  레몬 1개, 탄산수 150ml, 설탕시럽 25~30ml, 얼음 7~9개

- 만드는 방법

① 스퀴저(Squeezer)를 사용하여 레몬즙을 만든다.
② 레몬즙을 잔에 넣는다.
③ 설탕시럽 25~30ml를 넣는다.
④ 얼음 7~9개를 넣는다.
⑤ 탄산수 150ml를 붓는다.

6. 토마토 주스(Tomato Juice)

■ 재료

토마토 1~2개, 물 50ml, 설탕시럽 25~30ml, 얼음 5~7개

■ 만드는 방법

① 블렌더에 얼음 5~7개를 넣는다.
② 설탕시럽 25~30ml를 넣는다.
③ 물 50ml를 넣는다.
④ 토마토 꼭지를 따고 블렌더에 넣는다.
⑤ 블렌더로 블렌딩하여 잔에 따른다.

7. 바나나 주스(Banana Juice)

■ 재료

바나나 1개, 우유 100ml, 설탕시럽 또는 꿀 20~30ml, 얼음 5~7개

■ 만드는 방법

① 블렌더에 얼음 5~7개를 넣는다.
② 우유 100ml를 넣는다.
③ 설탕시럽이나 꿀 20~30ml를 넣는다.
④ 바나나를 껍질을 벗긴 뒤 블렌더에 넣는다.
⑤ 블렌더로 블렌딩하여 잔에 따른다.

8. 키위 주스(Kiwi Juice)

■ 재료

키위 2개, 물 80ml, 설탕시럽 25~30ml, 얼음 5~7개

■ 만드는 방법

① 블렌더에 얼음 5~7개를 넣는다.
② 설탕시럽 25~30ml를 넣는다.
③ 키위 껍질을 벗기고 각각 2등분하여 넣는다.
④ 물 80ml를 넣는다.
⑤ 블렌더로 블렌딩하여 잔에 따른다.

9. 요거트 스무디(Yogurt Smoothie)

■ 재료

요거트 파우더 10~15g, 요거트 10~15g, 우유 100ml, 얼음 12~15개

■ 만드는 방법

① 블렌더에 얼음 12~15개를 넣는다.
② 우유 100ml를 넣는다.
③ 요거트 파우더 10~15g을 넣는다.
④ 요거트 10~15g을 넣는다.
⑤ 블렌더로 블렌딩하여 잔에 따른다.

10. 딸기 요거트 스무디(Strawberry Yogurt Smoothie)

■ 재료

딸기원액 50ml, 요거트 파우더 10~15g, 요구르트 1개, 우유 100ml, 얼음 12~15개

■ 만드는 방법

① 블렌더에 얼음 12~15개를 넣는다.
② 우유 100ml를 넣는다.
③ 요거트 파우더 10~15g를 넣는다.
④ 요구르트 1개 넣는다.
⑤ 딸기원액 50ml를 넣는다.
⑥ 블렌더로 블렌딩하여 잔에 따른다.

적중 예상 문제

01. 에스프레소에 대한 설명으로 틀린 것은?
1) 에스프레소는(Espresso)란 이탈리아어로 '빠르다'에서 나온 말이다.
2) 일반 커피에서는 볼 수 없는 크레마라는 황금색 크림층이 형성된다.
3) 짧은 시간 안에 끝내야 하는 만큼 원두의 입자가 일반커피보다 미세해야 한다.
4) 7~9 Bar의 압력을 가하여 추출한 음료다.
5) 다른 일반 커피보다 진하기 때문에 카페인의 함량이 많다.

02. 카페 마키아토의 배합으로 맞는 것은?
1) Milk Foam + Espresso
2) Whipped Cream + Espresso
3) Milk Foam + Steamed Milk + Espresso
4) Steamed Milk + Espresso
5) Chocolate Syrup + Milk Foam + Espresso

03. 다음 중 카페라떼, 카페모카에 공통적으로 들어가는 것은 무엇인가?
1) Whipped Cream
2) Cinamon
3) Chocolate Syrup
4) Steamed Milk
5) Caramel Syrup

04. 다음 중 밀크 폼(Milk Foam)이 들어가지 않는 것은 무엇인가?

1) 카페라떼
2) 카페 마키아토
3) 카페모카
4) 카푸치노
5) 라떼 마키아토

05. 다음 중 스팀 밀크(Steamed Milk)가 들어가는 것으로 알맞은 것은?

1) 카페 비엔나
2) 아이스 카페라떼
3) 카페 콘파냐
4) 카페 라떼
5) 아포가토

06. 다음 중 추출 시간이 가장 짧은 메뉴는?

1) 리스트레토(Ristretto)
2) 에스프레소(Espresso)
3) 룽고(Lungo)
4) 도피오(Doppio)
5) 룽고 도피오(Lungo Doppio)

07. 에스프레소에 레몬즙이나 레몬껍질 등을 넣는 메뉴는?

1) 카페 콘파냐
2) 카페 카푸치노
3) 카페 아로마
4) 카페 로마노
5) 카페 비엔나

08. 다음 중 커피 양이 제일 많은 메뉴는?

1) 리스트레토(Ristretto)
2) 에스프레소(Espresso)
3) 룽고(Lungo)
4) 도피오(Doppio)
5) 룽고 도피오(Lungo Doppio)

09. 에스프레소를 평가할 때 평가의 기준으로 가장 보기 어려운 것은?

1) 크레마의 색감
2) 크레마의 양
3) 크레마의 질감
4) 바리스타의 자질
5) 크레마의 복원력

10. 한 잔의 에스프레소를 추출할 때 사용되는 분쇄 커피의 양으로 가장 알맞은 것은?

1) 14~15g
2) 19~20g
3) 6~7g
4) 10~11g
5) 24~25g

11. 에스프레소(Espresso)의 향은 그대로 즐기면서 맛은 좀 더 부드럽게 하기 위해 에스프레소를 뜨거운 물과 1:4 또는 1:5 정도의 비율로 희석하여 미국인들이 즐겨먹는 커피를 무엇이라고 하는가?

1) 카페 라떼
2) 카페 아메리카노
3) 카페 콘파냐
4) 더치커피
5) 카페오레

12. 카페 라떼에 초콜릿 소스를 더한 커피는 무엇인가?

1) 에스프레소
2) 카페 아메리카노
3) 카페 모카
4) 카푸치노
5) 카페 라떼

13. 커피에 휘핑크림을 넣어 부드럽게 마시는 메뉴는?

1) 에스프레소
2) 카페 아메리카노
3) 리스트레토
4) 비엔나 커피
5) 라떼 마키아토

14. 다음은 어떤 커피의 제조과정인가?

> 가. 에스프레소를 추출한다.
> 나. 뜨거운 물에 추출된 에스프레소를 넣는다.
> 다. 기호에 따라 설탕을 넣는다.
> 라. 휘핑크림을 얹는다.

1) 카푸치노
2) 카페모카
3) 라떼 마키아토
4) 카페 콘파냐
5) 비엔나 커피

15. 에스프레소에 우유거품을 얹은 것으로 이탈리아어로 '점을 찍다'라는 뜻을 가진 커피는?

1) 카페 마키아토
2) 카페 콘파냐
3) 리스트레토
4) 도피오
5) 카푸치노

16. 식사 후 바닐라 아이스크림에 진한 에스프레소를 얹어 내는 이탈리아의 대표적인 디저트로 과거에는 생소한 메뉴였지만 최근 카페에서 흔히 찾아 볼 수 있는 커피 메뉴는 무엇인가?

1) 카페 아메리카노
2) 비엔나 커피
3) 아포가토
4) 카푸치노
5) 카페 콘파냐

17. 다음은 녹차 라떼(Green Tea Latte)를 만드는 방법이다. 틀린 것은?
1) 녹차 파우더 10~20g을 잔에 넣는다.
2) 스팀기를 이용하여 우유 200ml를 데운다.
3) 데운 우유를 조금 부어 파우더가 잘 녹도록 스푼으로 젓는다.
4) 달콤한 맛을 내기 위하여 초콜릿 소스를 10ml 넣어준다.
5) 녹차 파우더를 뿌려 마무리한다.

18. 다음 중 스팀밀크를 이용하여 커피에 그림을 그려 고객에게 시각적인 볼거리를 제공하는 것을 무엇이라고 하는가?
1) 블랜딩
2) 도징
3) 라떼아트
4) 드리즐
5) 스티밍

19. 다음 중 캐러멜 마키아토 등 커피 표면에 소스를 뿌려 시각적인 효과를 주는 방법을 무엇이라고 하는가?
1) 팩킹
2) 드리즐
3) 라떼아트
4) 태핑
5) 그라인딩

20. 도구를 이용하여 밀크커피 위에 그림을 그리는 방법을 무엇이라고 하는가?
1) 에칭
2) 드리즐
3) 도징
4) 팩킹
5) 스티밍

21. 다음 중 초콜릿 시럽 또는 초콜릿 파우더가 들어가지 않는 카페 메뉴는 무엇인가?
1) 카페 모카
2) 카페 콘파냐
3) 쿠키 블라섬
4) 카페 모카치노
5) 아이스 카페모카

22. 프랑스어로 '얼음으로 차게 식히다'라는 의미로 여름철에 시원하게 마실 수 있는 아이스 메뉴이다. 블렌더에 우유와 에스프레소, 얼음을 갈아내어 만든 여름철 대표 메뉴를 무엇이라고 하는가?

1) 프라페
2) 블렌드
3) 에스프레소
4) 마키아토
5) 아이스 아메리카노

23. 다음 중 라떼 마키아토를 만드는 방법으로 틀린 것은?

1) 설탕시럽 10~15ml를 잔에 넣는다.
2) 데운 우유를 잔에 부어 설탕시럽과 잘 저어준다.
3) 컵 상단에서 에스프레소가 들어갈 양만큼을 남기고 우유를 붓는다.
4) 우유 표면에 에스프레소를 넣어 점을 찍듯이 붓는다.
5) 잔에 아이스크림 1큰스푼을 넣는다.

24. 탄산수에 과일 혹은 과일 즙을 넣어 만든 음료에 톡 쏘는 탄산이 더해진 것은 무엇인가?

1) 에이드
2) 생과일 주스
3) 프라페
4) 마키아토
5) 워터 드립

25. 카푸치노나 카페라떼에 사용하는 스팀 밀크의 온도로 알맞은 것은?

1) 약 85~90℃
2) 약 75~80℃
3) 약 65~70℃
4) 약 55~60℃
5) 약 45~50℃

26. 에스프레소 커피를 이용하여 만들어진 메뉴이다. 이때 데미타세잔에 제공될 수 없는 커피 메뉴는 무엇인가?

1) 라떼 마키아토
2) 카페 마키아토
3) 리스트레토
4) 카페 콘파냐
5) 룽고

27. '빠르다'란 의미의 'Express'에서 비롯되어진 말로 일반 커피에서는 볼 수 없는 크레마(Crema)라는 황금색 크림층이 형성되는 음료를 무엇이라 하는가?

1) 에스프레소
2) 카페 아메리카노
3) 카페 라떼
4) 캐러멜 마키아토
5) 카페 아메리카노

정 답

01. ⑤ 02. ① 03. ④ 04. ③ 05. ④ 06. ① 07. ④ 08. ⑤ 09. ④ 10. ③
11. ② 12. ③ 13. ④ 14. ⑤ 15. ① 16. ③ 17. ④ 18. ③ 19. ② 20. ①
21. ② 22. ① 23. ⑤ 24. ① 25. ③ 26. ① 27. ①

Memo

커피기계관리

커피바리스타가 되고자 꿈을 키우며 자격취득에 도전하는 이들을 보면 남녀노유(男女老幼)를 가릴 수 없으며 특히 장애우들의 활의지를 북돋우는 직업으로까지 자리매김하고 있다.

제1장 커피기계의 발전 과정

음료로 처음 음용하기 시작한 커피는 터키식 커피이다.
이 방식의 커피 맛을 좀 더 빠르고 편리하게 추출하기 위하여 개발된 추출 방식이 드립, 사이폰, 에스프레소 기계이다.

에스프레소 기계의 탄생은 베큠포트(사이폰)에서 힌트를 얻어 개발된 방식이다.

터키식 커피에서 출발한 추출법은 다양한 실험을 거치면서 1840년대에는 기압으로 커피의 추출 속도를 빨리하는 여러 가지 기구들이 개발되었는데, 그 대표적인 것이 지금의 베큠포트(사이폰) 방식이라 할 수 있는 진공추출법이다.

베큠포트(사이폰) 방식은 밀폐된 용기에 물을 담고 끓이면 끓는 물이 증기의 압력에 의해 다른 용기로 이동하게 되고 가열을 멈추면 압력이 떨어지면서 다시 원래의 용기로 복귀하는 원리를 응용한 것으로 당시로서는 획기적인 발명이었다. 드립에 비해 추출력이 강할 뿐만 아니라 시각적 효과도 그만이어서 선풍적인 인기를 끌었다. 방식은 다르지만 증기압을 이용한다는 면에서 그것은 이후 에스프레소 커피기계의 탄생을 예고하는 신호탄이기도 했다.

1901년 이탈리아 밀라노의 베제라(Luigi Bezzera)가 몇 차례의 실험 끝에 증기압을 이용한 기계를 처음으로 개발해 발표하면서 특허를 취득했다. 이때 나온 베제라 커피기계의 특징은 필터 홀더에 한 잔이나 두 잔 분량의 커피가루를 채우고 컵에 직접 추출하는 방식이었다.

1905년에는 데지데리오 파보니(Desiderio Pavoni)에 의해 한층 완성도를 높인 커피기계가 개발됐다. 그는 이탈리아의 카페를 중심으로 라 파보니(La Pavoni) 커피기계를 활발하게 보급함으로써 대중화의 물꼬를 텄다. 그러나 이 기계로 얻을 수 있는 증기압은 1.5기압 정도에 불과했기 때문에 한꺼번에 많은 잔의 커피를 연달아 뽑아내기 어렵다는 문제를 가지고 있었다. 이때부터 커피기계의 압력을 높이기 위한 여러 가지 시도와 시행착오가 이어졌다.

그러던 중 밀라노에서 카페를 경영하고 있던 아킬레 가찌아(Achille Gaggia)에 의해 획기적인 방안이 나왔다.

그는 이미 보급되어 있던 기존의 증기압 머신을 개조한 새로운 방식의 커피머신을 개발, 특허를 취득함으로써 관심을 집중시켰다. 바로 피스톤의 원리를 응용한 레버식 커피기계이었다.

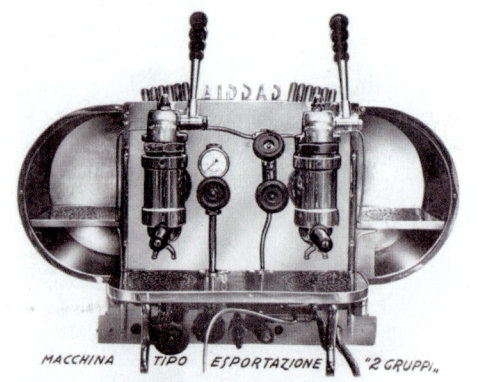

가찌아 커피기계는 레버에 피스톤을 연결시킨 것으로 원리는 비교적 간단하다. 레버를 끌어올리면 피스톤이 함께 올라가면서 그 아래 공간에 유입된 뜨거운 물을 순간적으로 눌러 강한 압력으로 커피를 뽑아내는 것이다.

그 과정에는 용수철을 이용한 지렛대의 원리가 동원됐다. 레버를 올릴 때 그 안의 용수철이 동시에 압축되도록 함으로써 적은 힘으로도 추출이 가능하도록 했다.

가찌아 커피기계는 적절한 온도를 유지하면서 추출압력도 9기압 정도의 고압을 가할 수 있다는 장점을 지니고 있었다. 또 힘 조절이나 온도 조절을 통해 추출시의 미세한 맛 조절도 가능하게 되었다. 이런 장점 때문에 피스톤식 커피기계는 급속히 보급되었고, 현재의 에스프레소 커피 기계의 기초가 되고 있다.

피스톤식 기계의 발명에 의해 단시간에 추출하는 에스프레소 커피가 더욱 본격적으로 발전할 무렵 예상외의 현상이 일어났다. 추출된 커피의 표면에 미세한 거품이 형성되었던 것이다. 높은 압력으로 인해 나타난 이 거품은 에스프레소의 풍미를 더해주는 요소로 각광을 받게 되었다. 이후 크레마는 에스프레소 커피의 상징으로 떠올랐고, 그 농도에 따라 추출이 잘 되었는지의 여부가 판가름나는 기준이 되었다. 크레마는 이 새로운 커피기계의 장점이자 특징으로 자리 잡았다. 에스프레소가 인기를 누리면서 더욱 맛있는 커피를 더욱 빠르고 안정적으로 추출하기 위한 연구가 가속화되기 시작했다. 이 피스톤식 커피기계는 높은 온도에서 에스프레소 추출이 이루어짐에 따라 크레마와 향이 빨리 없어진다는 점이 단점이 있어 이를 보완하기 위해 증기압 대신 수압을 이용하는 기계가 개발됐다.

1958년 훼마(Fema)의 달라 코르테(Dalla Corte) 외 2인이 개발한 현대식 커피기계가 그것이다. 이로써 오늘날과 같은 보일러 시스템과 전동 펌프를 장착한 진보적인 커피기계가 탄생했다. 이 커피기계는 커피 추출물을 직접 데우지 않고 간접적인 중탕 방식으로 오늘날까지 그 구조가 유지되고 있다.

2000년에 오면서 커피의 볶음 정도가 바뀌면서 온도에 대한 민감성을 파악하고 독립형 보일러 시스템으로 추출물의 온도를 조절하여 사용하는 커피기계가 개발되어 출시되고 있다.

적중 예상 문제

01. 다음 중 터키식 추출법을 최초의 추출법으로 말하는 이유로 알맞은 것은?
1) 종교적으로 사용
2) 음료로 음용 시작
3) 병을 고치는 데 사용
4) 식사대용으로 사용
5) 명확한 역사적 근거 존재

02. 에스프레소 커피기계의 기초 원리로 적용한 추출 방법으로 가장 알맞은 것은?
1) 진공 추출법
2) 달임법
3) 우려내기
4) 여과법
5) 가압추출법

03. 에스프레소 기계를 처음으로 고안한 루이지 베제라(Luigi Bezzera)가 특허를 취득한 연도는 언제일까?
1) 1891년
2) 1901년
3) 1911년
4) 1921년
5) 1942년

04. 용수철을 이용한 지렛대원리로 만들어진 최초의 에스프레소 기계를 만든 사람은 누구인가?
1) 루이지 베제라(Luigi Bezzera)
2) 주세페 밤비(Giuseppe Bambi)
3) 데지데리오 파보니(Desiderio Pavoni)
4) 달라코르테(Dalla Corte)
5) 아킬레 가찌아(Achille Gaggia)

05. 크레마와 향이 빨리 없어지는 것을 방지하기 위해 고안된 것은 어느 것인가?

1) 전동 펌프
2) 독립 보일러
3) 피스톤 방식
4) 증기압 방식
5) 일체형 보일러

> **정답**
> 01. ② 02. ① 03. ② 04. ⑤ 05. ①

제2장 커피기계의 종류 및 설치 환경

커피기계는 4가지의 종류로 제작이 되고 있다.

① 수동 에스프레소 기계 (Manual Espresso Machine)
② 반자동 에스프레소 기계 (Semi Automatic Espresso Machine)
③ 자동 에스프레소 기계 (Automatic Espresso Machine)
④ 전자동 에스프레소 기계 (Fully Automatic Espresso Machine)

우리나라에서는 크게 수동 에스프레소 기계와 그라인더와 기계가 분리된 것을 반자동 에스프레소 기계, 그라인더와 기계가 붙어 있는 것을 전자동이라 한다.

수동 에스프레소 기계(Manual Espresso Machine)는 시각적이고 퍼포먼스적인 효과는 좋으나 한꺼번에 많은 사람이 몰릴 경우 빠른 대응이 어려운 데다 사람의 손과 힘에 의존하여 추출하기 때문에 일정한 커피 맛을 내기 어렵다는 한계를 지니고 있었다. 번번이 레버를 올리고 내리는 일도 쉽지만은 않은 일이었다.

이런 이유로 편리성과 스피드를 개선한 반자동 방식의 에스프레소 커피머신이 개발되면서 수동식 에스프레소 기계는 일부 제품이 유통되고 있고, 일부 카페 중에는 이 수동식 에스프레소 기계를 고집하는 곳도 있다.

1. 반자동 에스프레소 기계

1) 반자동 에스프레소 기계의 장점

- 그라인더와 에스프레소 기계가 분리되어 있어서 원두커피에 열이 가해지지 않는다. 이에 따라 맛의 변화가 적은 양질의 에스프레소 커피 추출에 유리하다.
- 전문 바리스타용 커피머신으로 다양한 에스프레소 메뉴커피를 만들기가 용이하다.
  - 바리스타의 능력에 따라 다양한 에스프레소 커피 맛을 추구할 수 있다.
  - 기계적인 구조가 비교적 단순하기 때문에 잔고장이 적다.
- 관리하기가 용이하다.
- 기계 구입비용이 전자동 커피머신에 비해 적다.

2) 반자동 에스프레소 기계의 단점

- 장비에 대한 이해와 다루는 기술이 필요하다.
- 뽑는 사람에 따라 맛의 차이가 있을 수 있다.
- 설치공간이 넓고, 전문성이 요구된다.

2. 전자동 에스프레소 기계

1) 전자동 에스프레소 기계의 장점

- 커피를 추출하기가 쉽고 간편하다.
- 블랙커피 추출에 특히 유리하다.
- 사용이 빈번한 장소에서 여러 사람이 각자 추출해도 비슷한 맛의 커피추출이 가능하다.
- 설치 공간을 적게 필요로 한다.

2) 전자동 에스프레소 기계의 단점

- 원두를 내부의 호퍼에 담기 때문에 커피 소모량이 적을 경우

맛의 변화가 생기기 쉽다.
- 디지털 기술을 적용, 반자동 에스프레소 기계에 비해 잔고장이 있다.
- 반자동 커피기계에 비해 상대적으로 비싸기 때문에 초기 구입비가 높다.
- 다양한 맛의 변화가 어렵다.

3. 반자동 기계의 설치 환경

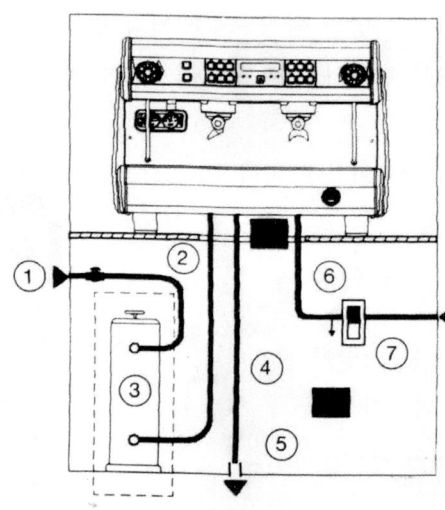

에스프레소 기계를 설치할 경우는 에스프레소 기계 설치 공간과 설치대 높이, 전기, 물이 매우 중요하다. 커피기계의 설치 시 공간 넓이 W(wide)는 2그룹 730mm기준으로 했을 때 그라인더와 찌꺼기통을 포함하면 1,200~1,500mm는 확보해야 한다.

깊이 D(depth)는 기계가 550mm라면 650~750mm 되어야 편리하다. 높이 H(height)는 바닥에서 850~900mm가 좋다.

1) 급수

지하수나 수돗물을 사용하며 1~2 bar 정도의 수압이 있어야 한다.

2) 급수관

급수관을 수압을 견딜 수 있는 재질로 연결해야 하며 호스를 휘지 않도록 설치해야 한다.

3) 연수기와 정수기

① **연수기** - 물은 경수와 연수로 나눌 수 있다.

에스프레소를 추출함에 있어서는 연수가 좋은 물이라 할 수가 있다. 1리터 당 미네랄 함량을 50~80mg으로 만들어 주는 역할을 하는 것이 연수기다. 커피기계에는 연수기를 설치하는 것이 원칙이다.

연수기는 주기적으로 청소가 필요한데 그 주기는 다음과 같다.

연수기용량	온도에 따른 청소주기					소금의 양 (Kg)
	20도 이하	30도 이하	40도 이하	60도 이하	80도 이하	
5.LT	900.LT	750.LT	6700.LT	520.LT	370.LT	0.65
8.LT	1400.LT	1200.LT	1100.LT	840.LT	600.LT	1
12.LT	2300.LT	1800.LT	1600.LT	1200.LT	900.LT	1.5

② **정수기** - 정수기는 물속에 함유하고 있는 이 물질을 제거하고 소독약 냄새를 제거 해 주는 것이 활성탄이다.

탄소의 표면에 있는 활성화된 산소들이 염소와 같은 유기체를 유인하여 포획한다. 물 맛을 결정해주는 부분이므로 좋은 정수기를 설치하는 것이 좋은 에스프레소를 얻을 수 가 있을 것이다. 정수기는 에스프레소 기계 설치시 필수적으로 설치를 해야 하며 정수 기 없이 커피기계를 사용한다는 것은 맛있는 에스프레소를 얻는 것을 포기한 것이나 다 름이 없다.

정수기는 사용량에 따라 필터 교환시기가 다르다.

녹물이 많이 유입되는 곳은 정수기 필터 교환시기가 좀 더 빨리 교환을 해야 한다. 정 수기에 필터 사용량이 있으므로 주기적으로 점검해서 교환하면 된다. 또 다른 방법은 커피기계 온수를 추출해서 먹어보고 맛이 바뀌면 교환을 하면 된다. 정수기는 미리미리 점검을 하여 필터를 교환을 해주어야 하는데 그 교환 시기는 각 정수기에 표기된 양을 보고 결정을 하면 된다. 바리스타는 항상 매장에서 하루 물의 사용량을 알고 있는 것이 정수기의 필터 교환 시기를 체크하여 교환을 할 수가 있다.

4) 배수연결관

배수연결관은 기계에서 버려지는 물을 하수구로 흘려보내는 관이다. 배수관 연결 시 곧

게 설치해야 물이 잘 흐른다.

5) 배수구

하수구에서 올라오는 관으로 에스프레소 기계 배수관과 연결이 되는 부분이다. 하수구에서 올라오는 냄새가 밖으로 새어나가지 않도록 잘 막아 주어야 한다.

6) 전기 공급

기본형인 2그룹 커피기계 4~5kw의 전력이 필요로 한다. 그러므로 플러그를 사용하지 말고 차단기에 직접 연결해야 한다.

플러그는 전력 3kw 미만인 기계에 사용해야 한다.

- 접지 - 접지선은 일반적으로 녹색과 황색 2가지 색으로 되어 있다. 접지란 전열 기구에 흐르는 미세한 전류를 땅속으로 흘려보내는 선이다. 기계 사용시 전기가 느끼는 경우는 누전일수도 있지만 대부분 접지가 안 되어 있기 때문에 일어나는 현상이다. 때에 따라 위험할 수 있으니 꼭 연결해야 한다.
- W(전력) = V(전압)×A(전류)의 공식에 의해 정해진다.
전압이 220V에서 5kw의 기계를 차단기는 20A 사용을 하면 W = V×A 공식에 대입하면 220×20 = 4,400W(4.4kw)가 되므로 5kw의 기계를 사용하기에는 용량이 모자란다.

적중 예상 문제

01. 반자동 에스프레소 기계의 장점에 대한 설명으로 가장 거리가 먼 것은?
   1) 다양한 메뉴 만들기가 용이하다
   2) 바리스타의 능력에 따라 다양한 맛을 추출하기가 쉽다.
   3) 관리하기가 비교적 용이하다.
   4) 기술이 없어도 쉽게 다양한 맛을 추출할 수가 있다.
   5) 전자동 에스프레스 기계에 비해 저렴하다.

02. 다음 중 전자동 에스프레소 기계에 대한 설명으로 틀린 것은?
   1) 설치 공간을 적게 필요로 한다.
   2) 여러 사람이 추출해도 비슷한 맛의 커피 추출이 가능하다.
   3) 다양한 맛의 에스프레소를 추출하기가 어렵다.
   4) 초기 구입비용이 많이 들어간다.
   5) 기계 가격이 비싸므로 잔 고장이 적다.

03. 깊이 D(depth)가 550mm인 커피기계 설치시 설치 테이블의 크기로 가장 적합한 것은?
   1) 550 ~ 600mm
   2) 650 ~ 700mm
   3) 750 ~ 800mm
   4) 850 ~ 900mm
   5) 1,100 ~ 1,150mm

04. 다음 중 연수기에 대한 설명으로 알맞은 것은?
   1) 녹물을 연수로 만들어 준다.
   2) 물 1리터 당 미네랄 함량을 50~80mg으로 만들어 준다.
   3) 청소는 하루에 2~3회 진행한다.
   4) 에스프레소 기계에 수돗물을 사용하는 경우 설치하지 않아도 된다.
   5) 에스프레소 기계로 들어가는 물의 압력을 유지시켜 준다.

05. 수온 20도 이하에서 8리터용 연수기는 몇 리터 사용마다 청소를 해야 하는가?

1) 600리터 2) 1,000리터
3) 3,000리터 4) 1,800리터
5) 1,400리터

06. 정수기에 대한 설명으로 틀린 것은?

1) 무조건 3개월마다 필터를 교환해야 한다.
2) 이물질을 제거한다.
3) 물속에 들어있는 소독약 냄새를 제거한다.
4) 녹물을 제거한다.
5) 탄소의 표면에 있는 활성화된 산소들이 염소와 같은 유기체를 포획한다.

07. 커피기계 설치 시 접지를 연결해야 하는 이유로 바르지 않은 것은?

1) 잔류 전류를 흘려보내기 위해 2) 기계의 잔고장 원인을 제거하기 위해
3) 전기가 흐르기 때문에 4) 물 온도가 늦게 데워지므로
5) 감전사고를 예방하기 위해

08. 다음 그림 중에서 220V의 전압에 4kw의 기계를 사용시 적합한 것은?

1) 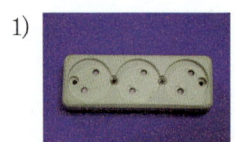 2)  3)

4)  5)

09. 220v의 전압에 5kw의 커피기계를 사용시 차단기로 다음 중 가장 적합한가?

1) 5A
2) 15A
3) 30A
4) 45A
5) 55A

10. 다음 중 전력을 산출하는 공식으로 맞는 것은?

1) W=V+A
2) W=V-A
3) W=A-V
4) W=V×A
5) W=V÷A

11. 에스프레소기계 사용시 냉장고와 커피기계를 같이 잡았을 때 전기가 오는 이유를 설명한 것은?

1) 기계에서 물이 새어서
2) 전기선의 피복이 얇아서
3) 접지가 불량이어서
4) 전기 용량이 부족해서
5) 같은 콘덴서에 연결해서

정 답

01. ④ 02. ⑤ 03. ② 04. ② 05. ⑤ 06. ① 07. ④ 08. ③ 09. ③ 10. ④ 11. ③

제 3 장 커피기계의 외부 구조

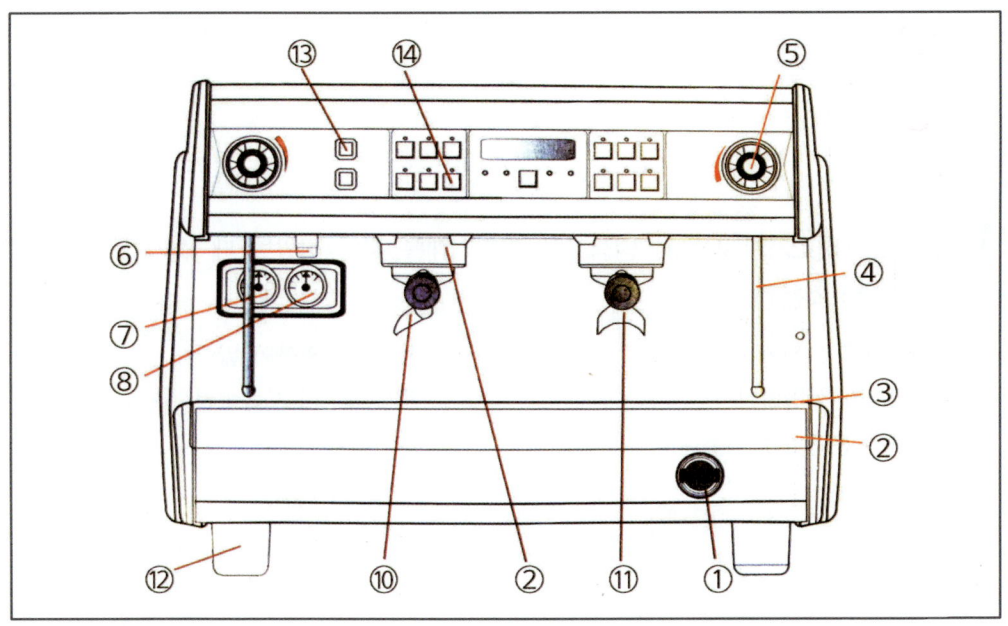

1. 메인 스위치(Main Switch)

기계에 전원을 공급하는 스위치이다. 스위치에 숫자가 "0"으로 표시되면 "OFF" 상태이고, 오른쪽으로 돌려 숫자 "1"이 표시되면 기계가 "ON" 상태가 된다. 이 전원 공급 스위치는 각 기계마다 조금씩은 차이가 있으나 기계에 전원을 공급하고 차단하는 역할을 한다.

2. 드립 트레이(Drip Tray)

기계에서 떨어지는 모든 여유분의 물을 받아 배수로로 흘려주는 배수받침대이다. 마감시 분리해서 깨끗이 닦아 주어야 한다.

3. 드립 트레이 그릴(Drip Tray Grill)

드립 트레이 그릴은 커피 추출시 컵을 올려놓는 곳이므로 항상 청결히 유지해야 한다. 사용 중에도 수시로 닦아 주어야 컵을 깨끗하게 유지할 수가 있다.

4. 스팀 완드(노즐)(Steam Wand(Nozzle))

스팀완드(노즐)는 우유거품이나 데울 때 스팀이 나오는 부분으로 매우 뜨거우므로 조심해야 하며, 우유를 사용하기 때문에 청결한 상태가 되도록 각별히 사용법을 숙지해야 한다. 스팀완드(노즐)는 구멍이 2~5개 있는 것이 주로 사용된다. 우유를 데울 때 사용되는 우유양에 따라 노즐의 구멍을 선택하면 된다. 600ml의 용기를 사용할 때는 2~3개짜리가 사용하기가 쉽고, 900~1,200ml를 사용할 경우에는 4~5개짜리가 편리하다.

5. 스팀 밸브(Steam Valve)

스팀을 사용할 때 스팀을 열어주는 밸브이다. 일반적으로 손잡이를 시계 반대방향으로 돌리면 스팀이 나오고 시계방향으로 돌리면 멈춘다. 스팀밸브는 사용하는 기계에 따라 약간의 차이가 있다. 그러므로 자기가 사용하는 기계의 스팀간격을 항상 체크하고 사용범위를 알고 있어야 편리하게 사용할 수 있다.

6. 온수 추출구(Hot Water Spout)

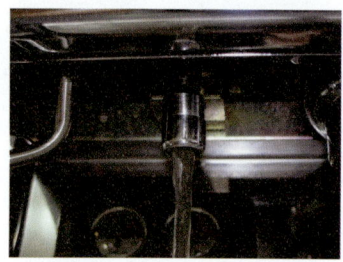

온수 추출구는 보일러에 있는 물이 직접 나오는 곳이므로 항상 청결하게 막히지 않도록 관리를 해야 한다. 한 달에 한번 정도는 분리해서 확인을 해주는 것이 좋다.

7. 펌프 압력계(Water Pressure Gauge)

커피 추출시 펌프의 압력을 표시해 주는 펌프압력 게이지이다. 펌프게이지는 커피가 추출되는 압력을 표시해 주므로 항상 점검하여 정상적인 상태를 유지해야 한다. 펌프게이지 확인방법 또한 숙지하고 있어야 한다.

기계마다 약간의 차이는 있으나 펌프게이지는 일반적으로 0~16의 숫자로 표시되어 있으며, 기계마다 사용 가능한 범위가 부채꼴 모양(녹색 또는 기타 색)으로 표시되어 있다.

8. 보일러 압력계(Boiler Pressure Gauge)

　　스팀온수 보일러의 압력을 표시하는 스팀압력 게이지이다. 이 보일러 압력계는 보통 0~3 단계로의 숫자로 표시되어 있다. 기계가 OFF 상태에서는 바늘이 0에 위치한다. 기계가 정상적으로 가동되면 바늘은 1~1.5 사이를 유지한다. 이때 만일 바늘이 적색에 오면 압력이 너무 높다는 표시이므로 즉시 점검을 받아야 한다.

9. 그룹 헤드(Group Head)

　　커피 물이 데워지고 커피를 추출하는 곳으로 에스프레소 커피머신의 핵심부분 중 하나다. 그룹의 숫자에 따라 1그룹, 2그룹, 3그룹 등으로 구분된다. 그룹은 커피물이 최종적으로 통과하는 곳이므로 온도 유지가 매우 중요하다. 또 그룹의 종류에 따라 예열 방법이나 시간이 다를 수 있으므로 각 기계의 특성을 잘 숙지해 둘 필요가 있다.

1) 그룹의 구분

　　그룹의 형태는 일반적으로 3가지로 구분된다. 독립 보일러 방식과 강제가열 방식, 일반적인 방식 등이 그것이다.

　　독립 보일러 방식은 커피 보일러와 그룹이 같이 붙어 있어 커피물이 데워지면서 같이 그룹이 예열되는 방식이다. 열이 빠르게 그룹으로 전달된다는 장점이 있다.

　　강제예열 방식은 히터에 의해 그룹을 강제로 예열시키는 방식이다. 히터에 의해 예열되므로 빠른 시간에 보일러와 상관없이 예열된다는 장점이 있으나, 온도가 높기 때문에 그룹의 오링이 빨리 경화된다는 단점도 있다.

마지막 방식은 일반적으로 많이 사용되는 형태로, 보일러가 데워진 후에 관을 통해서 열이 그룹으로 전달되는 방식의 그룹이다. 이 방식은 완전히 예열되기까지 시간이 상당히 많이 걸린다는 단점이 있다. 그러므로 이 방식의 기계는 계속 켜놓는 것이 바람직하다.

이처럼 그룹의 형태나 특징에 따라 사용방법, 즉 예열방법을 잘 숙지하고 있어야 양질의 에스프레소를 신속정확하게 얻을 수 있다.

2) 그룹의 구조

① 크롬 도금 그룹 몸체(Chrome Body Group)

Chrome Body Group은 온도 유지를 위해 두껍게 만들어지며 재질은 동으로 되어 있다. 동은 열전도가 잘 되고 열을 품고 있는 성질이 강하므로 그룹 몸체는 동으로 만들어진다. 하지만 동은 공기와 접촉에 의해 부식이 일어날 수가 있다. 그래서 동으로 만든 그룹에 크롬으로 도금을 해서 부식을 방지한다. 그룹에서 물이 첫 번째로 통과를 하고 이때 떨어지는 물줄기는 강하게 한 줄로 떨어진다.

② 그룹 개스킷(Group Gasket)

Group Gasket은 기압이 밖으로 새는 것을 막아주는 역할을 하므로 교환 시기를 잘 결정해야 양질의 에스프레소를 얻을 수가 있다.

■ Group Gasket의 교환 시기

필터 홀더를 그룹에 장착했을 때 Group Gasket의 탄력이 느껴지지 않으며 정면으로부터 수직이 되지 않고 추출시 옆으로 물이 샐 때 교환을 해야 한다.

필터 홀더를 장착했을 때 정면에서 너무 많이 우측으로 돌아가는 경우나 Group Gasket이 마모가 되어 가운데가 홈이 생길 경우 교환을 해주어야 그룹

몸체와 필터 홀더 파손에 영향을 주지 않는다.

■ Group Gasket 교환 방법

　　Shower Holder와 Shower Filter를 분리하고 송곳을 이용해서 Group Gasket을 빼내고 필터홀더를 이용해서 정상적인 Group Gasket을 끼워 넣으면 된다.

③ 샤워 홀더(Shower Holder)

　　Shower Holder는 Shower Filter를 고정시켜주는 역할을 하며, Chrome Body Group에서 한줄기로 나온 물이 여러 가닥으로 나뉘어 떨어진다. Chrome Body Group에서 강하게 떨어지는 물을 여러 가닥으로 압력을 분산시켜 Shower Filter로 보낸다. Shower Holder는 커피와 접촉이 일어나는 커피 오일이 쌓여 좋지 않은 냄새가 발생할 수가 있으므로 청소에 신경을 많이 써야 한다. Shower Holder의 청소 전과 청소 후의 모습이다. 최소한 일주일에 한번은 세제로 청소를 해야 양질의 에스프레소를 얻을 수가 있다.

④ 샤워 필터(shower Filter)

　　Shower Filter는 필터 홀더에 담겨져 있는 커피에 직접 물을 분사하는 부분으로 Shower Holder에서 여러 가닥으로 분산된 물줄기를 커피 표면 전체에 골고루 분사시켜 주는 역할을 한다.

　　Shower Filter는 많이 사용을 하면 교환을 해주어야 한다. 교환 시기는 에스프레소를 추출 후에 찌꺼기가 과도하게 많이 나올 경우는 교환을

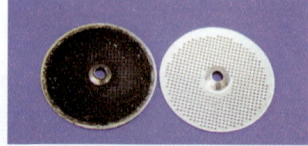
해주면 된다. Shower Filter는 커피가 직접 접촉을 하는 부분이므로 청소를 잘 해주어야 한다. 찌꺼기가 많이 있을 경우는 다음 커피 추출시 방해를 줄 수가 있으므로 수시로 청소를 해주어야 하며 최소한 일주일에 한번은 Shower Holder와 같이 세제로 청소를 해주는 것이 양질의 에스프레소를 얻을 수가 있다.

10. 1잔용 필터 홀더(One-Cup Filter Holder)

에스프레소 추출시 1잔을 추출하기 위해 사용되는 필터 홀더이다.

11. 2잔용 필터 홀더(Two-Cup Filter Holder)

에스프레소 추출시 2잔을 추출하기 위해 사용되는 필터 홀더이다.

※ 청소 전후의 필터 홀더는 다음과 같다.

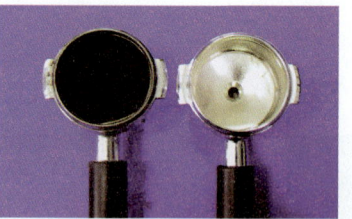

필터 홀더는 최종적으로 커피의 추출이 이루어져서 커피 잔에 떨어지는 만큼 관리와 청소에 신경을 많이 써야 좋은 크레마와 맛을 얻을 수가 있다. 최소한 일주일에 한번은 세제 청소를 해야 한다.

12. 받침대(Adjustable Foot)

기계를 지탱하는 발이다. 기계의 높이와 수평이 맞지 않는다면 발을 돌려 높이와 수평을 맞출 수가 있다. 기계의 발은 나사식으로 되어 있다.

13. 온수 추출버튼(Hot Water Buttons)

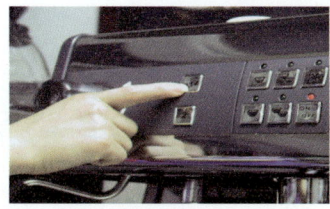 

14. 커피 추출버튼(Brewing Buttons)

- 작은 잔 그림은 적은 양을 추출하는 에스프레소 버튼으로 1잔 그림은 1잔과 2잔 그림은 2잔을 추출한다.
- 연속 추출 버튼으로 수동으로 작동을 한다.
- 큰 잔 그림은 많은 양을 추출하는 에스프레소 버튼으로 1잔 그림은 1잔과 2잔 그림은 2잔을 추출한다.

적중 예상 문제

01. 스팀 밸브 사용시 먼저 밸브를 열어주는 이유를 설명한 것으로 가장 알맞은 것은?

1) 냄새를 제거하기 위해
2) 스팀을 빠르게 하기 위해
3) 온도를 낮추기 위해
4) 온도를 높이기 위해
5) 고인 물을 빼주기 위해

02. 온수 추출구(Hot Water Spout)에 찌꺼기가 많이 붙어 있는 원인으로 가장 알맞은 것은?

1) 온수 온도가 너무 높아서
2) 온수 디스펜서가 파손되어서
3) 보일러에 찌꺼기가 많이 고여서
4) 온수를 너무 많이 사용해서
5) 보일러 압력이 너무 높아서

03. 다음 그림(0~16 표시)은 무엇을 표시하는 부품인가?

1) 보일러의 온도
2) 수도의 압력
3) 보일러의 압력
4) 펌프의 압력
5) 그룹헤드의 온도

04. 다음 그림(0~2.5 표시)은 무엇을 표시하는 부품인가?

1) 커피추출 보일러의 온도
2) 온수 보일러의 압력
3) 커피추출 보일러의 압력
4) 펌프의 압력
5) 수도의 압력

05. 그룹 헤드(Group Head)에 관한 설명 중 틀린 것은?

1) 재질은 스테인리스이다.
2) 항상 예열이 되어 있어야 한다.
3) 크롬으로 도금이 되어 있다.
4) 두께는 온도유지를 위해 두꺼워야 한다.
5) 그룹수에 1그룹, 2그룹, 3그룹으로 구분된다.

06. 그룹 개스킷(Group Gasket)의 교환 시기로 틀린 것은?

1) 커피 추출시 옆으로 물이 샌다.
2) 개스킷에 탄력이 없다.
3) 추출시 커피가 더 많이 담아진다.
4) 포타필터 장착시 우측으로 과도하게 돌아간다.
5) 개스킷의 파손된 조각이 계속 나온다.

07. 포타필터의 샤워필터 교환 시기로 가장 알맞은 것은?

1) 추출압력이 과도하게 낮아질 때
2) 커피의 온도가 많이 높을 때
3) 크레마의 색상이 없을 때
4) 커피 맛이 쓴 맛이 강해질 때
5) 추출된 잔에 찌꺼기가 과도하게 많이 나올 때

08. 2잔용 필터 홀더(Two-Cup Filter Holder)로 추출시 양쪽이 추출량이 다른 이유로 가장 알맞은 것은?

1) 추출시 수온이 낮은 경우
2) 원두를 많이 담았을 때
3) 기계의 높이가 기준보다 높이 있는 경우
4) 포타필터 청소 불량으로 찌꺼기가 많이 있을 때
5) 추출시 수압이 높은 경우

09. 다음 설명하는 커피기계의 구조로 알맞은 것은?

- 보통 0~3 단계의 숫자로 표시되어 있음.
- 기계가 정지(OFF)된 상태에서는 바늘이 "0"에 위치
- 만일 바늘이 적색에 위치하면 압력이 너무 높다는 표시이므로 점검이 필요함.

1) 펌프 압력계
2) 샤워 홀더
3) 스팀 밸브
4) 그룹 헤드
5) 보일러 압력계

10. 다음 중 추출된 에스프레소에서 찌든 향이 나는 경우의 문제로 가장 알맞은 것은?

1) 보일러 청소 불량
2) 샤워 홀더 청소 불량
3) 잔 예열 불량
4) 연수기 청소 불량
5) 정수기 필터 청소 불량

> **정답**
> 01. ⑤ 02. ③ 03. ④ 04. ② 05. ① 06. ③ 07. ⑤ 08. ④ 09. ⑤ 10. ②

제 4 장 커피기계의 내부 구조 및 관리

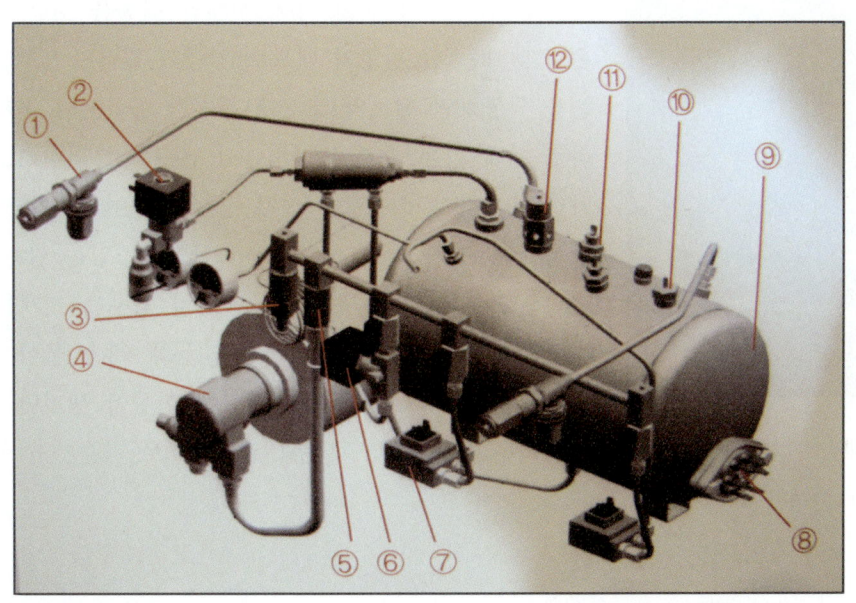

1. 스팀 밸브(Staem Valve)

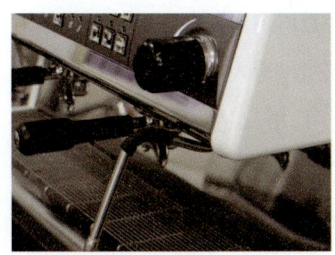

　스팀밸브는 스팀밸브 손잡이를 돌리면 스팀이 나오게 된다. 많이 돌리면 많이 나오고 조금 돌리면 조금 나오게 된다. 이런 간격은 스프링에 의해 조절이 된다. 스팀밸브 손잡이를 시계 반대 방향으로 돌리면 스프링이 당겨지면서 밸브가 열리게 되고 시계방향으로 돌리면 스프링이 늘어나

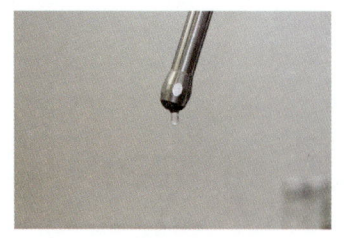

서 밸브가 잠기게 된다. 만약 스팀 밸브가 마모가 되면 스팀밸브를 완전히 잠근 상태에서도 스팀 노즐에서 스팀이나 물이 세어 나오게 된다. 이런 상태가 계속 지속이 되면 스팀이 계속 나오기 때문에 보일러에 압력이 떨어지게 되고 압력이 떨어지면 다시 보일러를 가열하는 작동이 이루어지게 되어 전기료가 많이 나오게 된다. 이때는 기술자에게 연락을 해서 수리 또는 교체를 해야 한다.

2. 온수 전자밸브

온수 밸브는 온수를 사용 시에만 작동을 하는 밸브이다. 온수 밸브는 단 방향의 밸브로 입력과 출력만 있다. 온수 버튼을 작동하면 밸브의 코일에 전기가 공급되어 전자석의 원리로 안에 있는 추가 당겨지면서 온수를 통과시키고 전기를 차단하면 다시 스프링에 의해 원 위치하여 온수를 차단하는 방식이다. 전자 밸브가 OFF시 차단할 수 있는 압력은 10~11 bar 정도이다. 이 전자밸브가 불량일 경우는 기계를 작동하지 않은 상태에서도 온수 노즐을 통해 계속 물이 떨어지는 현상이 일어난다. 온수 전자밸브에 이상이 생기면 바리스타가 절대로 만져서는 아니 된다. 뜨거운 물이 있기 때문에 위험하므로 기술자와 항상 상의를 해야 한다.

3. 과수압 방지 밸브

스프링의 압력에 의해 대기 상태를 유지한다. 만일 공급되는 수압이 높을 경우 10bar 정도를 유지하는 전자밸브를 강제 작동시켜 보일러 및 물과 관련된 부품에 영향을 주어 기계 고장의 원인이 되므로 과수압 방지 밸브가 과수압 공급시에는 중요한 역할을 한다. 이 밸브는 과수압이 공급될 때만 작동을 하고 평상시에는 대기 상태에 있다. 과수압 방지 밸브에 불량이 생기면 펌프모터가 작동 시마다 배수통(Drain Tank)으로 연결된 관에서 물이 계속 나오게 된다. 과수압 방지 밸브가 불량인 상태에서 커피를 추출한다면 정상적인 입자와 투입량을 공급하더라도 커피 추출 속도가 상당히 오래 걸리고 정상적으로 에스프레소가 추출되지 않는다. 바리스타는 이러한 증상이 생기면 기술자와 상의를 하고 직접 임의로 밸브의 압력을 조절하거나 분해해서는 아니 된다.

4. 펌프 모터(Pump Motor)

에스프레소 기계에서 에스프레소의 맛과 향을 결정하는 중요한 요소는 일정한 압력(7~9bar)과 일정한 온도(90~95℃)이다. 그 중 하나인 일정한 압력을 유지해 주는 부품이 바로 펌프 모터이다.

일정한 압력이란 커피를 눌러 짜주는 일정한 힘, 즉 추출해 주는 압력이다. 수돗물의 압력은 보통 1~2bar 정도인데 이 압력으로 추출시는 짜준다는 것보다는 우려낸다는 표현이 적절할 것이다. 이런 경우는 맛과 향이 부족한 상태로 추출이 될 뿐만 아니라 크레마 또한 없이 추출된다. 이런 현상을 보완하기 위해 도입된 것이 바로 펌프 모터이다. 펌프 모터는 1~2bar의 수돗물을 7~9bar의 압력으로 승압시켜주는 역할을 한다. 낮은 압력에서 커피의 향과 맛이 떨어지는 것을 펌프 모터의 작용으로 풍부한 향과 맛을 함유한 커피로 추출할 수 있게 되었다.

펌프는 모터의 회전에 의해 작동을 한다. 모터가 회전을 하면서 물을 빨아들여 가압을 시켜준다. 펌프 헤드에서 압력을 조절하게 되는데 커피 맛에 따라 7~9bar의 압력을 유지하게 된다. 즉 수돗물이 펌프를 통과하면서 1~2bar의 압력이 7~9bar로 승압이 되는 것이다.

압력을 조절하는 방법은 펌프에 있는 작은 육각나사 또는 (-)나사를 시계 방향(오른쪽)으로 돌리면 압력이 증가하고, 시계 반대방향(왼쪽)으로 돌리면 압력이 감소한다. 바리스타는 펌프 헤드의 압력을 조절할 수 있어야 한다. 압력은 7~9bar 중 커피 맛을 보면서 결정하면 된다. 일반적으로는 9bar에서 가장 많이 사용을 한다.

수압은 수시로 변할 수가 있으므로 항상 확인하는 것이 좋다. 펌프의 압력을 조절할 때

는 추출 버튼을 작동시킨 상태에서 압력 게이지를 보면서 조절을 해야 원하는 압력을 정확히 빨리 조절할 수 있다.

펌프 모터에서 발생할 수 있는 주요 고장 증상은 다음과 같다.

1) 커피 추출시 심한 소음이 나는 경우

이 증상은 물 공급이 부족하기 때문에 일어나는 현상이다. 이때는 먼저 수도 밸브의 개폐 여부를 확인하고 그 다음 연수기와 정수기를 확인하며 펌프 모터 앞부분에 있는 필터를 점검해야 한다.

2) 커피 추출시 펌프 압력계가 움직이지 않고 "웅" 소리만 나는 경우

이 증상은 콘덴서가 불량일 경우와 펌프 헤드에 스케일이 많이 끼어 일어나는 현상이다. 먼저 콘덴서에 공급되는 전압을 점검하고 콘덴서 자체의 불량을 체크해서 조치를 취해야 한다. 콘덴서에 이상이 없을 경우에는 펌프 모터에서 펌프 헤드를 분리해서 스케일을 제거해 주면 된다.

3) 펌프 모터 작동은 잘 되는데 압력이 올라가지 않는 경우

이 증상은 펌프 헤드 내부에 있는 카본 로우터와 카본 실린더가 파손되어 일어나는 증상이며 이때는 교환을 해야만 한다. 이런 고장을 사전에 방지하기 위해서는 평소에 다음과 같은 주의를 기울여야 한다.

첫째, 일정한 전기를 공급해야 한다.

둘째, 단수나 물 공급이 되지 않을 때는 작동을 멈추어 준다. 건조한 상태로 작동을 하게 되면 과열로 인해 압력 불균형을 초래하여 심각한 문제를 유발할 가능성이 커진다.

셋째, 펌프 모터에 물이 떨어지지 않도록 주의해야 한다.

넷째, 펌프 모터에 모래나 각종 이물질이 유입되지 않도록 한다. 이물질의 유입을 막기 위해 정수기를 자주 교환해 주어야 한다.

펌프 모터는 커피 추출시 꼭 필요한 필수 요소이므로 항상 주의를 기울여야 한다. 고장은 자주 발생하지 않으나 고장시 커피 추출이 불가능하게 되므로 평소에 관심을 가지고 관리해 주어야 하는 것이다.

5. 역류 방지 밸브(Check Valve)

역류 방지 밸브는 뜨거운 물이 펌프로 흐르지 못하도록 막아주는 역할을 한다. 펌프에서 나온 물은 통과가 되지만 보일러에 있는 물은 역으로 통과를 못하도록 막아준다. 역류 방지 밸브에 이상이 생기면 물은 역류를 하게 된다. 이 때 증상은 기계 작동을 5분 이상 멈춘 후에 작동을 했을 때 첫 잔만 양이 틀리게 추출되고 그 이후에는 제대로 추출이 된다. 이 증상이 계속 일어나면 펌프에 무리를 가해 펌프의 수명이 단축되고 첫 번째 추출된 에스프레소를 버리게 되어 커피 소모량도 많아지게 된다. 이러한 증상이 감지가 되면 빨리 기술자에게 연락하여 점검을 받아야 양질의 에스프레소와 펌프를 보호할 수가 있다.

6. 물공급 전자밸브

스팀 온수 보일러에 물을 공급시 작동을 하며 냉수를 통제하게 된다. 스팀 온수 보일러에 물이 부족하면 전원이 공급되면서 밸브가 열려 냉수를 공급하고 보일러에 물이 차면 밸브에 전원이 차단되면서 물 공급이 중단된다. 스팀 온수 보일러 물 공급 전자밸브에서 일어날 수 있는 고장은 밸브의 코일이 불량인 경우와 유동추가 오염이 되는 경우가 있다. 코일이 불량이면 물 공급이 이루어지지가 않으며 이때는 코일을 교체해야 한다. 유동추가 오염이 되었을 때는 기계가 작동이 되지 않더라도 계속해서 보일러로 물이 공급된다. 완전히 밸브에서 물을 차단해주지 못하기 때문에 차단되지 않는 약간의 틈으로 냉수가 계속해서 공급이 일어나서 보일러에 물이 가득 차게 된다. 이때는 수도 밸브를 잠그고 기술자에게 연락을 해야 한다. 수도가 잠기지 않으면 계속해서 물이 공급되므로 기계의 전원과는 무관하게 작동을 하게 되어 보일러에서 물이 넘치게 된다.

7. 플로 메터(FLOW METER)

1) 물량 감지 센서 : 통과된 물량을 감지해서 컨트롤 보드로 전달해주는 역할을 한다. 물

량 감지는 물량 감지 유동 자석의 회전수를 감지하게 된다. 센서가 망가지면 물량 감지가 안 되어 에스프레소 추출 시 물이 계속 나오게 된다. 이 때 추출 버튼이 점멸하게 된다. 이런 현상이 생기면 센서를 교환해야 한다.

 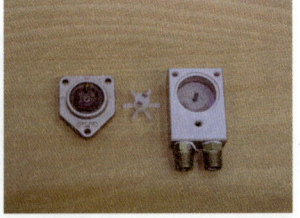

2) 물량 감지 유동 자석 : 물이 공급될 때 회전을 하며 윗부분에 있는 자석이 센서에 신호를 보내게 된다. 이 부분이 망가지거나 자력이 떨어지면 물량감지가 정상적으로 이루어지지 않는다. 이때 또한 교환을 해주어야 한다.

3) 플로 메터 본체 : 물이 통과를 하는 곳이다. 아주 작은 구멍으로 물이 들어와서 물량 감지 유동 자석을 회전시키면서 다시 큰 관으로 빠져 나간다. 이때는 냉수가 통과하게 된다. 플로 메터는 에스프레소 추출시 물량을 감지해주는 곳이므로 바리스타는 정상적인 상태를 기억하고 이상이 발생했을 때는 바로 조치를 취해야만 양질의 에스프레소를 얻을 수가 있고 일에 효율이 빨라진다. 플로 메터에 이상이 감지가 되면 바리스타는 직접 분해하지 말고 이상 증상을 기술자에게 알려 준다. 물이 흘러가는 부분이므로 임의로 분해할 경우 안전에 문제가 생길 수 있다.

8. 히터(Heater)

히터는 보일러의 물을 데우는 역할을 한다. 커피 기계 보일러에 사용하는 히터는 수식 히터를 사용한다. 수식 히터란 물속에서 발열하는 히터를 말한다. 이 히터는 물 밖에서는 부식이 일어나기 때문에 항상 보일러의 수위를 확인해야 한다. 히터의 재질은 동으로 되어 있다. 히터는 물 속에 잠겨 있기 때문에 동이라도 부식이나 곰팡이의 염려는 덜하다. 그러나 스케일은 많이 낄 수 있다. 연수기 청소나 정수기 필터 교환으로 스케일이 끼는 것은 최대한 억제해 주어야 한다. 히터 또한 1~2년에 한 번씩 보일러 청소 시 같이 스케일을 제거해 주어야 한다. 히터에 스케일이 많이 끼면 발열하는 데 지장을 초래한다. 발열이 잘 안 이루어지면 커피 추출 온도에 영향을 주어 커피 맛의 변화를 줄 수 있다. 히터의 용량은 보통 1kw~6kw 정도를 많이 사용한다.

9. 보일러(Boiler)

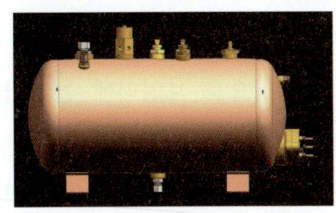

보일러는 온수와 스팀, 그리고 커피 물을 데우는 역할을 한다. 보일러의 구조는 일체형 보일러와 독립형 보일러가 있다. 스팀온수 보일러는 스팀과 온수를 만드는 역할을 하고 커피 보일러는 커피를 추출하는 물을 공급하는 역할을 한다. 보일러 본체는 동 재질로 되어 있다. 열전도율이 좋고 열을 품고 있는 성질이 강하기 때문에 동으로 주로 사용을 한다. 다만 동으로 된 보일러를 사용 시는 유의점이 있다. 동 재질로 된 보일러는 열전도율은 높지만 보일러가 식었을 경우 곰팡이와 부식의 염려가 있는 점이다. 동은 공기와 접촉하므로 인해 곰팡이와 부식이 일어날 수 있다. 그래서 안전에 문제가 없다면 동 재질로 된 기계는 24시간 켜놓는 것이 곰팡이와 부식으로부터 벗어날 수 있다.

1) 보일러의 구조

① 일체형 보일러의 내부 구조

일체형 보일러는 스팀 온수 보일러와 커피 보일러가 같이 있는 보일러의 형태이다. 보일러의 내부 구조는 스팀과 온수를 제공하는 보일러와 커피를 공급하는 보일러로 나뉘어 있다. 보일러 내부는 70%는 물로 채워져 있고 30%는 빈 상태로 되어 있다. 그리고

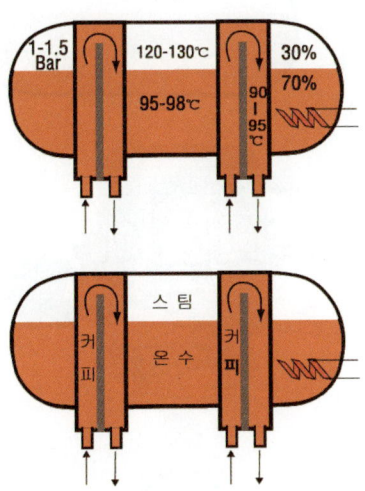

커피 물이 저장되는 관이 1그룹 당 1개씩 내장되어 있다. 70%의 공간에는 온수가 저장되고 나머지 30%의 공간에 스팀이 저장된다. 이때 스팀의 압력은 1~1.5bar를 유지하고 온도는 120~130℃를 유지하게 된다.

일체형 보일러는 70%의 물속에 커피 보일러가 들어가서 온수가 데워진 후에 간접적으로 커피물이 데워지는 형태이다. 이 방식은 60~70년대에 개발된 방식으로 이탈리아에서 로부스타 원두를 많이 사용할 때 개발되어 현재까지 사용되고 있다. 일체형은 스팀과 온수를 사용 시 커피추출 온도가 많이 변한다는 단점이 있다.

일체형 보일러는 스팀의 압력에 따라 히터가 작동을

하기 때문에 스팀을 많이 사용하면 압력이 떨어지고 이때 히터가 작동을 하여 물을 가열하기 때문에 온수의 온도가 상승하고 이때 커피 물의 온도 또한 상승을 한다.

온수를 많이 사용하면 냉수의 유입으로 온수 보일러의 물 온도가 떨어져 커피 물의 온도가 내려갈 수 있는 여지가 있는 것이다. 일체형 커피 보일러는 스팀 온수 보일러에 의해 간접적으로 데워지므로 커피 보일러는 히터가 필요 없다. 간접적으로 데워진 물은

90~98℃ 정도에서 밀어내기 방식으로 보일러에 들어간 만큼 빠져 나오게 된다. 일체형 커피 보일러는 간접적으로 데워지는 방식을 사용하기 때문에 스팀 온수 보일러 용량이 큰 것을 사용하는 것이 좀 더 안정된 온도를 얻을 수 있다. 현재 사용 중인 대부분의 기계들이 이 방식의 시스템으로 작동되고 있다.

맛을 일정하게 유지하기 위해서는 바리스타의 세밀함을 필요로 한다. 90년 이후 아라비카 원두의 사용이 늘어나면서 기계의 변화가 일어나기 시작한다. 온도에 따라 맛의 변화가 생기는 아라비카 원두의 사용으로 안정적인 온도 유지가 필요했다. 이런 이유로 일체형 보일러의 내부에 장착해 있던 커피 보일러를 분리시켜 독립적으로 온도를 제어하는 방식인 독립형 보일러 방식의 기계가 탄생을 하게 되었다.

② 독립형 보일러 방식의 구조

독립형 보일러는 스팀 온수 보일러와 커피 보일러가 따로 되어 있는 보일러 형태이다. 그림에서 위쪽이 스팀 온수 보일러이고 아래쪽이 독립형 커피 보일러이다. 독립형 보일러는 일체형과 달리 히터가 부착되어 히터에 의해 직접으로 물이 데워지는 방식을 택하며 온도 센서에 의해 온도를 제어한다. 온도센서에 의해 온도를 제어하므로 항상 안정된 온도의 커피 물을 공급하게 된다. 이 방식 또한 냉수가 들어간 만큼 데워진 물이 빠져 나오는 방식이다.

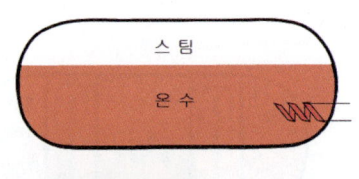

독립 보일러 시스템은 각 회사마다 약간의 차이는 있으나 누구나 손쉽게 양질의 에스프레소를 얻을 수가 있다는 장점으로 많은 바리스타들이 선호하고 있다. 독립

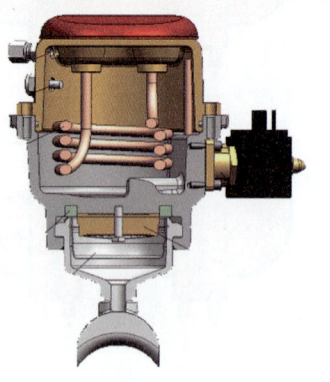

형 보일러는 겨울에 각별히 신경을 써야 한다. 항상 물이 보일러 내에 가득 차 있기 때문에 실내 온도가 떨어질 경우 동파의 위험이 있으므로 겨울에는 기계가 얼지 않도록 신경을 써야 한다. 커피 보일러는 커피를 추출하는 데 굉장히 중요한 부분을 차지하기 때문에 일체형이든 독립형이든 바리스타가 그 특성을 잘 알고 커피를 추출하는 것이 무엇보다 중요하다.

2) 보일러의 온도 제어 방법

보일러의 온도를 제어하는 방법은 압력 S/W와 온도센서가 있다. 보일러의 온도를 결정하는 부품이 바로 압력 S/W와 온도 센서이다. 쉽게 말하자면 보일러의 온도계인 것이다. 압력 S/W란 말 그대로 보일러의 압력을 감지하는 방식이다.

압력 S/W는 1~1.5bar의 압력을 유지해 주는 역할을 한다. 압력 S/W에서 결정된 압력이 곧 온수와 커피 추출 온도를 결정하게 된다. 압력 S/W는 기계식으로 압력이 증가하는 정도에 따라 정해진 스프링 압력에 의해 작동을 하게 된다. 압력 S/W의 구조는 다음과 같다.

압력 스위치는 스프링의 간격에 의해 압력이 조절되며 나사를 (+)쪽으로 돌리면 압력이 늘어나고 (-)쪽으로 돌리면 압력이 줄어든다. 이 부분은 보일러의 온도와 압력을 결정하는 부분이므로 기술자와 상의 없이 만져서는 아니 된다. 두 번째는 스팀 새는 것을 방지해 주는 개스킷이다. 그 다음은 압력을 감지해 전달하는 전달부이고 마지막이 스팀을 차단하는 차단부이다. 스팀 차단판은 압력을 전달하는 세 번째 부품을 보호해 주는 역할을 한다. 이 압력 S/W에서 고장이 날 수 있는 부분은 세 번째 압력 전달부가 부식이 되어 압력 전달이 이루어지지 않을 때 일어나며 증상은 계속적으로 온도가 상승한다. 이때는 기계가동이 불가능하므로 교환을 해야 한다.

왼쪽에서 두 번째가 망가지면 압력 S/W에서 물이 새는 경우가 있는데 이때도 교환을 해야 한다. 그리고 기계를 많이 사용하다 보면 물이 데워지지 않는 경우도 발생할 수 있

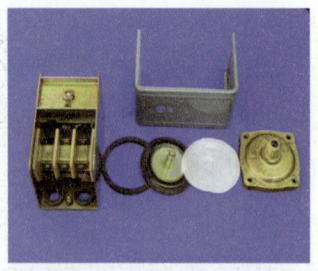

다. 이때는 압력 스위치 접점에 찌꺼기가 많이 끼어 일어나는 현상이다. 이때는 청소를 하면 다시 사용이 가능하다. 이 부분을 청소할 때도 기술자에게 의뢰를 해야 한다. 압력 S/W는 기술자에게 의뢰하여 관리를 하면 안전하게 오래 사용이 가능하다.

다음은 온도센서이다.

온도 센서는 일체형 보일러보다는 독립형 보일러에서 스팀 온수 보일러와, 커피 보일러에 각각으로 사용이 되어진다. 온도센서도 압력 S/W와 마찬가지로 온도를 유지하는 역할을 한다. 단 압력 S/W는 압력을 제어하지만 온도센서는 온도를 제어한다. 압력 S/W는 1~1.5bar를 제어하고 온도센서는 120~130℃, 커피 보일러 온도 88~95℃를 제어한다.

온도센서를 사용하는 이유는 온도를 감지함으로 일정한 온도를 유지해 준다는 장점이 있다. 사용 가능한 최저온도와 최고온도의 편차를 줄일 수 있는 장점이 있다. 온도 센서는 압력 S/W와 달리 온도 센서에 이상이 발생하면 바로 에러 표시를 해줌으로 바리스타가 쉽게 이상 유무를 확인할 수 있다.

압력 S/W와 온도센서는 온도를 유지하는 부품이므로 항상 정상적인 상태를 유지해 줄 필요가 있다. 온도에 이상이 감지될 경우는 즉시 기술자와 상의하는 것이 최선일 것이다.

10. 에어 밸브(Vacuum Valve)

에어 밸브(Vacuum Valve)란 보일러의 공기를 빼주는 역할을 한다.

커피 기계를 OFF 하여 압력이 0이 된 후 다시 기계를 가동할 경우 보일러 속의 공기를 빼주는 역할을 한다. 공기를 빼주지 않으면 공기가 열을 받아 팽창하면서 압력 S/W를 작동하게 되어 정상적인 온도를 유지할 수 없게 된다. 이런 현상을 없애기 위해 물이 데워지면서 조금씩 공기가 에어 밸브(Vacuum Valve)를 통해 빠져 나가게 된다. 보일러에 공기가 너무 많이 있을 경우는 에어 밸브(Vacuum Valve)에서 다 처리를 못하므로 수동으로 제거해줄 필요가 있다. 수동 제거는 20분 정도 후에 스팀 밸브를 열어 공기를 빼주면 된다.

에어 밸브(Vacuum Valve)의 구조는 다음과 같이 간단하다.

보일러가 데워지면서 보일러의 압에 의해 막아주는 시스템이다. 압이 빠지지 않도록 고무 개스킷이 차단을 한다. 에어 밸브(Vacuum Valve)에서 고장인 경우는 스팀이 계속 새는 경우이다. 이것은 위 그림에서 개스킷이 경화되어 차단을 못해 주는 경우에 계속 새는 것이다. 이렇게 스팀이 샐 경우는 보일러의 압력이 떨어지고 스팀이 새어 나와 주위에 있는 다른 부품에 영향을 미칠 수가 있으므로 스팀이 샐 경우는 즉시 교환을 해주어야 기계를 안전하게 사용할 수 있다.

11. 수위 감지봉(Auto Fill Probe)

스팀 온수 보일러는 70%만 물로 채워져 있기 때문에 70%의 공간은 항상 물이 있어야 한다.

온수나 스팀 사용시 수위가 내려갈 때 수위 감지봉이 이를 감지하여 물을 보충해 주는 역할이다. 수위 감지봉은 단순히 수위만 감지해 주지만 이것이 불량이면 70%의 온수와 30%의 스팀 공간 확보가 힘들기 때문에 바리스타가 메뉴를 만들 때 많은 불편을 초

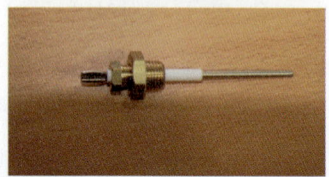

래한다.

　수위 감지봉은 보일러 속에 있기 때문에 스케일이 낄 수 있다. 스케일이 끼면 수위가 떨어져도 감지할 수 없게 된다. 이럴 경우는 이상 유무를 확인할 수 있는 방법으로 수위표시기를 통해 이상 유무를 확인하면 된다.

　바리스타는 정상적인 수위를 항상 숙지하고 체크해야 한다. 보일러 수위 표시기는 있는 기계도 있고, 없는 기계도 있다. 없는 기계들은 전자적으로 감지하기 때문에 기계 자체에서 에러 표시를 하므로 필요가 없다.

12. 과압력 방지 밸브

　과압력 방지 밸브는 스팀 온수 보일러에서 규정 이상의 압력이 올라갈 경우 보일러를 보호하기 위해 작동하는 안전장치이다. 이 밸브는 단지 과압이 생길 때만 작동을 하고 평상시에는 변화가 없어야 한다. 이 밸브는 1.7~2bar 정도의 압력이면 작동을 한다. 기계의 종류에 따라 약간의 차이는 있을 수 있다. 이 밸브가 작동을 할 경우는 기계를 끄고 바로 기술자에게 연락해야 한다. 뜨거운 압력이 차 있어 굉장히 위험하기 때문에 절대로 바리스타가 만져서는 아니된다.

　이 밸브의 구조는 다음과 같다.

　스프링의 간격에 의해 압력의 세기가 결정된다. 압력 방지 밸브에서 고장은 압력 차단 고무판이 경화되거나 케이스가 부식되어 스팀이 새는 경우이다. 고무판이 망가지면 고무판만 교환해 주면 되지만 케이스가 망가지면 전체를

교환해야만 한다. 이 밸브에서 스팀이 샐 경우는 빨리 수리를 받아야 한다. 스팀이 새면서 옆에 있는 부품을 부식시킬 수 있기 때문이다. 뜨거운 압력이 들어 있기 때문에 반드시 기술자만이 만져야 한다. 바리스타는 단지 스팀이 새는 여부를 확인해서 알려주면 된다.

13. 커피 추출 전자밸브

커피 추출 전자밸브는 커피 추출시 작동하는 전자밸브이다. 커피 추출 전자밸브는 3방향으로 연결이 되어 있다. 커피 추출 그룹에 장착이 되어 있으며 코일로 작동하는 전자석 원리의 시스템이다. 한쪽은 보일러에, 한쪽은 그룹에, 한쪽은 배수로 연결이 되어 있다.

1) 커피 추출 전자밸브의 작동 과정

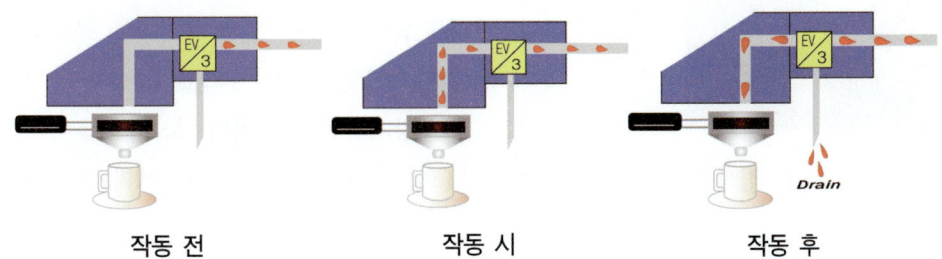

작동 전   작동 시   작동 후

커피 추출 전자밸브는 단 방향으로 되어 있지만 커피 추출 전자는 그 기능상 조금 다른 것이다. 커피 추출이 끝나면 남아 있는 압력과 남아 있는 물을 배출하도록 되어 있다. 그 다음 커피 추출시 영향을 주지 않게 함이다.

2) 커피 추출 전자의 구조

왼쪽 첫 번째부터 코일, 유동추 케이스, 유동추이다. 유동추는 온수와 커피가 약간의 차이가 있다. 온수 추출시의 밸브 유동추는 한쪽만 막아주면 되지만 커피 추출시의 밸브 유동추는 양쪽을 모두 막아주어야 한다. 커피 추출시는 압력 배출구 쪽을 막아 주고 작동이 멈추면 보일러에서 나오는 물을 차단해주는 역할을 하는 것이다. 오른쪽에 2개의 오링이 있다. 이것은 커피 추출 전자밸브에 입력과 출력시 물이 새는 것을 방지해 준다. 이 오링이 망가지면 밖으로 물이 새는 원인이 된다.

그림은 온수 추출 전자밸브와 커피 추출 전자밸브이다.

온수 추출 전자밸브는 보일러에서 직접 물을 통과시키지만 커피 추출 전자밸브는 커피 물도 통과를 하게 된다. 커피 추출 전자밸브는 커피를 통제하므로 커피 찌꺼기가 낄 가능성이 있다. 유동추 주위에 찌꺼기가 많이 끼면 추가 원활하게 작동을 하지 못해 커피 추출에 방해를 줄 수 있으므로 관리를 잘 해주어야 한다.

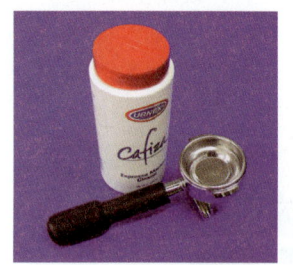

이곳의 관리는 전용 세제를 이용해서 청소를 해주는 방법과 막힌 필터, 즉 청소용 필터를 이용하여 매일 청소를 해주는 방법이 있다. 이 방법은 그룹 헤드를 청소하면 자동으로 청소가 된다. 커피를 많이 추출한 후에는 커피를 공급하지 않고 여러 번에 걸쳐서 기계를 작동하여 청소를 해주는 것이 찌꺼기가 쌓이는 것을 방지하는 방법이다. 물의 흐름이 원활하여야 커피 또한 정상적으로 추출이 될 수 있으므로 커피 추출 전자밸브의 작동이 매우 중요하다.

위에서 알아본 2가지가 커피 기계에 들어가는 커피 추출 전자밸브이다. 커피 추출 전자밸브에서 일어날 수 있는 고장을 정리해 보면 다음과 같다.

커피 추출시 혹은 온수 추출시 소음이 심하게 날 경우가 있는데 이 증상은 전압이 낮을 경우에 일어나는 현상이다. 커피나 온수 추출시 펌프 모터는 작동을 하나 추출이 되지 않을 경우는 코일이 망가졌거나 유동추가 불량일 때 발생하는 현상이다. 커피 기계를 작동하지 않은 상태에서 물이 떨어지는 경우가 있는데 이것은 유동추 앞부분에 있는 고무판에 이물질이 끼어 있거나 망가졌을 때 발생하는 현상이다.

적중 예상 문제

01. 스팀 밸브(Steam Valve)가 마모되었을 때 일어나는 현상으로 거리가 먼 것은?

1) 스팀 노즐에서 물이 떨어진다.
2) 스팀의 세기가 약해진다.
3) 압력이 천천히 올라간다.
4) 전기료가 올라간다.
5) 펌프가 고장난다.

02. 온수 전자밸브에 대한 설명으로 알맞은 것은?

1) 6~7bar를 유지한다.
2) 전자석의 원리로 작동을 한다.
3) 3방향으로 작동을 한다.
4) 온수를 사용하지 않아도 항시 작동하고 있다.
5) 불량인 경우 기계를 작동하지 않은 상태에서도 스팀완드(노즐)을 통해 물이 흐른다.

03. 온수 전자밸브에 대한 설명으로 거리가 먼 것은?

1) 코일의 전기 용량은 9W를 사용한다.
2) 코일은 24V와 220V를 사용한다.
3) OFF시 차단할 수 있는 압력은 10~11Bar 정도다.
4) 2극 전자밸브이다.
5) 보일러 수위 감지 센서에 의해 작동한다.

04. 과수압 방지 밸브에 대한 설명으로 거리가 먼 것은?

1) 물 유입량이 많을 경우 작동한다.
2) 작동이 되면 보일러 및 물과 관련된 부품의 손상을 막는다.

3) 불량인 경우 펌프모터가 작동할 때마다 배수통으로 연결된 관에서 물이 계속 나온다.
4) 스프링의 압력에 의해 대기상태를 유지한다.
5) 평상시는 대기상태로 있다.

05. 펌프 모터에 관한 설명으로 거리가 먼 것은?
1) 콘덴서에 의해 작동을 한다.
2) 에스프레소 추출 시 압을 걸어준다.
3) 수압에 영향을 받지 않고 작동한다.
4) 수시로 확인을 해주는 것이 좋다.
5) 코일에 의해 작동한다.

06. 펌프 모터에서 모터에 대한 설명으로 거리가 먼 것은?
1) 모터과 회전을 하면서 물을 빨아들여 가압을 시켜준다.
2) 코일에 의해 작동을 한다.
3) 물공급이 안 되는 경우 심한 소음이 발생된다.
4) 수압에 따라 속도의 조절이 가능하다.
5) 전압이 낮으면 압력이 올라가지 않을 수 있다.

07. 스팀 보일러에 일정량의 물을 유지시켜 주는 부품은 무엇인가?
1) 플로메터
2) 수위감지봉
3) 역류방지밸브
4) 과수압방지밸브
5) 에어밸브

08. 다음 중 에스프레소 머신에서 보일러와 관련 없는 것은?
1) 수위감지봉
2) 역류방지밸브
3) 플로메터
4) 압력스위치
5) 히터

09. 역류 방지 밸브에 관한 설명으로 거리가 먼 것은?
   1) 커피 보일러 물의 역류를 방지한다.
   2) 펌프의 물은 통과되고 보일러의 물은 역으로 들어올 수 없게 막는다.
   3) 파손시 펌프에 영향을 미친다.
   4) 파손시 에스프레소 추출 물량에 영향이 있다.
   5) 냉수가 펌프에 흐르지 못하도록 막는다.

10. 물공급 전자밸브에 관한 설명으로 가장 거리가 먼 것은?
   1) 스팀 온수 보일러에 물을 공급하고 차단하는 역할을 한다.
   2) 스팀 온수 보일러에 물 공급 시 작동하며 냉수를 통제한다.
   3) 고장 시 수도밸브를 최대한 열어두고 전문가를 빠르게 불러야 한다.
   4) 코일이 불량일 경우 유동추가 오염이 되는 경우가 있다.
   5) 코일이 불량인 경우 물공급이 이루어지지 않는다.

11. 플로 메터(Flow Meter)에 관한 설명으로 거리가 먼 것은?
   1) 에스프레소 추출 시 물량을 감지한다.
   2) 파손 시 추출버튼이 눌러지지 않는다.
   3) 에스프레소가 잘 추출되지만 물량이 조절이 되지 않고 추출램프가 점멸하는 경우 이상이 생긴 것이다.
   4) 추출물량이 계속 변하는 경우 교체해야 한다.
   5) 이상 증세가 보일 경우 물이 흘러가는 곳이기 때문에 안전을 위해 전문기술자에게 알려 수리한다.

12. 히터에 관한 설명으로 거리가 먼 것은?
   1) 히터는 수식 히터를 사용한다.
   2) 재질은 동으로 되어 있다.
   3) 히터는 정기적으로 청소가 필요 없다.
   4) 히터는 그룹의 종류에 따라 다르다.
   5) 히터는 물 밖에서는 부식이 일어나기 때문에 항상 보일러의 수위를 신경 써야 한다.

13. 아래 그림은 어떤 기계에 사용하는 히터인가?

1) 4그룹 에스프레소 기계
2) 3그룹 에스프레소 기계
3) 2그룹 에스프레소 기계
4) 1그룹 에스프레소 기계
5) 모카포트

14. 다음 중에 히터를 보호하는 부품은 어느 것인가?

1) 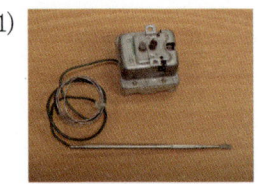   2)    3)

4)    5)

15. 보일러에 관한 설명으로 바르지 않은 것은?

1) 재질은 대부분 열전도율이 좋은 동으로 되어있다.
2) 동 보일러는 곰팡이와 부식이 일어날 수 있어 되도록 24시간 켜놓는 것이 좋다.
3) 독립형 보일러의 경우 스팀 온수 보일러와 커피 보일러가 같이 있는 형태이다.
4) 일체형 보일러는 1그룹당 1개씩 물이 저장되는 관을 가지고 있다.
5) 독립형 보일러는 일체형 보일러와 달리 히터가 부착되어 있다.

16. 스팀 온수 보일러에는 물이 얼마나 차 있는가?
   1) 30%
   2) 50%
   3) 100%
   4) 90%
   5) 70%

17. 스팀 보일러에 관한 설명으로 거리가 먼 것은?
   1) 1~1.5bar를 유지한다.
   2) 120~130℃의 온도를 유지한다.
   3) 압력 스위치에 의해 압력을 유지한다.
   4) 온수 보일러와 구분이 되어 있다.
   5) 보일러 내부에 약 30% 정도 스팀이 차 있다.

18. 일체형 보일러를 설명한 것 중에 거리가 먼 것은?
   1) 커피 보일러는 간접적으로 물이 데워진다.
   2) 커피 보일러와 스팀 보일러는 서로 무관하다.
   3) 기계를 사용하지 않으면 물 온도가 올라간다.
   4) 바리스타의 기술을 필요로 한다.
   5) 커피 기계의 전통적인 보일러 방식이다.

19. 일체형 보일러와 독립형 보일러의 차이점이 아닌 것은?
   1) 온도 조절
   2) 온도 유지
   3) 예열시간
   4) 커피 사용량
   5) 커피 기계의 구조

20. 스팀 보일러에 공기를 완전히 빼주는 부품은 무엇일까?
   1) 역류 방지 밸브
   2) 스팀 밸브
   3) 에어 밸브
   4) 플로 메터
   5) 과수압 방지 밸브

21. 스팀 보일러에 일정량의 물을 유지시켜주는 부품은 무엇인가?

1) 플로 메터
2) 히터
3) 역류 방지 밸브
4) 과수압 방지 밸브
5) 수위 감지봉

22. 스팀 보일러의 규정 이상의 압력이 발생했을 때 안전하게 보일러를 보호해 주는 부품은 무엇인가?

1) 과압력 방지 밸브
2) 역류 방지 밸브
3) 과수압 방지 밸브
4) 플로 메터
5) 보일러

23. 아래 그림의 역할은 무엇인가?

1) 히터를 보호
2) 보일러를 보호
3) 보일러 온도 조절
4) 보일러 압력 조절
5) 메인 급수 연결

24. 독립형 보일러의 개발 목적을 설명한 것 중 가장 연관성이 없는 것은?

1) 볶음 정도가 바뀌어서
2) 아라비카의 비중이 높아짐으로
3) 쓴맛을 줄이기 위해
4) 추출을 빠르게 하기 위해
5) 온도 편차를 줄이기 위해

25. 다음 그림(커피 추출 전자밸브)은 무엇을 표시하는가?

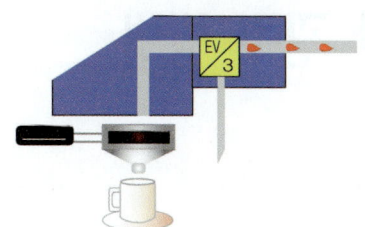

1) 추출이 되고 있는 상태
2) 추출이 바로 끝난 상태
3) 추출이 끝나고 대기 상태
4) 추출 중 뜸들이기 상태
5) 추출이 불가능한 상태

정답

01. ③ 02. ② 03. ⑤ 04. ① 05. ③ 06. ④ 07. ② 08. ③ 09. ⑤ 10. ③
11. ② 12. ③ 13. ④ 14. ① 15. ③ 16. ⑤ 17. ④ 18. ② 19. ④ 20. ③
21. ⑤ 22. ① 23. ② 24. ④ 25. ③

제 5 장 그라인더의 구조와 관리 방법

그라인더는 에스프레소 추출에 있어 매우 중요한 부분이다. 에스프레소 추출 시 입자 크기와 투입량을 결정해 준다. 그라인더를 모르고 양질의 에스프레소를 추출하기는 어려울 것이다. 그라인더의 조절에 따라 추출 시간과 맛이 변한다. 그라인더에서 가장 많은 변화가 일어난다. 이 말은 그라인더 자체가 변한다는 얘기가 아니다. 그라인더에 공급되는 원두가 변한다는 말이다.

공급되는 에스프레소 원두가 시간, 날씨, 온도에 따라 변화 폭이 있기 때문에 그라인더에 대한 이해는 바리스타의 중요 요소이다. 그래서 그라인더는 공급되는 원두는 수시로 점검을 해야 한다. 점검을 하는 시기는 원두의 볶은 일자가 바뀔 때, 공급된 원두의 봉지가 바뀔 때, 그라인더에 공급된 원두의 추출 날짜가 바뀔 때, 그라인더에 공급된 원두의 시간이 바뀔 때 즉, 아침에 한번 오후에 한 번 점검하는 것이 좋다. 동일 회사의 제품일지라도 항상 원두의 상태가 변할 수가 있기 때문에 자주 점검을 해야 양질의 에스프레소를 얻을 수 있다.

간혹 커피 추출 속도가 틀리다고 연락이 오는 경우가 있다. 이때 그라인더 입자를 조절하시라고 하면 그라인더를 만지지 않았고 커피 브랜드도 동일 브랜드를 사용하고 있으므로 그라인더가 고장이 났다고 하는 경우가 있다. 이런 경우가 바로 위에서 말한 원두의 변화 특징을 모르고 하는 이야기일 것이다. 때로는 나는 기계 만지는 것이 두렵다고 하는 분들이 간혹 있다. 이것 또한 양질의 에스프레소를 얻기 힘들 것이다. 그라인더는 사용하고자 하는 원두의 특징을 알고 입자 조절, 투입량, 그라인더 날의 교체, 날의 청소, 도저(Doser)의 청소 등을 잘 숙지한다면 좋은 에스프레소를 얻을 수가 있을 것이다.

■ **그라인더의 각 부품의 명칭과 구조 및 기능**

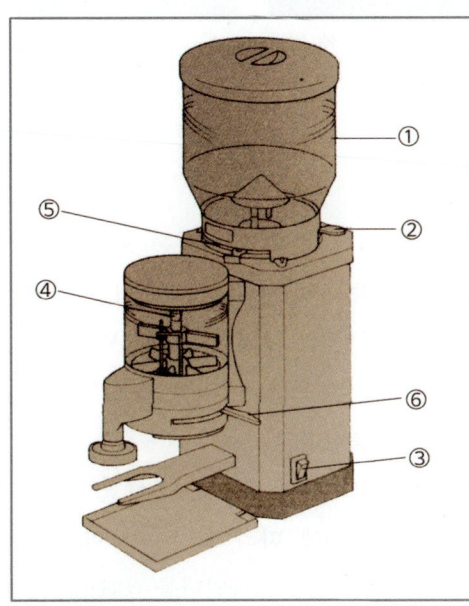

① 원두통(Hopper)
  • 원두를 담는 곳
② 원두 투입
  • 레버 안으로 밀면 CLOSE
  • 밖으로 당기면 OPEN
③ ON/OFF Switch
  • Switch가 1이 되면 ON
  • Switch가 0이 되면 OFF
④ 원두 투입조절 레버
  • 시계 방향으로 돌리면 양이 줄어든다.
  • 시계 반대 방향으로 돌리면 양이 늘어난다.
⑤ 입자 조절 레버
  • 숫자가 커지면 입자가 커지고 빨리 추출된다.
  • 숫자가 작아지면 입자가 가늘어지고 천천히 추출된다.
⑥ Doser 레버
  • 앞으로 당기면 조절된 분쇄 커피가 계량이 된다.

그라인더의 종류는 굉장히 많으나 기능과 구조는 비슷하다.
그라인더의 구조는 모터부분과 원두통(Hopper), 분쇄날, 도저(Doser)로 구성되어 있다.

▲ 그라인더 모터

▲ 원두 통

▲ 그라인더 분쇄 날

▲ 도저

1. 그라인더 모터(Grinder Motor)

그라인더 모터는 분쇄 날의 크기에 따라 용량이 틀리게 된다. 모터의 구성은 모터 부분과 콘덴서로 이루어져 있다. 모터는 커피를 분쇄할 때 아래쪽 분쇄 날을 회전시키는 일을 한다. 모터는 분쇄 날의 크기에 따라 용량이 차이가 난다. 일반적으로 64mm날을 사용하면 0.4hp(마력) 정도이고 75mm날을 사용하면 0.6hp(마력) 정도를 사용한다. 1hp는 746W의 전력이 소비된다. 이때 회전수는 800~1,200rpm 정도를 많이 사용한다.

RPM은 1분 동안에 모터가 회전하는 회전수를 의미한다. 그라인더 모터는 분쇄 날이 분쇄를 할 수 있도록 회전을 시켜주는 역할을 하므로 Hz(주파수)에 따라 회전수가 바뀐다. 세계적으로 주로 사용하는 Hz는 60Hz와 50Hz를 사용한다. 50Hz의 그라인더를 60Hz에 사용하면 회전수가 빨라진다. 회전수가 빨라지면 커피는 더 빨리 갈리지만 열 또한 더 발생할 수가 있다. 우리나라는 60Hz를 사용하고 있는데 50Hz의 그라인더를 사용했다면 그라인더의 사용 후 휴식 시간을 가져주는 것이 좋다.

콘덴서는 커피를 분쇄할 때 스위치를 작동하면 순간적인 방전에 의해 모터를 구동시키는 일을 한다. 처음 사용 시에만 작동을 하고 나머지 시간은 충전을 한다. 콘덴서가 충·방전을 제대로 수행 못하면 그라인더 모터는 작동을 하지 않는다. 모터 부분은 잘 고장이 발생하지 않는 부분이나 고장이 발생했을 경우는 만지지 말고 기술자에게 직접 연락을 해서 상의를 해야 안전하다. 그라인더 모터에서 발생할 수 있는 고장은 많지는 않지만 고장 시 작동을 할 수가 없는 결정적인 고장이 많다. 그라인더 모터에서 일어나는 고장은 콘덴서가 불량인 경우와 모터 자체가 불량인 경우가 있는데 콘덴서의 불량일 경우는 커피는 분쇄되지 않고 "웅" 소리만 모터에서 들려온다. 모터가 불량일 경우는 커피도 분쇄되지 않고 아무 소리도 들리지 않는다. 바리스타는 항상 모터의 정상적인 소리를 기억하고 있어야 하며 소리가 이상하면 빨리 점검을 받는 것이 좋다.

2. 원두통(Hopper)

구성은 원두를 담는 원두통(Hopper)과 뚜껑(Cover), 원두 투입 레버로 이루어져 있다. 원두통(Hopper)의 크기는 일반적으로 2Kg용을 많이 사용한다. 뚜껑(Cover)은 그라인더를 작동시 항상 원두통(Hopper)에 결합이 되어 있어야 향이 보존되고 습기와 공기의 접촉이 적어진다. 원두통(Hopper)과 뚜껑(Cover)은 원두를 직접 보관하는 곳이므로 원두의 오일이 많이 묻는다. 그러므로 청소가 무엇보다 중요하다. 원두통(Hopper)의 청소는 매일 해주는 것이 아주 좋다. 일주일 이상 청소 없이 사용을 하면 그림과 같이 원두통(Hopper)에 오일이 많이 묻어나와 시각적으로도 보기 싫지만 맛에도 영향을 준다. 그래서 원두통(Hopper)은 매일 청소를 해주는 것이 좋고 매일 청소가 힘이 든다면 최소한 일주일에 한번은 세제로 꼭 청소를 해야 오일이 산화되어 나는 냄새가 커피에 묻어 나오지 않는다. 아무리 향이 좋은 커피를 사용하더라도 원두통(Hopper)이 청결하지 않으면 좋은 향은 떨어지게 마련이다. 이런 원

두통(Hopper)의 청소는 세제를 이용해서 청소를 하는 것이 가장 좋다. 이때 사용하는 세제는 기름때를 지우는 세제이여야 한다. 원두통(Hopper), 뚜껑(Cover)도 같이 세제로 청소를 같이 해주어야 양질의 에스프레소를 얻을 수가 있다. 세제를 이용해서 물로 원두통(Hopper), 뚜껑(Cover)을 청소할 때는 항시 저녁에 한 다음 완전히 건조를 하고 나서 기계에 결합을 해야 한다. 커피는 수분 흡수력이 강하므로 물기가 남아 있다면 커피에 흡수가 되어 커피 맛에 영향을 주게 된다.

3. 원두 분쇄 날

분쇄 날은 에스프레소를 추출하기 위해 원두를 갈아 주는 부분이다.

분쇄 날은 위쪽 날과 아래쪽 날로 되어 있다. 위에 날은 간격을 유지해서 입자 크기를 결정해 주고 아래쪽의 날은 회전을 해서 위쪽 날과 아래쪽 날의 간격에 따라 갈려지게 되어 있다. 분쇄 날의 크기는 일반적으로 64mm와 75mm를 주로 많이 사용을 한다. 날의 전체 지름의 크기에 따라 분류를 하게 된다. 사용량이 적은 곳은 64mm, 사용량이 많은 곳은

(그라인더 날 마모 확인)

75mm가 좋다. 이것은 영업용 기준이고 가정 사무실용은 더 작은 것을 사용한다. 분쇄 날은 균일한 입자를 분쇄해야 한다. 균일한 입자를 분쇄해야 양질의 에스프레소를 얻을 수가 있기 때문이다. 균일한 입자를 얻기 위해서는 분쇄 날의 마모 정도를 항시 점검해야 한다. 그라인더의 날이 마모가 된 상태에서 사용하는 일을 흔히 볼 수가 있는데 이는 결국 분쇄되는 입자의 크기가 균일하지 않기 때문에 에스프레소의 맛을 저하시키는 요인이 된다. 그러므로 좋은 에스프레소를 얻고자 한다면 항상 분쇄 날의 마모 정도를 점검해야 한다. 분쇄 날의 수명은 일반적으로 많이 사용하는 64mm 날의 경우는 보통 300~400kg 정도 사용을 했을 때 교환을 해주는 것이 좋다. 물론 분쇄 날이 마모되었다고 분쇄되지 않는 것은 아니라 입자가 균일하지 않게 된다. 분쇄 날의 마모 정도는 입자 크기를 보고도 점검이 가능하지만 경험이 많이 없는 바리스타에게는 쉬운 일이 아니다. 쉽게 날의 마모 정도를 점검하는 방법은 날을 분리 후 날에 손톱이나 커피로 밀어서 자국이 생기면 날이 있는 상태이고 자국이 생기지 않으면 마모가 된 상태이다. 분쇄 날이 마모가 되었다면 교환을 해야 한다. 교환을 할 때는 아래쪽 날과 위쪽 날 모두를 교환해야 한다.

    다음은 분쇄 날에 받는 열에 대해 알아보자.

    분쇄 날은 회전을 하면서 분쇄되기 때문에 사용 시간에 따라 열이 발생을 한다. 분쇄 날은 크기에 따라 시간당 분쇄되는 양이 다르므로 분쇄 날의 크기를 잘 결정해야 열을 적게 받아서 양질의 에스프레소를 얻을 수가 있다. 일반적으로는 64mm의 날을 가장 많이 사용을 한다. 분쇄 날의 크기를 중요시하는 이유는 많은 커피를 분쇄 시 열이 발생하기 때문이다. 같은 양을 분쇄시 날이 클수록 갈아내는 면적이 크므로 열은 적게 받게 된다. 분쇄 날이 열을 받게 되면 분쇄되는 커피에도 열이 전달되어 커피 추출시 더 높은 온도에서 추출이 이루어짐으로 맛의 변화가 일어날 수 있다. 일일 2kg 이상을 사용한다면 64mm 분쇄 날 보다는 더 큰 분쇄 날을 사용하는 것이 좋을 것이다. 분쇄 날의 온도를 식히기 위해서는 사용시간에서 2배를 쉬어 주어야 날의 온도가 내려간다. 예를 들어 1분을 분쇄

했다면 2분을 쉬어 주어야 한다는 뜻이다. 열을 받는 시간보다 내려가는 시간이 길기 때문이다.

4. 도저(Doser)

도저(Doser)는 갈려진 원두를 계량하는 곳이다. 구조와 조절방법을 숙지하고 청소를 해 주어야 한다.

1) 도저(Doser)의 구조

도저(Doser)는 6칸으로 나누어져 있다.

일반적으로 1칸은 3.5g~8g까지 조절이 가능하다. 원두 투입조절 레버는 시계방향으로 돌리면 양이 줄어들고 시계 반대 방향으로 돌리면 양이 늘어난다.

2) 그라인더 입자 조절 순서

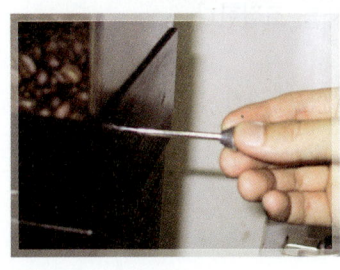

① 그라인더 원두통과 원두 투입구 오픈

투입구를 열지 않고 그라인더를 작동하면 공회전으로 인해 그라인더가 마모될 수도 있다. 그러므로 먼저 항상 투입구를 확인하고 열어 둔 상태에서 작동해야 한다.

② 입자 조절

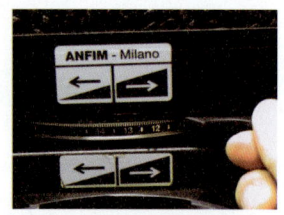

시계방향은 입자가 가늘어 지고 시계 반대 방향은 입자가 커진다.

③ 스위치 작동

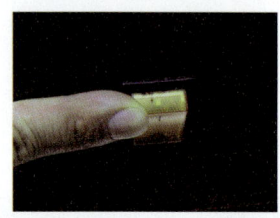

입자 조절 손잡이를 돌린 다음 스위치를 작동하여 원두를 분쇄한다.

④ 원두분쇄

티스푼에 받을 정도만 분쇄하고 스위치를 바로 OFF 한 다음 입자를 확인한다.

⑤ 분쇄입자 확인

반복적인 트레이닝으로 분쇄 입자를 알고 있어야 적은 양으로 빠르게 입자 조절을 할 수 있다.

⑥ 분쇄 입자가 틀릴 경우는 ③~⑤ 과정을 반복해서 입자를 조절한다.

이때 모든 그라인더는 2잔 분량이 미리 갈아져 있기 때문에 2잔 분량을 갈아 내고 그 다음 분쇄 입자를 확인해야 정확하게 확인할 수 있다.

⑦ 계량하기

어느 정도 입자 조절이 끝이 나면 원하는 투입량을 전자저울로 계량한다.

⑧ 포타필터에 담기와 탬핑

계량한 커피를 포타필터에 담고 탬핑을 한다. 탬핑시 깨끗한 곳에 포타필터를 올려놓고 해야 위생적이다.

⑨ 추출

탬핑한 커피를 그룹에 장착해서 추출해 본다.

⑩ 만일 위 과정에서 추출이 원활하지 않으면 ②~⑨까지 과정을 다시 반복해서 작업을 해 주면 된다.

3) 그라인더 청소방법

그라인더는 원두에 오일 성분이 많이 들어 있으므로 원두통이나 도저에 오일이 많이 낄 수 있으므로 청소를 잘 해주어야 맛있는 커피를 추출할 수 있다.

① 원두통

원두통은 원두를 보관하는 곳이므로 오일에 가장 먼저 노출이 된다.

일주일에 한 번 정도는 세제를 이용해서 잘 닦아 주어야 한다.

② 도저

도저 또한 분쇄 원두를 보관하므로 커피 오일로 인해 찌꺼기가 쌓일 수가 있다. 도저에서 바로 포타필터로 이어지므로 도저의 청결 또한 좋은 에스프레소를 추출하는 데 중요한 요소이다. 도저 또한 일주일에 한번은 청소를 해주는 것이 좋다.

도저 칸막이는 1칸이 일반적으로 6~7g이 계량되는데 찌꺼기가 쌓일수록 그 양은 줄어들면서 추출 속도가 빨라지게 된다. 바리스타가 이걸 모르면 입자 크기만 계속 곱게 갈기 때문에 오히려 커피 맛이 저하되게 된다. 도저 칸막이는 에스프레소 맛에 결정적인 영향을 주므로 항상 청결히 유지하는 것이 중요하다.

③ 도저 케이스

이 케이스는 맛에도 영향을 미치지만 시각적으로 지저분하게 보여 보는 이로 하여금 거부감을 줄 수 있으므로 청결히 유지를 해주는 것이 좋다.

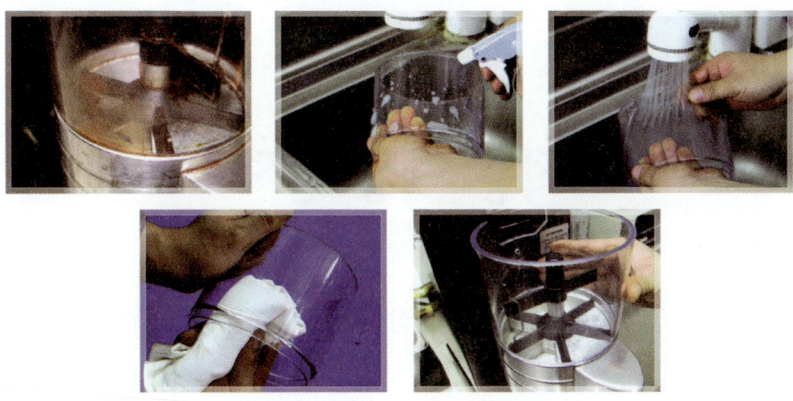

④ 분쇄 날 청소

날은 완전히 분리를 해서 청소를 해야 한다. 날 또한 매일 청소를 하는 것이 좋고 최소한 일주일에 한 번은 청소를 하는 것이 양질의 에스프레소를 얻을 수 있다.

▲ 분쇄 날 청소 사진

적중 예상 문제

01. 다음 중 그라인더로 변화를 주기 가장 힘든 것은 무엇인가?
1) 추출 시간
2) 투입량
3) 농도
4) 아로마
5) 추출 속도

02. 그라인더 모터의 설명으로 거리가 먼 것은?
1) 64mm 날의 모터 용량은 0.4hp을 사용
2) 회전 속도는 800~1200rpm 사용
3) 1hp는 300W의 용량
4) 콘덴서에 의해 초기 구동
5) 그라인더 날을 회전시키는 역할

03. 50Hz의 그라인더를 60Hz에 사용을 하면 어떤 현상이 일어나는가?
1) 회전 속도가 빨라져 빨리 갈린다.
2) 큰 변화가 없이 비슷하게 갈린다.
3) 커피를 갈 때 열을 적게 받는다.
4) 수명이 길어진다.
5) 날의 마모를 줄인다.

04. 원두통(Hopper)의 청소는 다음 중 언제 하는 것이 가장 적합한가?
1) 3개월에 한번
2) 일주일에 한번
3) 2주일에 한번
4) 한 달에 한번
5) 매일 한번

05. 다음 분쇄 날을 설명한 것 중 거리가 먼 것은?
   1) 일반적으로 64mm~75mm를 사용한다.
   2) 64mm의 수명은 300~400kg 사용 시 교환한다.
   3) 날이 마모가 되면 분쇄되는 속도가 느려진다.
   4) 날은 일주일에 한 번만 청소하면 된다.
   5) 가장 보편적인 스틸 재질이 사용된다.

06. 그라인더를 1분간 사용했다면 날은 얼마를 쉬어야 할까?
   1) 1분
   2) 2분
   3) 3분
   4) 4분
   5) 5분

07. 다음 분쇄 날을 청소하는 방법 중 가장 좋은 방법은?
   1) 물로 청소 후에 빨리 말린다.
   2) 세제를 이용해서 청소를 한다.
   3) 솔로 잘 털어 준다.
   4) 청소가 필요없다.
   5) 청소시 전원을 제거하면 안 된다.

08. 도저에 대한 설명으로 거리가 먼 것은?
   1) 원두를 분쇄해 놓고 계량하는 곳이다.
   2) 한 칸은 3.5~8g까지 계량이 된다.
   3) 도저에 원두를 갈아 놓으면 맛이 좋아진다.
   4) 도저는 매일 청소를 한다.
   5) 내부에 디바이드 스타가 존재한다.

09. 그라인더 원두 입자 조절 순서를 설명한 것 중 옳은 것은?

1) 입자확인-맛보기-추출-계량
2) 추출-맛보기-입자확인-계량
3) 계량-추출-입자확인-맛보기
4) 계량-입자확인-추출-맛보기
5) 입자확인-계량-추출-맛보기

> **정 답**
> 01. ④ 02. ③ 03. ① 04. ⑤ 05. ④ 06. ② 07. ① 08. ③ 09. ⑤

제6장 고장 증상과 원인 및 대처 요령

증상	고장 확인	대처 요령
전원이 OFF된 경우	플러그 및 콘센트의 이상	다른 기계를 연결해서 확인
	메인배전반 차단기 이상	차단기 OFF 확인
	전원 S/W 이상	점검 후 수리 또는 교환
	기계 전원 PCB 이상	점검 후 수리 또는 교환
커피 추출이 되지 않는 경우	수도가 단수 되었을 때	단수 해제 후 커피 추출
	수도 밸브가 잠겼을 때	커피 기계로 연결된 수도밸브 확인
	연수기 정수기가 막혔을 때	연수기 청소와 정수기 필터 교환
	물공급전자 밸브가 불량일 때	물공급전자 밸브 점검 후 교환
커피가 천천히 추출되는 경우	펌프모터가 불량일 때	기술자에게 연락 후 청소 또는 교환
	금속필터가 막혔을 때	금속필터를 청소하거나 교환
	샤워필터가 많이 막혔을 때	샤워필터 청소 또는 교환
	샤워 홀더가 막혔을 때	샤워 홀더 청소 또는 교환
	입자가 너무 가늘때	그라인더 입자 조절
	투입량이 너무 많을 때	그라인더 투입량 조절
커피가 너무 빨리 추출되는 경우	펌프 압력이 너무 높을 때	펌프 압력 조절
	물온도가 낮을 때	커피 추출물 온도 확인
	입자가 클 때	입자 조절
	투입량이 적을 때	투입량 조절
펌프 압이 걸리지 않는 경우	전압이 낮을 때	215V 이상 나오는지 확인
	콘덴서가 불량일 때	콘덴서 교환
	펌프 헤드가 불량일 때	청소 또는 교환
	모터가 불량일 때	모터 교환
커피 추출시 물량이 계속 변하는 경우	과수압 방지 밸브 불량일 때	과수압 방지 밸브 교환
	플로 메터 불량일 때	점검 후 교환

증상	고장 확인	대처 요령
기계를 5분 이상 사용하지 않다가 커피 추출 시 첫잔만 물량이 변하는 경우	역류 방지 밸브의 불량	점검 후 교환
기계의 ON, OFF 상관없이 보일러 수위가 계속 올라가는 경우	온수 보일러 급수 전자밸브의 불량	전자밸브 청소
커피가 잘 추출되면서 물량이 조절 안되고 추출 램프가 점멸되는 경우	플로 메터의 이상	플로 메터의 콘넥트 연결단자, 유동 감지 자석, 플로 센서를 점검 후 교환
보일러가 데워지지 않을 경우	히터가 불량일 때	히터 열선 확인 후 교환
	과열 방지 바이메탈이 불량일 때	차단시 원상태로 복귀
	압력 S/W 또는 온도센서가 불량일 때	청소 및 교환
보일러 위에서 스팀이 새는 소리가 나는 경우	과수압 방지밸브 불량일 때	점검 후 교환
	에어 밸브 불량일 때	점검 후 교환
온수 추출시 찌꺼기가 나오는 경우	보일러에 스케일이 많이 침전된 때	보일러 분해 청소
압력은 정상인 상태에서 스팀 사용시 스팀이 잘 안 나오는 경우	스팀노즐이 막혔을 때	노즐 청소
	노즐 팁이 막혔을 때	노즐 팁 청소
커피 추출시 전자밸브에서 심한 소음이 나는 경우	전압이 낮은 때	전압 확인
	물공급전자 밸브 유동추에 이물질이 많이 끼어 있을 때	전자밸브 분해 청소
커피 추출시 포터필터 옆으로 물이 같이 새는 경우	그룹 개스킷이 불량일 때	그룹 개스킷 교환
	커피 투입량이 많아 포터필터가 그룹에 제대로 안 끼워졌을 때	커피 투입량 조절
온수 추출시 온수에서 냄새가 날 경우	연수기나 정수기 용량이 다 되었을 때	연수기 청소 및 정수기 필터 교환
커피 추출시 펌프모터에서 심한 소음이 나는 경우	물 공급이 잘 안 되는 경우	수도라인 점검
오전에는 커피가 부드러운데 오후에는 쓴 맛이 많이 난다.	일체형 보일러에서 오전에 완전히 물 온도가 올라가지 않은 경우	기계를 충분히 예열을 해주어야 한다.
커피 추출시 에스프레소가 조용히 떨어지지 않고 불규칙적으로 추출이 된다.	커피에 가스가 많은 상태에서 물 온도가 높아서	커피를 미리 갈아 놓고 사용을 하거나 출시 온도를 내린다.
그라인더 원두통에 원두가 있는 데도 안 갈린다.	원두통 투입구가 닫아져 있을 때 원두가 투입구에 걸려 있을 때	투입구 개방 청소 후 사용
그라인더 분쇄시 미분이 많아진다.	분쇄 날이 마모가 되어서	날 확인 후 교환
도징 시 점점 양이 줄어든다.	도저에 찌꺼기가 많이 끼어서	도저를 분해해서 청소

적중 예상 문제

01. 기계에 전원이 OFF 되었다면 그 원인으로 틀린 것은?
1) 플러그 및 콘센트에 이상이 있을 때
2) 전원 S/W에 이상이 있을 때
3) 기계 전원 PCB에 이상이 있을 때
4) 전압에 이상이 있을 때
5) 과부하 차단기가 작동했을 때

02. 커피 추출시 물 공급이 안 될 경우를 설명한 것 중 틀린 것은?
1) 물 공급 수도 밸브가 잠겼을 때
2) 연수기와 정수기가 막혔을 때
3) 커피 입자가 너무 고울 때
4) 전자밸브가 불량일 때
5) 급수 라인이 꼬였을 때

03. 커피가 너무 천천히 추출되는 경우를 설명한 것 중 거리가 먼 것은?
1) 탬핑이 강할 때
2) 펌프 모터가 불량일 때
3) 입자가 너무 가늘 때
4) 샤워 필터가 많이 막혔을 때
5) 추출수 압력이 낮아졌을 때

04. 커피 추출시 펌프에 압이 걸리지 않는 원인을 설명한 것 중 거리가 먼 것은?
1) 모터 콘텐서가 불량일 때
2) 펌프가 불량일 때
3) 전원이 차단됐을 때
4) 전압이 낮을 때
5) 입자가 너무 굵을 때

05. 기계를 5분 이상 사용하지 않다가 커피 추출시 첫 잔만 물량이 변하는 경우의 원인은 무엇인가?

1) 히터 불량
2) 에어 밸브 불량
3) 역류 방지 밸브 불량
4) 수위 감지봉 불량
5) 보일러 불량

06. 기계의 ON, OFF 상관없이 보일러 수위가 계속 올라가는 경우의 원인은 무엇인가?

1) 역류 방지 밸브 오염 또는 고장
2) 물공급 전자 밸브 오염 또는 고장
3) 에어 밸브 오염 또는 고장
4) 스팀 밸브 오염 또는 고장
5) 플로메터 오염 또는 고장

07. 에스프레소 추출시 커피가 잘 추출되면서 물량 조절이 안 되고 추출 램프가 점멸되는 경우는 무엇이 문제인가?

1) 플로메터 불량
2) 수위 감지봉 불량
3) 역류 방지 밸브 불량
4) 과수압 방지 밸브 불량
5) 스팀 밸브 불량

08. 커피 기계에서 물이 데워지지 않는다면 다음 중 무엇이 문제인가?

1) 히터가 불량이어서
2) 온도 센서가 문제이어서
3) 솔레노이드 밸브가 불량이어서
4) 압력 S/W가 불량이어서
5) 히터가 오염되어서

09. 커피 추출시 전자밸브에서 심한 소음이 나는 경우의 원인으로 맞는 것은?

1) 입자가 가늘어서
2) 물 온도가 높아서
3) 전압이 낮아서
4) 커피가 너무 신선해서
5) 보일러 압력이 너무 높아서

10. 커피 추출시 펌프 모터에서 심한 소음이 나는 경우의 원인으로 맞는 것은?

1) 물 공급이 안 되서
2) 전압이 낮아서
3) 정수물이 아니어서
4) 입자가 가늘어서
5) 추출 압력이 낮아서

11. 에스프레소를 추출하면 오전에는 커피가 연하게 추출되고 오후에는 진하게 추출되는 이유는 무엇인가?

1) 날씨가 바뀌어서
2) 습도가 바꾸이어
3) 오전에 충분한 예열이 안 되어서
4) 탬핑이 바뀌어서
5) 청소 상태가 불량이어서

12. 커피 추출시 에스프레소가 조용히 떨어지지 않고 불규칙적으로 추출이 되는 이유는 무엇인가?

1) 입자가 가늘어서
2) 탬핑이 강해서
3) 커피가 숙성이 되어서
4) 추출 압력이 높아서
5) 추출 온도가 높아서

13. 그라인더 분쇄시 미분이 많이 생기는 원인으로 맞는 것은?

1) 날이 마모가 되어서
2) 강배전이어서
3) 아라비카를 많이 사용해서
4) 오래된 커피라서
5) 전압이 낮아서

14. 그라인더 작동시 분쇄되지 않고 "웅" 소리가 나면서 작동이 안되는 원인으로 틀린 것은?

1) 날에 딱딱한 물질이 끼어 있을 때
2) 전압이 낮아서
3) 콘덴서가 불량이어서
4) 입자가 너무 고와서
5) 날이 간격이 너무 좁아서

15. 추출 속도가 빠르게 되는 원인으로 가장 적합하지 않은 것은?

1) 입자가 굵어서
2) 온도가 높아서
3) 투입량이 적어서
4) 커피가 오래 되어서
5) 추출수 압력이 높아서

정답

01. ④ 02. ③ 03. ① 04. ⑤ 05. ③ 06. ② 07. ① 08. ⑤ 09. ③ 10. ①
11. ③ 12. ⑤ 13. ① 14. ④ 15. ②

업장관리

바리스타 검정이 에스프레소와 카푸치노 추출이라는 기본능력 검증에 머물면서 산업현장의 현실적 요구를 만족시키기에 조금은 부족한 부분이 있다는 의견이 많았다.

전반적인 영업의 관리 단계로서 경영상의 영업 현황을 파악하고 계획을 수립하여 효율적으로 업장을 관리하는 데 필요한 능력이다.

업장 관리의 능력단위별 핵심 체크

1) 영업현황 파악
    (1) 동종 업계의 트랜드를 파악하고 경쟁업소에 대한 비교 분석을 실시할 수 있다.
    (2) 매출 상태를 자료화하고 분석할 수 있다.
    (3) 재고 상태를 자료화하고 주문시 이용할 수 있다.
    (4) 사업장 대표의 지시 사항이나 경영 환경을 전달할 수 있도록 보고 체계를 확립할 수 있다.
    (5) 지시 내용에 대해 일차적으로 확인하고 조치할 수 있다.

2) 영업계획 수립
    (1) 예산 및 영업계획을 수립할 수 있다.
    (2) 매상 목표와 영업 수입 목표를 수립할 수 있다.
    (3) 메뉴개발의 교체 방안을 조리사, 바리스타와 논의할 수 있다.
    (4) 판매 촉진을 위한 아이디어를 제안할 수 있다.

3) 업장 내 환경 관리
    (1) 편의성을 배려하여 균형적으로 고객의 좌석 및 인테리어를 재배치할 수 있다.
    (2) 화재에 대비할 수 있는 방법과 비품을 구비할 수 있다.
    (3) 업장 시설물과 기구의 수리 및 구입을 의뢰할 수 있다.

4) 고객 관리
    (1) 고객에 관한 사항을 자료화할 수 있다.
    (2) 안내물을 준비하고 발송할 수 있다.
    (3) 고객의 소리를 접수하고 점검할 수 있다.

제1장 메뉴 관리

1. 메뉴 관리의 중요성

현대사회로 접어들면서 식음료 산업은 다점포, 다브랜드화로 급격히 업장이 증가하여 치열한 경쟁적 환경에 처해지고, 고객들의 기호는 고급화, 다양화 그리고 세분화되면서 각 업장들은 생존과 성공의 열쇠인 고객 만족을 위해 끊임없이 메뉴 관리 및 개발을 도모하게 되었다. 메뉴 관리란 양질의 음식과 음료 그리고 고객을 만족시킬 수 있는 서비스로 고객의 니즈(Needs), 매출 확대 및 원가절감을 통한 경영 수익을 향상시키려는 경영인의 요구가 잘 통합될 수 있도록 고안된 경영 기법이라고 할 수 있다.

메뉴는 식음료 업장이 가지고 있는 입지 여건, 규모, 시설, 서비스, 가격 그리고 이미지 등을 고려하여 조리 및 판매할 수 있는 품목을 정하고 고객에게 유익하고 효과적으로 전달할 수 있도록 개발되어야 한다.

2. 메뉴의 정의

메뉴란 고객이 알기 쉽고 보기 쉽도록 식음료의 품목과 가격을 작성, 기록하여 고객이 주문하는 데 필요한 정보를 제공하고, 고객에게 업장의 식음료 제공을 약속하는 차림표라고 할 수 있다.

- **사전적 의미**
  - Webster Dictionary "A Detailed List of The Foods Served at a Meal"
  - The Oxford Dictionary "A Detailed List of The Dishes to be Served at a Ban-quet or Meal"

제 2 장 원가 관리

각 조직 단위 또는 경영 전체적 차원에서 원가를 도출하고, 이를 업무 전체적으로 다룰 수 있는 능력이다.

1. 원가 관리의 능력단위별 핵심 체크

1) 원가 계산하기

① 원가 개념에 기초하여 각 항목별 자료를 활용할 목적으로 수집하고 축적할 수 있다.
② 원가 항목별로 값 산출을 위해 필요한 계산을 수행할 수 있다.
③ 각 원가 항목의 비중을 검토하고 개선의 필요성과 방향을 정할 수 있다.

2) 재료원가 관리하기

① 각 재료의 보관, 주문 방법을 고려하여 원가의 절감을 추진할 수 있다.
② 원재료 및 부재료의 가격 변동, 생산 동향 등을 감안하여 원가를 계산할 수 있다.
③ 재료의 가식율 또는 가용율, 폐기율을 감안하여 소요량을 산출할 수 있다.
④ 작업의 수율, 생산성 등을 제고하여 원가를 절감할 수 있다.
⑤ 재료 확보와 재고 수준 유지에 대해 경영자 또는 타 부문 책임자와 협의할 수 있다.

3) 고정비 원가 관리하기

① 도구 장비류의 도입 필요성을 원가 개념에 기초하여 판단할 수 있다.
② 경영 또는 운영에 따르는 각종 비용들을 인지하고 대처할 수 있다.
③ 각 고정비 항목의 비중을 검토하고 개선의 필요성과 방향을 정할 수 있다.
④ 감가상각을 고려하여 원가를 계산 관리할 수 있다.

4) 매출 관리하기

① 객단가, 회전율을 계산하여 매출의 규모와 적정성을 판단할 수 있다.
② 매출액 등을 바탕으로 제반 경영 개선의 필요성을 판단할 수 있다.
③ 일별, 주별, 월별 등으로 관련 자료들을 수집, 축적, 분석, 활용할 수 있다.
④ 인력 소요와 고용 규모를 고려하여 고용의 방식을 조정할 수 있다.

모든 사업장의 목표는 매출의 극대화를 도모하는 것이고 이는 경영수익 극대화를 통해 달성할 수 있다. 사업장의 경영수익을 극대화하는 방안으로 크게 두 가지 방법이 있는데, 우선 매출액 증대를 위한 마케팅 등의 노력으로 사업장의 총 수입을 극대화시켜 이익을 향상시키거나 효율적인 비용 절감을 통해 이익을 극대화시켜 목표를 달성시키는 것이다. 수익에 직접 영향을 끼치는 비용 항목에는 크게 임대료, 인건비, 식음료 재료비 그리고 경비가 있으며, 이 경비는 마케팅비, 시설운영비, 소모품비 등이 있다. 비용이 감축되면 이익은 많아지므로 비용을 적절히 관리하고 통제하는 활동은 모든 기업의 가장 중요한 경영 관리 사항이다.

그런데 대부분의 사업장은 전체 비용 중에서 재료비 원가가 차지하는 구성비가 매우 크기 때문에 사업장의 전체 비용을 절감시키려는 광범위한 노력보다는 식음료 재료비 관리, 즉 원가 관리에 초점을 두게 된다면 사업장 경영 이익 증대에 보다 큰 효과를 나타낼 수 있다. 따라서 식음료 사업장에서는 비용 관리보다는 원가 관리라는 용어가 경영관리 부문에서 빈번히 사용되고 있다.

2. 원가 관리 업무 절차

■ 구매 → 검수 → 저장 → 출고 → 조리

1) 원가 관리의 의의

원가 관리는 원가절감을 목적으로 총 원가액, 원가율 등을 관리 수단으로 하여 경영활동의 여러 사항을 관리하는 것을 말한다. 즉, 원가 관리는 향후 일정기간 동안 경영활동에 의해 발생하게 될 원가의 계획을 추산하여 수립하고, 실제 경영활동의 결과로 발생한 원가실적을 계획원가와 비교, 대조하여 그 차이의 원인을 분석한 후 가능한 한 차이 원인을

제거함으로써 경영활동을 계획적으로 운영하려는 경영관리 기법이다.

식음료 경영에 있어서 원가 관리란 요리 및 음료의 생산과 관련된 식음료 재료의 통제를 중심으로 한 일련의 경영 기법을 뜻한다. 즉 식당의 경영 방침에 의해 결정된 각 메뉴 품목의 품질과 분량에 적합한 식음료 재료의 구매, 검수, 저장, 출고, 조리, 분량관리, 판매가격 결정 등과 관련된 사항들의 전반적인 경영관리를 통해서 이익의 극대화를 이룰 수 있도록 하는 것을 말한다.

2) 원가 관리의 목적

식음료 사업장의 경우 임대료, 인건비, 재료비의 비중은 절대적이다. 인건비의 경우 업장 면적, 영업시간, 고객 수에 맞춰 서비스 품질 향상과 유지에 초점을 두고 효율적인 비용 지불을 해야 한다. 또한 식음료 재료비는 식음료 업장의 다양한 등급과 유형을 불문하고 원가 관리가 곧 사업장의 수익 증대에 직접적으로 공헌할 수 있어 그 중요성이 매우 크다.

특히 식음료 재료는 가장 효율적으로 원가 절감을 할 수 있는 전략적인 관리 대상임에도 불구하고 관리를 소홀히 함으로써 구매비용의 상승, 음식의 품질저하, 재료관리 비용의 증가 등을 초래하여 결국은 메뉴의 원가상승, 가격상승, 고객이탈, 매출감소, 경영수익 감소의 결과를 초래하는 경우가 많으므로 적합한 재료 및 원가 관리의 노력이 절대적으로 필요한 부분이다.

제 3 장 구매 관리

구매 관리는 식음료 재료의 이동과정 중 첫 단계로서, 재료의 구매 활동은 곧 조리원가에 직접적인 영향을 미치게 되므로 원가 관리의 기초가 된다. 최적의 재료를 경제적인 가격으로 적기에 구매함으로써 원가절감을 도모할 수 있으며 이것은 곧 경영 이익의 증대를 의미하는 것이다.

반면 부적당한 재료의 구매는 과도한 낭비 또는 생산을 지연시키는 요인이 될 수 있으며, 부족 문제는 판매기회의 상실 혹은 유휴시간으로 인한 원가 상승원인을 야기하게 된다.

1. 구매 관리 업무 절차

- 적정 구매량 결정 → 구매명세서 작성 → 시장 조사 → 샘플 수집 → 공급자 선정 → 구매주문서 발송 → 구매결과 평가

2. 구매 관리 핵심

1) 적정 구매량의 결정
2) 최적 재료의 구입(품질)
3) 구매 가격의 관리
4) 공급자의 선정(안정적 물량 수급)

제 4 장 저장 관리

　식음료 재료는 재고자산으로서 현금과 다름없는 업장의 자산이다. 그 형태가 식음료이기 때문에 당장 먹거나 마실 수 있는 것들이 많은 까닭에 도난 우려가 크므로 보안을 철저히 해야 한다. 또한 재료의 폐기를 최소화하거나 방지하기 위해서는 올바른 보관법과 저장시설의 체계적 관리가 필요하다.

1. 효율적인 저장 관리를 위한 고려사항

1) 보안

　식음료 재료는 도난의 우려가 가장 큰 식당의 자산이다. 과실 혹은 도난에 의한 손실을 방지하기 위한 방법을 마련해야 한다.(잠금장치, 출입통제, 특수 저장실, 안전설계)

2) 품질유지

① **선입선출** : 식음료 재료의 신선도를 최대한 유지하기 위해서는 먼저 저장된 순서에 따라 출고시키는 선입선출법(FIFO)을 사용하는 것이 바람직하다. 가장 오래된 재료들이 우선적으로 사용되어야 식음료 재료의 저장기간이 짧아져 자연적인 변질위험을 줄일 수 있다. 특히 유효기간을 엄수하고 재료를 저장실에 저장할 때도 들어온 순서대로 구분, 적재 관리한다.

② **적절한 온도, 습도 유지** : 저장에 있어 중요한 것은 보관에 따른 손실을 최소화하기 위해 온도, 습도 및 환기를 유지하는 것이다. 온도, 습도계를 비치하여 저장하는 재료의 성격에 따라 일정한 온도와 습도를 유지해야 한다.

3) 기록보관

모든 재료는 재고카드에 의해 출고될 때까지 그 수량과 잔고를 기입해야 한다.

주기적으로 실재고 조사를 실시해야 하며 이로써 과잉저장 및 과소저장이 일어나지 않게 미연에 방지할 수 있다. 또 저장 중에 재료의 변질, 진부화, 유통기한의 경과 등 경제적 손실을 막을 수 있다.

① 식음료 재료 입고 일자 기록
② 적합한 출고 절차 준수
③ 선입 선출 방법 이행
④ 적정 재고 유지
⑤ 과잉 저장 확인
⑥ 장기 저장재료 확인 관리
⑦ 변질, 부패 관리
⑧ 위생 청결, 정돈 관리

2. 커피의 포장과 보관

1) 커피의 포장

로스팅된 커피가 한잔의 음료로 만들어지기까지 산소와 습기로부터 최대한 보호되어야 본연의 커피 맛을 장시간 유지할 수 있다. 원두는 특성상 향기가 공기 중으로 날아가기 쉽고 반대로 공기 중에 있는 가스나 습기를 빨아들이는 특성도 강하여 커피의 향이 변질되기 쉽다. 이런 특성 때문에 원두를 방향제로 쓰거나 냉장고나 신발장에 넣어 탈취제로도 사용하는 것이다. 그렇기 때문에 상업적으로 유통되는 원두를 선택하기 위해 염두해 두어야 할 부분이 원두 포장지의 질이다.

원두의 신선도를 장시간 지속시키는 포장지는 두께와 재질에서 차이가 나며 포장방법으로는 밸브 포장(Valve Packing), 원웨이 포장(JFS Packing), 진공포장(Vacuum Packing), 질소포장(Nitrogen Packing), 지퍼팩포장(Zip Packing) 등 5가지 기술이 주로 사용되고 있다.

- 밸브포장(Valve Packing)

아로마 밸브(Aroma Valve)라 불리우는 기구를 포장 부착하여 포장의 팽창과 파열을 방지함으로써 커피의 신선도를 유지하는 포장기술로 커피 포장지에 이 밸브를 부착하면 포장지 내부에서 발생한 가스는 외부로 나올 수 있는 반면 외부의 공기는 포장지 내부로 들어갈 수 없게 된다. 이로서 커피의 신선도를 유지하는 기술이다.

- 원웨이 포장(JFS Packing)

Ampac의 Jamison Freshness System 기술로 커피원두 또는 분말형태의 볶은 커피를 포장하는데 별도의 장치를 사용하지 않고도 백의 실링 부분을 통해 가스를 배출할 수 있는 경제적인 시스템이다. 이 기술은 커피 백을 성형하는 성형기의 실링 다이를 특별하게 고안하여 실링 시에 내부의 이산화탄소 가스가 외부로 배출될 수 있게 통로를 만들어 준다. 포장 내부의 특별한 압력 하에서만 배출구가 개봉되고, 압력이 낮아지면 다시 닫혀진다. 즉 기능은 아로마 밸브와 동일하지만 부착물이 필요없는 기술이다.

- 진공포장(Vaccum Packing)

진공포장은 분말형태의 커피 신선도를 장시간 보존하는 방법으로 가장 일반적으로 사용되는 방식으로 포장시 내부의 공기를 얼마나 최소화할 수 있는지와 포장 후 발생할 수 있는 가스를 얼마나 잘 억제할 수 있는지가 중요한 관건이다.

- 질소포장(Nitrogen Packing)

포장재 속의 공기를 뺀 후 질소가스를 채우거나 내부의 공기 자체를 질소가스로 치환하여 공기와의 접촉을 차단함으로써 커피의 변질을 최소화하여 커피 보존기간을 늘리는 방법이다. 불활성 기체인 질소 가스는 산소의 유입을 근원적으로 차단하기 때문에 원두의 산화를 최대한 억제할 수 있지만 일단 개봉 후에는 자체적으로 외부 환경에 노출되는 것을 막을 수 없다. 질소 가스가 외부로 방출되지 못하도록 알루미늄 캔을 사용하므로 단가가 많이 든다.

- 지퍼팩 포장(Zip Packing)

분쇄되지 않은 커피를 선호하는 이유는 향의 보관을 최대로 하기 위해서이다. 소비자들

이 원두를 별도의 전용용기에 보관하기 쉽지 않기에 편리함과 더불어 진공포장의 성능을 최대한 유지하기 위한 방법이 바로 지퍼팩 포장이다. 이는 커피에 산소와 수분이 만날 수 없도록 최대한 차단시켜 지방산화를 지연시키는 데 효과가 크다.

2) 커피 보관방법

커피의 보관방법 중 가장 잘못 알려진 방법의 하나가 개봉한 원두커피를 가정에서 사용하는 냉동실에 그대로 보관하는 것을 일반적인 원두 보관방법으로 잘못 알고 있는 것이다. 물론 원두를 먹지 않고 일정기간 보관을 해야 할 경우에는 밀폐가 아주 잘 되는 상황에서 이 방법이 유효할 수 있지만 장시간 냉동 보관시 신선도가 급격하게 떨어지고 커피의 향이 많이 날아가게 된다. 따라서 일반적으로 개봉한 원두를 보관하기 위해서는 지퍼백이나 외부의 공기가 들어오지 않는 밀폐용기를 이용하여 서늘한 상온에 보관하면 된다.

제5장 재고 조사

재고 조사란 업장에 보관하고 있는 재료를 품목별로 수량, 상태 및 위치를 실제로 정확하게 파악하고 장부의 기록과 대조하여 차이가 발생된 경우, 그 원인을 규명하는 관리 활동이다. 따라서 재고 조사를 통해 정확한 재고자산을 파악하고, 정확한 식음료 재료 원가를 산출하며 재고자산관리 과정에서의 문제점을 찾는 데 있다.

1. 재고 조사 방법

많은 재고 비용을 지출하면서도 식음료 재료를 보유하고 있는 이유는 필요한 시기에 필요한 수량을 필요한 곳에 조달하기 위한 것이다. 따라서 예상 판매량에 대한 예측과 올바른 구매와 저장 그리고 정확한 재고파악을 통해 최소의 비용으로 최적의 재고량을 유지할 수 있도록 해야 한다. 재료의 재고량 조사의 종류는 정기재고 조사, 임시재고 조사, 월말 재고 조사, 일일재고 조사, 창고재고 조사, 각 영업장 재고 조사 등이 있다.

1) 실지 재고 조사법

재고 조사를 위하여 식음료 재료비를 정확히 산출해내기 위해서는 회기 초의 기초재고량과 회기 말의 재고량 그리고 당기 내 구매량을 모두 파악해 합산하였을 때 구할 수 있다. 여기서 말하는 기초재고량이나 기말재고량은 저장고에 있는 재고물품을 일일이 조사해야 하는 노동 집약적인 업무이다.

일반적으로 실지 재고 조사법을 이용한 재고파악은 한 달에 한 번 정도로 이루어지는 것이 보통이며 회기가 끝나는 때에 맞춰 행해지기도 한다.

- 총 식음료 재료비 = 총 재고량(기초 재고량 + 당기 구매량) − 기말 재고량

2) 계속기록법

계속기록법은 저장고로 유입되는 식음료 재료의 입고와 출고되는 식음료 재료를 지속적으로 기록함으로써 항상 정확한 재고량을 파악하기 위하여 사용되는 재고방법이다. 최근에는 컴퓨터의 보급으로 정보처리기술이 개발되면서 구매 시기나 구매량의 결정 및 원가관리를 관리 프로그램을 이용해 손쉽게 할 수 있다.

또 계속기록법을 사용함으로써 구매시기와 적정구매량을 쉽게 파악할 수 있어 과잉 또는 과소구매로 인한 손실을 막고, 지속적인 재고사항을 알 수 있으며 비정상적인 재고상태를 가진 품목을 정확히 가려낼 수 있다. 이러한 계속기록법을 이해하기 위해서는 최소·최대 보유량, 구매 소요기간, 재 주문점, 재 주문량에 대한 이해가 필요하다.

제6장 위생 관리

식음료 서비스 관련 활동의 수행에 있어서 필요한 위생 및 안전을 관리, 감독하기 위해 필요로 하는 능력이다.

1. 시설위생

식음료 시설에서의 위생 관리는 사업의 성패를 결정하는 큰 요인 중 하나이다.

시설을 위생적으로 유지하기 위한 첫 번째 요인은 청소의 용이성이다. 청소를 자주 할 수 있어야 흙이나 먼지, 곤충, 미생물 등의 부착이나 침투를 막을 수 있기 때문이다. 두 번째 요인은 기구, 기물의 적절한 배치이다. 이는 작업의 편의성 외에도 일관된 청결작업의 흐름을 원활하게 하고 쓰레기의 처리도 용이하게 하기 때문이다.

식품접객업 시설기준
(식품위생법 제36조 관련)

■ 조리장

1. 조리장은 손님이 그 내부를 볼 수 있는 구조로 되어 있어야 한다. 다만, 영 제21조제8호바목에 따른 제과점영업소로서 같은 건물 안에 조리장을 설치하는 경우와 「관광진흥법 시행령」 제2조제1항제2호가목 및 같은 항 제3호마목에 따른 관광호텔업 및 관광공연장업의 조리장의 경우에는 그러하지 아니하다.
2. 조리장 바닥에 배수구가 있는 경우에는 덮개를 설치하여야 한다.
3. 조리장 안에는 취급하는 음식을 위생적으로 조리하기 위하여 필요한 조리시설·세척시설·폐기물용기 및 손 씻는 시설을 각각 설치하여야 하고, 폐기물용기는 오물·악취 등이 누출되지 아니하도록 뚜껑이 있고 내수성 재질로 된 것이어야 한다.

4. 1명의 영업자가 하나의 조리장을 둘 이상의 영업에 공동으로 사용할 수 있는 경우는 다음과 같다.
    1) 같은 건물 안의 같은 통로를 출입구로 사용하여 휴게음식점·제과점영업 및 일반음식점영업을 하려는 경우
    2) 「관광진흥법 시행령」에 따른 전문휴양업, 종합휴양업 및 유원시설업 시설 안의 같은 장소에서 휴게음식점·제과점영업 또는 일반음식점영업 중 둘 이상의 영업을 하려는 경우
    3) 일반음식점 영업자가 일반음식점의 영업장과 직접 접한 장소에서 도시락류를 제조하는 즉석판매제조·가공업을 하려는 경우
    4) 제과점 영업자가 식품제조·가공업의 제과·제빵류 품목을 제조·가공하려는 경우
    5) 제과점영업자가 기존 제과점의 영업신고관청과 같은 관할 구역에서 둘 이상의 제과점을 운영하려는 경우
5. 조리장에는 주방용 식기류를 소독하기 위한 자외선 또는 전기살균소독기를 설치하거나 열탕세척소독시설(식중독을 일으키는 병원성 미생물 등이 살균될 수 있는 시설이어야 한다. 이하 같다)을 갖추어야 한다. 다만, 주방용 식기류를 기구 등의 살균·소독제로만 소독하는 경우에는 그러하지 아니하다.
6. 충분한 환기를 시킬 수 있는 시설을 갖추어야 한다. 다만, 자연적으로 통풍이 가능한 구조의 경우에는 그러하지 아니하다.
7. 식품 등의 기준 및 규격 중 식품별 보존 및 유통기준에 적합한 온도가 유지될 수 있는 냉장시설 또는 냉동시설을 갖추어야 한다.

■ 급수시설

1. 수돗물이나 「먹는물관리법」 제5조에 따른 먹는 물의 수질기준에 적합한 지하수 등을 공급할 수 있는 시설을 갖추어야 한다.
2. 지하수를 사용하는 경우 취수원은 화장실·폐기물처리시설·동물사육장, 그 밖에 지하수가 오염될 우려가 있는 장소로부터 영향을 받지 아니하는 곳에 위치하여야 한다.

■ 화장실

1. 화장실은 콘크리트 등으로 내수처리를 하여야 한다. 다만, 공중화장실이 설치되어 있

는 역·터미널·유원지 등에 위치하는 업소, 공동화장실이 설치된 건물 안에 있는 업소 및 인근에 사용하기 편리한 화장실이 있는 경우에는 따로 화장실을 설치하지 아니할 수 있다.
2. 화장실은 조리장에 영향을 미치지 아니하는 장소에 설치하여야 한다.
3. 정화조를 갖춘 수세식 화장실을 설치하여야 한다. 다만, 상·하수도가 설치되지 아니한 지역에서는 수세식이 아닌 화장실을 설치할 수 있다.
4. 3.단서에 따라 수세식이 아닌 화장실을 설치하는 경우에는 변기의 뚜껑과 환기시설을 갖추어야 한다.
5. 화장실에는 손을 씻는 시설을 갖추어야 한다.

(출처: 식품위생법, 법률 제14476호, 2016.12.27., 타법 개정)

2. 식품위생

식품은 의약으로 섭취하는 것을 제외한 모든 음식을 말한다. 식품위생은 식품, 첨가물, 기구 및 용기와 포장을 대상으로 하는 음식물에 관한 위생을 말한다.

1955년 세계보건기구 WHO 환경 위생 전문 위원회에서 정의한 바에 의하면 식품 위생이란 식품 그 자체 뿐만 아니라 식품의 생육, 생산, 제조, 유통, 소비까지 일관된 전 과정을 위생적으로 확보하여 최종적으로 사람에게 섭취될 때까지 모든 단계에서 식품의 안전성, 건전성 및 완전 무결성을 확보하기 위한 모든 수단을 뜻한다.

1) HACCP 제도와 위생 관리

최근 식품산업을 비롯하여 의학, 유통, 외식산업에 있어서 위생적이고 안전성이 확보된 식품을 생산하고 유통시키려는 세계적인 추세에 발맞춰 새로운 위생 및 품질관리 제도를 활용하려는 연구가 활발하게 진행되고 있는데, 그 대표적인 제도가 HACCP이다.

2) HACCP 제도의 개념

HACCP(The Hazard Analysis Critical Control Point)란 위해요인을 분석하여 위해요인에 관계되는 중요한 점을 관리하는 제도를 말한다.

　식품위해요소 중점관리기준 시스템은 식품의 생산과 가공 그리고 유통단계에 이르는 과정에서 식품이 인간에게 위해를 끼칠 수 있는 요소를 분석, 이를 사전에 중점관리하는 선진화된 예방적 위생 관리 시스템이다.

3) 식품의 위해 요소 분석

① 메뉴와 Recipe 검토
② 원재료와 음식의 구분
③ 생식조리와 가열조리 식품의 분류
④ 식품의 저장온도와 보존기간 검토
⑤ 식중독 발생시 원인식품의 분석
⑥ 메뉴에 특정재료 포함 여부의 결정
⑦ 재료의 구매와 저장
⑧ 전처리 조리 단계
⑨ 후처리 단계 및 보관
⑩ 재가열 후 급식단계

4) HACCP 적용 대상

① 어육가공품 중 어묵·어육조시지류
② 냉동수산식품 중 어류·연체류·조미가공품
③ 냉동식품 중 피자류·만두류·면류
④ 과자류 중 과자·캔디류·빙과류
⑤ 음료류
⑥ 레토르트 식품
⑦ 김치류 중 배추김치
⑧ 빵 또는 떡류 중 빵류·떡류
⑨ 코코아가공품 또는 초콜릿류 중 초콜릿류
⑩ 면류 중 국수·유탕면류
⑪ 특수용도식품
⑫ 즉석섭취·편의식품류 중 즉석섭취식품

5) HACCP Plan의 7가지 원칙

① 위해분석(Hazard Analysis) 및 위험평가 수행

인체의 건강을 위해할 우려가 있는 생물학적, 화학적, 물리적 인자를 분석 및 평가하는 것으로 어패류의 경우 생산, 어획, 채취단계에서부터 원재료의 보존, 처리, 제조, 가공, 조리를 거쳐 제품의 보존, 유통단계를 지나 최종적으로 소비할 때까지 각 단계에서 발생할 가능성이 있는 잠재적, 실제적 위해의 확인과 각 위해에 대한 위해도 평가를 실시한다.

② 중요관리점(Critical Control Point : CCP)의 결정

각 단계에서 존재하거나 발생할 수 있는 잠재적, 실제적 위해를 제거하거나 기준치 이하로 감소시킬 수 있는 관리점을 설정한다.

③ 각 CCP에 대한 관리기준 설정

각 중요관리점에서 위해를 관리하기 위하여 적용하는 각 위해에 대한 기준치로 가열처리식품의 경우 식품위생안전 확보에 필요한 열처리의 온도 및 시간, 그리고 건조식품의 경우 위해요소 발생저지에 필요한 수분활성의 정도 등이 포함될 수 있다.

④ 각 CCP에 대한 모니터링

중요관리점에서 허용한계기준 부합을 위한 운영조건이 적절히 이행되고 있는지를 감시하는 방법을 구체적으로 설정한다.

⑤ CCP 기준에서 벗어날 경우에 취할 개선조치 설정

중요관리점에서 허용한계기준이 준수되지 않았을 경우 취하여야 할 시정조치에 대한 이행 계획을 설정한다.

⑥ 기록유지(Record Keeping) 방법의 설정

HACCP 시스템 이행기록을 문서화하는 단계로서 HACCP 계획의 수립 및 이행에서 발생한 각종 기록은 반드시 문서화하여 일정기간 유지하여야 한다.

⑦ 확인절차 설정

확인절차는 제조업자나 감독관리기관에 의해 독립적으로 될 수 있게 하여 HACCP제도가 올바르게 행하여지고 있는지를 확인될 수 있도록 설정되어야 한다. 모니터링 및 감사방법, 무작위 시료채취 및 분석을 포함하는 방법, 검사 등을 사용할 수 있다. 확인과정은 서류상 기록의 검토, 미생물학적, 화학적, 물리적 감사, 관리기준의 부적합에 따른 개선조치, 폐기조치의 재검토, 설정된 관리기준의 적합성 확인 등이다.

3. 종사원의 위생

1) 보건위생

보건이란 신체적으로나 정신적으로 건강한 상태를 유지하는 것을 말하며, 보건관리란 기업이 근로자의 심신의 건강을 보호하고 증진하기 위하여 질병 또는 그 원인에 대하여 예방조치를 강구하거나 질병을 막아내도록 그 대책을 강구하는 활동이다.

2) 청결

① 머리

긴 머리는 뒤로 올려 묶거나 머리그물 또는 모자를 쓰도록 한다. 스프레이나 젤을 이용해서 항상 단정한 모습으로 작업에 임해야 하며 식음료를 다루는 업장이나 주방에서는 특히 머리카락이 흘러내리거나 음식에 떨어지지 않도록 해야 한다.

② 목욕

피부는 세포 증식이 발생하기 쉽고 더러운 피부는 고객을 불쾌하게 하므로 민감한 관리를 해야 한다. 은은한 향수의 사용도 무방하나 향이 너무 강한 향수는 불쾌감을 줄 수 있으므로 피해야 한다.

③ 손씻기

개인 위생의 가장 중요한 요소는 손을 자주 깨끗하게 씻는 것이다. 더러운 손은 오염물질이나 세균을 옮기는 데 결정적인 역할을 한다. 손과 팔을 씻을 때는 비누 거품을 충분히 내어 꼼꼼히 문질러 닦고 미지근하고 깨끗한 물로 헹궈내도록 한다.

④ 손씻기 요령

　㉮ 비누를 손에 묻혀 20초간 비벼 씻는다.
　㉯ 손톱솔을 이용하여 손톱 밑부분의 이물 및 때를 제거한다.
　㉰ 흐르는 물에 비눗기를 완전히 제거한다.
　㉱ 액상 비누액에 손목까지 넣어 비비지 않고 손끝을 펴서 30초간 담근다.
　㉲ 페이퍼 타월로 수분을 제거하고 주변의 물기를 닦는다.
　㉳ 사용한 페이퍼 타월을 휴지통에 버린다.

⑤ 손톱관리

더러운 손톱, 긴 손톱은 세균의 서식처가 되므로 적절한 길이로 깨끗하게 잘 정리하여야 한다. 부득이 매니큐어를 할 경우 가능한 투명한 색으로 해야 한다.

⑥ 외상

손에 생긴 자상이나 찰과상과 같은 상처는 여러 사람에게 외관상 나쁜 인상을 주고 위생상 세균에 오염될 수 있으므로 주의해야 한다.

⑦ 흡연과 껌

흡연은 식품 취급 시설에서는 일체 허용되지 않는다. 식품의 준비, 조리, 저장, 급·배식의 과정에서 뿐 아니라 식품 취급기구의 준비실이나 세정시설에서도 담배를 피워서는 안 된다. 껌을 씹는 것도 또 다른 오염원이 될 수 있고, 씹는 사람의 습관에 따라 입을 벌리고 소리를 낸다거나 손으로 만지는 행위는 직접 또는 간접적으로 식품을 오염시킬 수 있다.

4. 위생과 안전의 능력단위별 핵심체크

1) 위생 및 안전 지침 결정하기

① 위생 및 안전에 있어서 위험을 파악하고 평가할 수 있다.
② 파악된 위험을 관리하기 위한 결정적 관리 시점을 확인, 결정할 수 있다.
③ 경영 및 사회 환경, 작업량 등을 감안하여 위생 및 안전관리의 수준과 이를 위한 구체적인 행동 지침을 도출할 수 있다.

④ 위생 및 안전 지침의 결정과 실행을 위한 사항을 경영자 등과 협의할 수 있다.

2) 위생 총괄하기

① 법률 기준 및 지침에 따라 작업장 위생을 점검 확인할 수 있다.
② 위생상의 미흡한 사항 및 규칙 위반을 지적하고 개선 방향을 지도할 수 있다.
③ 지침의 변경 등과 같은 변동 사항을 통지, 교육하고 그 반응을 확인할 수 있다.
④ 위생에 관련된 경영자 및 행정 당국의 보고, 점검, 확인에 대처할 수 있다.

3) 안전 총괄하기

① 법률 기준 및 지침에 따라 작업장 안전을 점검, 확인할 수 있다.
② 안전에 관련된 위험요소 및 규칙 위반을 지적하고 개선 방향을 지도할 수 있다.
③ 지침의 변경 등과 같은 변동 사항을 통지, 교육하고 그 반응을 확인할 수 있다.
④ 위생에 관련된 경영자 및 행정 당국의 보고, 점검, 확인에 대처할 수 있다.
⑤ 응급 상황이 발생했을 때, 응급조치를 취하고 인원을 통제할 수 있다.

제7장 고객 관리

  고객(Customer)이란 일반적 소비자의 개념을 뛰어넘는 의미를 가지고 있다. 고객이 없으면 기업과 서비스는 그 존재의 의미가 없어진다. 고객이란 단지 이익창출을 위한 판매 대상이란 인식에서 벗어나야 한다.
  즉, 고객관리는 고객만족(Vustomer Satisfaction)이 핵심이다.

1. 고객 관리의 능력단위별 핵심체크

  업장을 이용하는 고객과 적절한 관계를 유지하고, 문제 발생을 최소화하기 위하여 직·간접적으로 필요로 하는 능력

1) 고객응대하기

① 복장, 언행, 표정 등 바람직한 접객 태도를 갖출 수 있다.
② 긍정적이고 고객 지향적인 태도를 통해, 고객과 친밀감을 형성할 수 있다.
③ 다양한 형태의 주문에 친절하게 대응하고, 정확히 주문을 접수할 수 있다.

2) 고객과의 관계 유지하기

① 단골 고객의 기호, 특성을 파악하고 이를 접객, 조리 과정에 반영할 수 있다.
② 고객 요구에 대해서 예의를 잃지 않는 범위 내에서 대처할 수 있다.
③ 쿠폰, 회원제카드, 마일리지 등 판촉 도구와 기법을 활용할 수 있다.

3) 컴플레인(Complain) 대처하기

① 고객의 불만에 대해 고객 입장에서 대응할 수 있다.
② 감정적인 불만에 대해서 감정을 조절하며 응대할 수 있다.
③ 불만에 대한 보상에 대해 업장의 규칙과 기준을 준수하여 대응할 수 있다.
④ 고객의 유형을 파악하여, 자료화하고 대처 방침을 정할 수 있다.

2. 블랙컨슈머(Black Consumer) 대응

자기 자신의 욕심을 채우기 위해 사회적 통념을 벗어나 무조건적인 보상을 요구하는 고객이 늘어나고 있는데 이런 고객들을 일명 블랙컨슈머라고 부른다.

1) 사전적 의미

악성 및 부정을 뜻하는 Black과 소비자를 뜻하는 Consumer를 합성한 용어로 고의적으로 악성 불만을 제기하는 소비자

2) 경영적 의미

사업장 운영에 있어서 불가피하고 불가항력적 실수를 악용하여 영업의 지속성을 방해하며 신용훼손을 빌미로 해당 사업자를 위협하고 업무 진행 및 이미지를 실추시키고 금품을 요구하는 행위

3) 대응 요령

① 고객의 요구사항이나 불만사항을 경청하고 메모하여 블랙컨슈머인지 구별한다.
② 고객 안전을 확인하고 재발 방지의 약속과 함께 진심으로 사과한다.
③ 소비자의 피해에 대해서 보상을 받을 수 있음을 설명한다.
④ 식음료 업장 및 업계에 대한 피해보상 규정을 설명한다.

■ 고객 만족 서비스를 위한 10가지 법칙

① 고객을 먼저 알아보라.
② 첫인상을 좋게 하라.
③ 고객의 기대감을 충족시켜라.
④ 고객의 수고를 덜어 주어라
⑤ 고객의 의사 결정을 용이하게 하라.
⑥ 고객의 견해에 초점을 맞추어라.
⑦ 말없이 기다리는 고객의 시간 한계를 위반하지 마라.
⑧ 고객이 회상하고 싶어하는 추억을 만들어라.
⑨ 고객들은 기분 나쁜 경험을 더 오래 기억한다.
⑩ 고객이 빚지고 있다고 생각하게 만들어라.

4) 고객 충성도

고객 충성도란 특정서비스 제공자에 대하여 반복적인 구매 행동을 보이거나 특정서비스 제공자에 대해 긍정적 태도 경향을 보이는 정도를 말한다. 즉, 높은 고객충성도는 고객 만족의 실현으로 자사의 제품이나 서비스를 지속적으로 이용하도록 하여 고객 이탈을 방지하고 고객과의 관계를 높이는 결과를 가져온다.

5) 고객 불평처리

고객만족경영을 추구하려면 단순히 불만족한 고객이 자발적으로 불평, 불만을 이야기할 때까지 기다려서는 안 된다. 고객 불평 토로의 기회를 극대화시키기 위한 고객제안제도를 마련하거나 신속하게 고객의 불평을 처리할 수 있도록 종사원들의 교육 훈련 및 기타 노력을 강화시켜야 한다는 것이다.
미국 호텔 역사의 산증인인 호텔왕 스타틀러(Startler)는 호텔경영에서의 서비스의 개념을 한마디로 "고객은 항상 옳다(Guest is Always Right)"라고 정의하였다.

제 8 장 직원 관리

1. 채용

- 사람을 좋아하는 종사원을 고용한다.
- 열정이 있고 활기가 넘치고 재치있는 이들을 고용한다.
- 사람을 사랑하고 사교성이 있는 이들을 채용한다.

2. 가르칠 수 없는 것

　주문하는 법, 흘리지 않고 물을 따르는 법, 그리고 특별 메뉴를 매일같이 반복 준비하는 법은 가르칠 수 있다. 그러나 성실하고 진실한 성품, 고객을 편안하게 해주는 방법은 가르칠 수 없다. 이것은 타고난 기술이고 지원자의 성품에서 우러나오는 것이므로 훈련으로 되는 것이 아니다. 지원자의 경험 유무에 지나친 비중을 두지 말고 본질적인 사교술을 간과하지 않도록 주의한다.

3. 이직률

　외식업계는 유능한 종사원을 확보하기 어려운 산업분야의 하나이다. 높은 이직률은 종사원 뿐 만 아니라 고객에게도 좋은 일이 못된다. 이직률이 높기 때문에 늘 새로운 종사원들을 훈련시켜야 하므로 고객은 최고의 서비스를 받기가 어려우며 또한 종사원의 사기도 떨어질 수 있다. 높은 이직률을 보인다는 것은 이 문제를 해결하기 위한 연구, 조사가 필요함을 의미한다.

4. 직무분석

직무분석은 사업장의 효율적인 경영을 위해서 지휘계통의 규정을 정해 놓고 직급별로 고유한 업무의 책임과 권한을 주는 것이다.

5. 외식관리자의 역할

외식산업, 레스토랑, 카페 등의 사업은 서비스산업 중에서도 대표적인 노동집약적 산업이라 할 수 있다. 이는 인적 구성요소의 비중이 크고, 영업활동에 의존하기 때문이다. 고객을 직접 상대하기 때문에 경영자나 점포의 운영자, 관리자 등의 역할이 매우 중요하다.

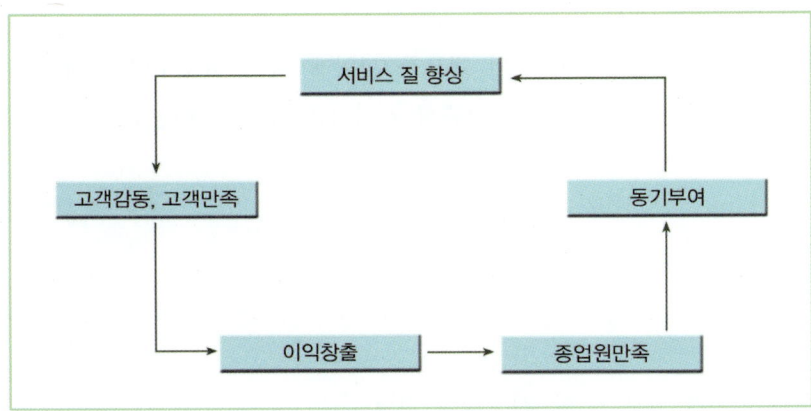

▲ 외식사업의 인적 피드백 관계도

6. 교육훈련

1) 관리자 교육훈련

이는 관리자로 하여금 일련의 계획적 방식을 통해 능력향상과 자기개발을 추구하도록 하는 관리자대상의 교육훈련을 말한다. 이러한 교육을 실시하는 목적은 관리자로 하여금 현대적인 감각을 바탕으로 하는 리더십을 함양하고 경영내외의 전체 상황을 통찰할 수 있는 능력을 갖추게 하기 위함이다.

2) 감독자 교육훈련

감독자 교육훈련은 계장, 주임 등과 같은 감독의 직위에 있는 사람을 대상으로 하는 훈

련이다. 이들에게는 지도, 통솔력의 향상과 더불어 관리에 관한 지식의 배양이나 향상을 목적으로 한다.

3) 일반사원 교육훈련

이 훈련의 목적은 조직 구성원으로서의 기초적인 마음가짐이나 장래 간부로서의 자질, 그리고 적극적이고 협력적인 사회인을 육성하는 것이다. 이들에 대한 적절한 교육훈련 계획을 채택하는 데 있어서는 이들이 조직의 목표 달성에 기여할 수 있도록 교육내용이 신중하게 구성되어야 한다.

4) 신입사원 교육훈련

신입사원에 대한 교육훈련은 조직의 개요를 파악케 하고 직무수행에 대한 정보제공과 조직과 부서가 기대하는 태도와 표준, 전통적 가치기준, 그리고 행동유형 등을 주입시키는 지속적인 과정을 목적으로 한다.

7. 교육훈련 방법

1) 강의

강사를 통한 이론적 정보, 지식, 사고방식 전달
- 장점 : 시간절약
- 단점 : 수동적 참여, 문제해결 능력부여 곤란

2) 주제토론

의사교환을 통한 결론도출
- 장점 : 적극적인 참여
- 단점 : 습득 곤란, 진도파악 곤란

3) 사례연구

실제 사례로 선정된 주제의 토론
- 장점 : 흥미, 동기유발, 적극적인 참여

- 단점 : 체계적인 원칙 습득 곤란, 진도파악 곤란, 사례입수 곤란

4) 시청각 교육

시청각 매체 이용
- 장점 : 인상강화, 흥미유발
- 단점 : 세부적인 지식과 기능습득에 부적합, 고경비 지출

5) 시범

시각적 관찰을 통한 실제 업무의 행동, 기술교육
- 장점 : 단순한 강의보다 분위기 변화 부여, 사실성, 흥미유발
- 단점 : 피교육자의 숙지도 파악 곤란

6) 현장실습

실행을 통한 정신적, 육체적 기술의 일대일 업무교육
- 장점 : 교육훈련 내용의 즉시 적용, 유연성 피드백 용이
- 단점 : 많은 시간 소요

7) 역할 연기법

상황재현 연기 및 피드백을 통한 교육
- 장점 : 공감대 형성효과
- 단점 : 주제 이탈상황 야기

8. 담당자별 역할

1) 음료지배인(Beverage Manager)

① 인사, 근무 스케줄 및 경영의 총괄적인 책임을 진다.
② 음료에 대한 충분한 지식으로 종사원들의 교육훈련을 담당한다.
③ 고객의 영접과 서비스 그리고 고객 관리에 만전을 기한다.
④ 표준 레시피(Recipe)를 준비하고 재고관리를 철저히 한다.

⑤ 위생점검을 매일 실시하여 청결을 유지하고 영업보고 및 재료사용 보고서를 작성 제출한다.
⑥ 가격조정과 원가 계산의 능력을 갖추어야 한다.
⑦ 식음료의 관리와 재고관리를 감독한다.
⑧ 영업 종료시 영업일지 및 인벤토리 시트(Inventory Sheet)를 작성하여 보고한다.

2) 캡틴(Captain)

① 지배인, 매니저를 보좌하며 부재시 임무를 대신한다.
② 담당구역의 영업 준비 상태를 점검한다.
③ 근무 편성표에 의한 직원 배치를 한다.
④ 고객에게 접객서비스시 정확한 주문과 서비스를 수행한다.
⑤ 판매하는 상품의 지식, 시간, 순서를 정확히 숙지해야 한다.
⑥ 음료가 제공된 후에 고객의 만족도를 체크한다.
⑦ 고객이 테이블을 떠난 후에 테이블을 정리한다.
⑧ 업장에서 필요한 매뉴얼, 긴급조치 사항을 항상 숙지한다.
⑨ 신입사원 교육을 담당한다.

3) 커피 바리스타(Barista)

① 음료 및 커피에 대한 전문적인 상식을 가지고 고객에게 추천 판매한다.
② 상품의 진열과 재료의 재고를 점검 및 관리한다.
③ 각 재료를 오더하고 창고에 재고를 숙지하고 있어야 한다.
④ 주문 받은 음료를 신속히 만들어 정확히, 정중하게 제공한다.
⑤ 업장 서비스와 규정을 숙지하고 있어야 한다.
⑥ 새로운 메뉴 개발 능력과 서비스 능력을 향상시켜야 한다.
⑦ 위생을 철저히 하고 재료의 유통기간을 꼭 확인 후 메뉴를 만든다.

제9장 조세 관리

1. 부가가치세

부가가치세란 사업이나 영업을 하는 사람들이 물건을 사서 팔거나 서비스를 제공하는 과정에서 부가된 가치(이윤)에 대해 부과되는 세금이다. 그러나 실제로 사업자는 물건 값에 부가가치세를 포함하여 팔기 때문에 실지 세금은 소비자가 부담하는 것이며, 사업자는 소비자가 부담한 세금을 잠시 보관했다가 국가에 내는 것에 지나지 않는다. 이처럼 세금을 실지로 부담하는 사람과 국가에 직접 납부하는 사람이 다른 세금을 간접세라 하며 부가가치세는 간접세의 대표적인 세금이다.

부가가치세의 납부세액은 매출액에 10% 세율을 곱한 매출세액에서 매입액에 10%를 곱한 매입세액을 차감하여 계산하는데 이것은 전단계세액공제법이라고 한다.

- 납부세액 = 매출세액 − 매입세액

2. 소득세

소득세는 개인이 얻은 수입 중에서 그 수입을 얻기 위해 지출한 비용을 공제한 순 소득에 대하여 부과하는 세금이다. 소득세는 개인의 소득을 과세대상으로 하여 조세가 부과되고 법인세는 법인의 소득을 과세대상으로 하여 조세가 부과된다.

따라서 소득세와 법인세는 소득을 과세대상으로 한다는 점에서 동일하다. 여기서 소득이란 일정기간 특정인에게 귀속되었거나 귀속될 것이 확정된 경제적 이익이라고 말할 수 있다.

우리나라 소득세 제도의 특징

1. 종합과세를 원칙으로 하고 있다.

2. 열거주의(이자소득, 배당소득, 연금소득의 경우 유형별 포괄주의) 과세방식을 채택하고 있다.

- 소득세법에 열거하고 있는 소득에 대하여만 과세할 수 있다. 따라서 소득세를 과세하기 위해서는 소득세법에 과세할 수 있는 소득을 열거하여야 한다는 것이다.

3. 인적 공제제도를 채택하고 있다.

- 소득자의 인적인 구성요건을 고려하여 개인의 소득에서 공제하여 주는 제도이다.

4. 개인별 과세를 원칙으로 하고 있다.

- 각 개인이 얻는 소득을 개인별로 합산하여 과세하고 있다. 소득세의 과세단위로 개인, 부부, 세대로 구분할 수 있으며, 이자소득, 배당소득, 부동산임대소득 등의 자산소득에 대하여는 부부의 소득을 합산하여 과세하는 자산소득 합산과세방식을 예외적으로 채택하고 있다.

5. 주소지 과세를 원칙으로 하고 있다.

- 소득세는 개인의 주소지에서 과세하는 것을 원칙으로 하고 있다. 그러나 소득세를 포탈할 우려가 있다고 인정되는 경우에는 소득 발생지에서 과세하는 것을 예외적으로 채택하고 있다.

적중 예상 문제

01. 구매 관리의 핵심내용이 아닌 것은?
1) 적정 구매량의 결정
2) 최적 재료의 구입(품질)
3) 구매가격의 관리
4) 변질, 부패관리
5) 공급자의 선정(안정적 물량 수급)

02. 식음료 재료의 저장 관리 중 가장 오래된 재료들을 우선적으로 사용하는 방법을 무엇이라 하는가?
1) 선입선출법(FIFO)
2) 후입선출법(LIFO)
3) 개별법(SIM)
4) 최종 취득원가법(LPPM)
5) 감가상각법

03. 식음료 재료의 저장 관리 기록보관의 내용에 해당하지 않는 것은?
1) 적정재고 유지
2) 과잉 저장 확인
3) 변질, 부패관리
4) 적합한 출고 절차 준수
5) 후입선출 방법이행

04. 분말형태의 커피 신선도를 장시간 보존하는 방법으로 가장 일반적으로 사용되는 포장방식은?
1) 원웨이 포장
2) 진공포장
3) 질소포장
4) 지퍼팩 포장
5) 밸브 포장

05. 식품의 위해요소 분석내용에 해당하지 않는 것은?

1) 전처리 조리단계
2) 재료의 구매와 저장
3) 후처리 단계 및 보관
4) 식음료 재료의 주문
5) 원재료와 음식의 구분

06. 산소와 수분이 만날 수 없도록 최대한 차단시켜 지방산화를 지연시키는 데 효과가 큰 포장 방법은?

1) 지퍼팩 포장
2) 밸브 포장
3) 질소 포장
4) 원웨이 포장
5) 가스 치환 포장

07. HACCP의 적용대상 품목이 아닌 것은?

1) 어묵류
2) 만두류
3) 견과류
4) 레토르트 식품
5) 특수용도 식품

08. 손씻기 요령의 내용 중 틀린 것은?

1) 액상 비누액에 손목까지 넣어 비비고 손끝을 오므려서 10초간 담근다.
2) 비누를 손에 묻혀 20초간 비벼 씻는다.
3) 사용한 페이퍼 타월을 휴지통에 버린다.
4) 흐르는 물에 비눗기를 완전히 제거한다.
5) 손톱솔을 이용하여 손톱 밑 부분의 이물질을 제거한다.

09. 사회적 통념을 벗어나 무조건적인 보상을 요구하는 고객을 무엇이라 하는가?

1) 화이트컨슈머
2) 스마트컨슈머
3) 콘크리트컨슈머
4) 그린컨슈머
5) 블랙컨슈머

10. 고객만족 서비스를 위한 10가지 법칙에 해당하지 않는 것은?
   1) 고객들은 기분 좋은 경험을 더 오래 기억한다.
   2) 고객에게 빚지고 있다고 생각하라.
   3) 고객을 먼저 알아보라.
   4) 고객의 수고를 덜어 주어라.
   5) 고객의 의견에 초점을 맞추어라.

11. 외식업의 일반적인 교육훈련 내용이 아닌 것은?
   1) 관리자 교육훈련
   2) 감독자 교육훈련
   3) 일반사원 교육훈련
   4) 파트타이머 교육훈련
   5) 신입사원 교육훈련

12. 시각적 관찰을 통한 실제 업무의 행동, 기술교육을 하는 교육훈련 방법은?
   1) 강의
   2) 사례연구
   3) 시청각 교육
   4) 시범
   5) 현장 실습

13. 실행을 통한 정신적, 육체적 기술의 일대일 업무교육에 관한 교육훈련 방법은?
   1) 시범
   2) 사례연구
   3) 현장실습
   4) 역할 연기법
   5) 주제 토론

14. 메뉴를 볼 때 고객의 관점이 아닌 것은?
   1) 현재 트렌드
   2) 영양적 요구
   3) 습관
   4) 감각적 속성
   5) 예산

15. 메뉴계획시 관리자의 관점이 아닌 것은?

1) 영양적 요구
2) 종업원의 기능
3) 예산
4) 식음료 재료공급조건
5) 최대 이윤

16. 메뉴개발의 요인이 아닌 것은?

1) 매출과 시장점유율 성장
2) 세계화
3) 경쟁자의 행동
4) 규제의 완화
5) 고객의 욕구

17. 상권에 영향을 주는 요인 중 외부적인 요인은?

1) 주변지역의 개발
2) 관리요인
3) 시설요인
4) 주차장 유무
5) 휴식공간 유무

18. 사업계획서의 일반적인 사항이 아닌 것은?

1) 사업의 기본개념
2) 진출희망 시장
3) 소요자금
4) 창업주의 자산
5) 마케팅 전략

19. 프랜차이즈의 관련 내용이 아닌 것은?

1) 위생적인 컨셉의 매장
2) 유통구조의 개선
3) 소비자들의 다양한 외식기호 성향
4) 손쉬운 가맹본부 설립요건
5) 점포의 다운사이징

20. 경영자가 익혀야 할 점포관리기술 중 점장직무용은?
1) 매출 및 원가 관리
2) 조리기술
3) 고객불만 처리기술
4) 위생관련 지식과 기술
5) 상품의 진열과 재고 점검

21. 프랜차이즈의 성공요건이 아닌 것은?
1) 자기가 즐거워하는 사업
2) 가족이 함께하는 사업
3) 끊임없는 메뉴개발
4) 가맹본사의 끊임없는 간섭
5) CEO의 마인드

22. 근무시간 계정제의 장점이 아닌 것은?
1) 계정운영에 따르는 행정비용 발생
2) 초과근무수당 등 인건비 절약
3) 근로시간에 대한 결정권한 증가
4) 평생근무시간 설계의 자율성 증가
5) 노동 유연화의 주요 수단

23. 휴게시간의 길이는 직무의 특성에 따라 다소 차이가 있겠지만 작업시간 전체의 몇 %가 적당한가?
1) 0~4%
2) 5~10%
3) 11~15%
4) 16~20%
5) 21~25%

24. 성과결정 요소에 속하지 않는 것은?
1) 능력
2) 모티베이션
3) 근무시간
4) 복리후생
5) 결과의 공유

25. 교대근무제의 장점은?
1) 근로자의 생리적 안정성
2) 낮은 생산성
3) 육체적 질병발생 가능성이 높다
4) 사회조직에서의 참여 곤란
5) 장비, 기계설비 등을 최대한 활용할 수 있다.

26. 공간 요소별 고려사항 중 외부공간에 해당되지 않는 것은?
1) 외관 디자인
2) 사인
3) 출입 공간
4) 사인의 조명
5) 테라스

27. 매뉴얼의 장점이 아닌 것은?
1) 원가절감 및 경제성
2) 효율적인 작업관리
3) 기술습득의 난점
4) 기업컨셉의 실현
5) 업무사고 방지

28. 교육훈련 매뉴얼이 아닌 것은?
1) 교육 커리큘럼
2) 평가시스템
3) 요구 분석
4) 교보재 개발
5) 고객 관리 매뉴얼

29. 상권의 영향요인 중에 외부적 요인이 아닌 것은?
1) 관리요인
2) 교통조건의 변화
3) 주변 지역의 개발
4) 경쟁요인
5) 인구 분포

30. 메뉴의 관리 관점의 고려사항이 아닌 것은?
   1) 원가와 수익성과의 함수관계
   2) 식음료 재료 구입의 용이성
   3) 수요의 변화
   4) 조리기구의 한계
   5) 단순성

31. 메뉴개발의 요인이 아닌 것은?
   1) 재무적 목표
   2) 매출과 시장점유율의 성장
   3) 경쟁자의 행동
   4) 국내화
   5) 라이프스타일 변화

32. 인력계획에 속하지 않는 것은?
   1) 인력개발
   2) 인력보상
   3) 인력유지
   4) 인력소모
   5) 지원시스템 개발

33. 기업의 인건비 지불능력에 대한 예측이 가장 중요한 것은?
   1) 인력확보
   2) 인력개발
   3) 인력보상
   4) 인력유지
   5) 지원시스템 개발

34. 종업원의 능력을 향상시키는 것은?
   1) 인력확보
   2) 인력개발
   3) 인력보상
   4) 인력유지
   5) 지원시스템 개발

35. 종업원의 성과창출능력을 정신적으로나 육체적으로 유지시키기 위해 수립되는 계획은?

1) 인력확보
2) 인력개발
3) 인력보상
4) 인력유지
5) 지원시스템 개발

정 답

01. ④ 02. ① 03. ⑤ 04. ② 05. ④ 06. ① 07. ③ 08. ① 09. ⑤ 10. ①
11. ④ 12. ④ 13. ③ 14. ⑤ 15. ① 16. ④ 17. ① 18. ④ 19. ⑤ 20. ①
21. ④ 22. ① 23. ② 24. ④ 25. ⑤ 26. ③ 27. ③ 28. ⑤ 29. ① 30. ⑤
31. ④ 32. ④ 33. ③ 34. ② 35. ④

고객서비스

커피바리스타에게 결핍된 부분을 충족하고 자격 취득 후 산업현장에서 곧바로 업무가 가능하도록 핸드드립, 기본메뉴(에스프레소/카푸치노), 카페메뉴(카페아메리카노, 카페마키아토, 라떼마끼아또, 카페라떼) 제작 능력과 매장관리, 위생 및 고객서비스 능력까지를 모두 검증할 수 있는 자격의 필요성을 느끼게 된 것이다.

제1장 식음료 산업

■ 식음료의 이해

　식음료는 음식(Food)과 음료(Beverage)를 포함하는 합성어로 고객의 식욕을 충족시켜 주는 수단으로 판매되는 상품을 말한다. 음식은 조리부서에서 만들어지는 각종 요리이고, 음료는 알코올성 주류와 비알코올성 음료 등을 말한다. 초기의 식음료 판매는 단지 재료를 조리하고 제공하는 개념이었으나 오늘날에는 음식이나 음료를 제공하는 것 이외에 고객의 욕구 충족 및 부가적인 서비스와 즐거움을 함께 줄 수 있는 오락적인 기능까지 제공하게 된다. 따라서 식음료 분야의 성공적인 요소는 환경(Good Environment), 서비스(Good Friendly Service), 음식과 음료 (Good Food and Beverage), 가치(Good Value), 경영관리(Good Management Control) 등을 들 수 있으며, 이는 식음료 영업의 합리적인 운영을 통해 수익을 증대시킬 수 있는 기본 요소이기도 하다.
　그러므로 고객에게 적정 수준의 식음료 서비스를 제공하고 다른 업체보다 더 경쟁력 있는 혜택을 제공함으로써 수익 창출을 위한 효과적이며 효율적인 기능을 수행하여야 한다.

1. 식음료 산업의 특징

　환대산업에 있어서 식음료 업장이 차지하는 비중이 점진적으로 증가하고 있으나 경쟁업체의 증가와 고객들의 식생활 수준의 격상에 따라서 식음료경영은 뛰어난 시설과 설비, 최고 수준의 조리능력, 서비스 수준을 유지하지 못할 때 곤란한 상태에 봉착하게 된다.
　일반 제조업과는 달리 고객과 종사원 사이의 인간적 요소를 많이 내포하고 있는 기본적인 특징을 감안하여 생산과 판매로 구분한 후 식음료 산업의 특징을 살펴보면 다음과 같다.

1) 생산관리 면에서의 특징

① 주문 생산

식음료 산업은 수많은 메뉴를 소량으로 주문받는 즉시 최단시간에 생산(조리)하여 판매해야 하는 업으로서, 다루어지는 식음료 메뉴는 각 영업장마다 다양한 메뉴와 소요재료의 종류도 너무 다양하다.

② 표준화 생산이 불가능

각기 다른 고객의 성향 및 기호에 따른 주문 즉시 생산하는 체제로, 일반 공산품처럼 기계에 의한 자동화·표준화된 생산이 어렵다.

③ 대량 생산 곤란

고객이 찾아와서 주문을 해야만 비로소 생산이 이루어지므로 계획생산이 어렵다. 물론 오늘날 과거의 영업실적 분석과 경험에 의한 통계적 접근으로 어느 정도의 수요예측은 가능하게 되었으나, 다양한 고객의 식문화 욕구라는 불확실성을 내포하고 있기 때문에 정확한 계획생산의 어려움이 있다.

④ 높은 인적 의존도

식음료 산업은 고도의 노동집약적 산업이다. 특히 스스로 찾아오는 고객에게 완벽한 인적 서비스를 실행하고, 고정고객 및 잠재고객 확충으로 확대될 수 있기 때문에 더욱 노동집약적일 수밖에 없다.

⑤ 모방이 용이

메뉴의 모방이 쉬워 독자적인 메뉴개발을 위해 연구·개발하는 풍토의 정립이 어렵다.

2) 판매관리 면에서의 특징

① 생산과 판매의 동시성

일반 공산품처럼 소비자에게 찾아가는 단계적 유통구조(제조사 → 도매업자 → 소매업자 → 소비자)는 없고, 고객이 스스로 식음료업장으로 찾아와야만 생산 및 판매가 이루어지는 시설의 고정성 때문에, 고객에게 의존된 수동적 경영이 이루어질 수밖에 없다. 따라서 제한된 장소에서 제한된 좌석만의 판매가 이루어지므로 '입지(Location)에 따른 접근성'이 식음료 산업 성공의 가장 핵심적인 요소로 간주된다. 그러나 입지에 따른 비용발생 부담도 고려해야만 하는데, 요즘은 한정된 포화상권에서의 밀집된 점포확산으로 기대수익 달성이 어려워지는 만큼 높은 지가 및 임차료비용에 대한 적정 공간 규모의 면적 효율을 고려한 임차비용 절감 노력이 중요하다.

② 물리적 환경

식음료 시설의 고정성으로 시설 자체의 매력도 중요하다. 식음료 업장은 아무리 요리의 맛과 인적 서비스의 질이 뛰어나도 빈약한 시설과 비위생적인 환경으로는 성공할 수 없다. 물적 서비스 항목인 업장의 규모, 구조, 주차장, 내부 인테리어, 테이블 및 의자의 레이아웃, 분위기 등이 고객 유인의 중요한 동기가 된다.

③ 비저장성

식음료는 주문과 생산이 동시에 일어나는 특성을 가지고 있어 저장판매가 불가능하기 때문에 정확한 수요예측이 요구된다. 따라서 매출증대를 위해서는 다점포 전략을 구성해야 하며, 이 경우 체인, 프랜차이즈 등의 경영형태가 도움이 될 수 있다.

④ 고부가가치 상품

비슷한 재료의 음식도 물적·인적 서비스의 형태에 따라 높은 부가가치를 올릴 수 있다. 그러므로 물적 서비스 확충과 인적 서비스 교육에 많은 노력을 기울여야 한다.

⑤ 인적 서비스

식음료는 인적 서비스에 의해 상품이 고객에게 전달되는 것이므로 고객에 대한 정성과 친절 등 인적 서비스는 식음료 경영의 핵심 요소인 것이다.(이질성 : 서비스는 전달하는 사람의 숙련도와 전문성, 서비스를 제공받는 고객, 시간 및 장소, 환경 등에 따라 내용이나 질이 달라진다)

⑥ 시간적인 제약

제한된 시간에 어떻게 하면 효과적으로 많은 고객에게 많은 매출을 올릴 수 있는가가 경영관리의 핵심사항이다. 주문생산 체제하에서는 신속·정확한 서비스 제공이 추가 이익창출의 기회를 가져온다.

⑦ 메뉴에 의해 판매

식음료 상품은 메뉴에서 시작해서 메뉴로 끝난다고 할 수 있다. 전적으로 다품종 소량 주문생산 체제에 의존하는 식음료경영 특성상 무수한 주문고객의 다양한 욕구 및 기호를 최대한 반영하여 만족도를 높임과 동시에 기업경영의 목표이익을 달성하기 위한 효율적인 도구가 바로 메뉴이다. 즉, 고객이 중요하게 생각하는 가격, 품질, 적절한 분

량, 서비스 방법 및 수준, 분위기 등을 고려하여 고객만족도를 높이면서도 동시에 기업 목표인 이익을 달성하여 기업만족을 실현하는 것은 바로 메뉴에 의해 이루어진다는 것이다.

2. 식음료 종사자의 자세

식음료에 근무하는 종사원은 깨끗하고 예의 바르며 용모 단정함은 물론 종사원이 갖추어야 할 모든 지식을 숙지함으로써 맡은 바 업무를 수행하는 데 차질이 없어야 한다. 다음에 열거하는 사항은 종사원이 갖추어야 할 기본적인 정신이다.

1) 봉사성(Service)

서비스란 가장 일반적인 용어이면서도 실천하기 어려운 용어라 할 수 있다. 여기서 말하는 서비스란, 고객에게 부담을 주지 않는 진심에서 우러나오는 서비스이어야 한다. 식음료에 관련된 시설이 아무리 훌륭하고 뛰어나다고 하더라도 그 곳에서 일하는 종사원의 봉사정신이 결여된 상태에서 사무적이고 기계적인 서비스를 제공한다면 훌륭한 시설들은 빛을 잃고 말 것이다.

2) 능률성(Efficiency)

식음료관련 종사자들은 모든 업무를 항상 고객의 욕구와 니즈(needs) 예측을 통해서 수행하고, 가장 효율적인 업무를 하기 위해서는 모든 업무를 피동적이 아닌 능동적으로 처리함으로써 매사에 능률을 올릴 수 있도록 하여야 한다.

고객에 대한 인사에서부터 모든 서비스에 이르기까지 각자의 업무가 능동적으로 이루어져야 함은 물론 정확한 업무를 파악하여 매사에 적극적으로 임함으로써 같은 시간 내에 이루어질 수 있는 일의 능률을 향상시켜야 한다.

3) 경제성(Economy)

경제성이란 모든 사업에 있어서의 큰 과제이다. 특히 식음료 영업장에서의 장비 및 기물은 소모성이 많기 때문에 종사원 모두의 절약정신이 매우 필요하다. 즉, 전기, 수도, 커트러리(Cutlery), 린넨류 등의 낭비를 막고, 차이나웨어, 글라스웨어 등 모든 기물류의 파손을 최소한으로 줄이고, 재료의 손실을 최소화하여 경비를 절약하고 이익의 증대를 기해야 한다.

4) 정직성(Honesty)

식음료 영업장은 수많은 불특정 다수의 고객을 상대로 영업을 하며 또한, 많은 사람들이 모여서 생활을 하는 곳이기 때문에 많은 일이 발생할 수가 있다. 따라서 회사와 종사원, 고객과 서로 믿고 협동하는 원만한 협조체제를 형성하여 서로 신뢰하는 관계로서 업무에 임하여야 진정한 서비스 전문가가 될 수 있으며 영업신장과 아울러 양자가 모두 지속적인 발전이 이루어질 수 있다.

5) 환대성(Hospitality)

서비스 분야에서 근무하는 종사원은 다른 분야에서 종사하는 사람들보다 환대정신이 투철하여야 한다. 고객이 입장하면 정중히 인사를 하고 미소 띤 얼굴로 테이블까지 안내하며, 고객이 떠날 때는 다시 찾아올 수 있도록 따뜻하게 인사해야 한다.

식음료 영업장에서는 불평이 많이 발생하기 쉬우나 친절한 사람에게는 화를 낼 수 없듯이 종사원이 혹 실수를 하더라도 고객에게 정중히 사과하고 이해시켜 즐거운 시간을 보낼 수 있도록 유도하여야 한다. 좀 더 좋은 인상과 호감을 주어 고객들이 다시 찾도록 하는 환대성을 잃어서는 안 될 것이다.

6) 위생적인 청결성(Sanitation)

식음료 영업장에서 접객 직무에 종사하는 경우 위생을 철저히 준수해야 할 것이며, 이것은 곧 공중적인 보건과 사회의 안녕에 직결되는 사항이기 때문에 무엇보다 중요하다.

3. 식음료 산업의 문제점

총 매출액 20조 원을 넘는 국내의 식음료 산업은 업장 규모가 100㎡(약 30평) 미만인 영세 군소업체가 주종을 이루고 있다. 그리고 개인경영의 형태가 많아 관리 시스템의 체계화가 부족한 것이 중요 문제로 부각되고 있다. 국내 식음료 산업의 문제점을 몇 가지 요인으로 나누어서 간략하게 살펴보면 다음과 같다.

1) 경영자의 인식 부족

식음료 산업이 경영관리적 측면에서 접근하지 못하면 해외 식음료업체와 경쟁할 수 없다. 따라서 맛에만 주력하거나, 프랜차이즈 형태로 개업하면 쉽게 경영할 수 있다고 믿는 경우가 많다. 이러한 직업적 장인정신의 결여로 식음료 산업의 수명주기가 짧다. 식음료에 관한 지식을 배우는 것을 게을리 하고 투자한 자본만 회수하는 것에 급급하다면 한국 식음료 산업의 전망은 밝지 못할 것이다.

2) 종사원의 직업관 결여

식음료 산업에 종사하는 사람들의 특징이 이직률이 높고 그 분야에서 전문적으로 일하겠다는 의지가 약한 것이 사실이다. 종사원의 직업의식이 희박하면 진정한 서비스가 나올 수 없다. 식음료 산업은 서비스업이므로 경영자는 종사원에 대한 교육훈련을 강화하는 것이 필요하다.

3) 과도한 경쟁

우리나라 식음료 산업의 상당수가 종사원 수 4명 이하이거나 가족이 종사원인 경우가 많다. 충분한 자금이 없어도 이 사업을 할 수 있다는 인식으로 인해 창업자는 쉽게 식음료 산업에 진입하고 있는 경우가 많아 경쟁이 치열해지고 질이 낮은 식음료업장도 많이 등장한다.

4) 다국적 식음료 기업의 국내 진출

외국계 식음료 산업이 1988년 이후 레스토랑과 1999년 카페가 국내에 상륙 러시를 이루면서 한국인의 입맛을 서구화하고 있다. 또한 이들은 무엇보다 막강한 자금력과 경영 노하우, 인테리어 디자인이나 분위기 및 서비스 질 등으로 국내 식음료 산업을 크게 위협하고 있다.

5) 체인본부의 관리 불성실

프랜차이즈가 외식산업을 발전시키는 촉진제 역할을 한 것은 부인할 수 없는 사실이다. 그러나 일부 프랜차이즈 본부는 특별한 관리 노하우 없이 이름만 내걸고 영세 외식업을 묶어 놓는 경우가 있다. 또 다른 경우는 맛에 명성이 쌓인 후 체인점이 증가하였으나 초기의 맛을 잃어 고객들이 외면하는 경우도 있다.

4. 식음료 산업의 과제

1) 전문가적 의식교육

식음료 산업이 식품제조 및 판매를 동시에 하는 복합 산업으로서 경영에 관한 지식이 풍부해야 함에도 불구하고 경영의 지식이 부족해 운영에 관한 문제가 대두되고 있다. 또한 종사자들로 하여금 전문적 장인 정신과 서비스 정신을 갖게 하는 교육이 필요하다. 따라서 이러한 교육을 전문으로 하는 기관을 늘리는 것이 시급한데 미국의 경우 미국식당협회가 교재 및 교육용 비디오 발간, 경영 기법 개발, 각종 통계지표 발표 등을 통해 회원기업의 길잡이 역할을 하고 있다.

2) 한국음식의 세계화

한국음식은 여러 가지 면에서 우수성을 인정받고 있으며, 외국인도 한 번 시식을 하면 호감을 갖게 되는 강점이 있다. 따라서 이것을 세계적 브랜드로 육성시켜 가치를 높이는 노력을 하는 것이 필요하다. 더불어 외국인에게 친숙한 맛으로 한국의 전통음식을 재개발한다면 한국외식산업은 전망이 좋은 분야라고 할 수 있다.

3) 선진 경영 기법의 개발

과거에 하던 주먹구구식 운영으로는 경쟁체제에서 살아남기 어렵다. 소비자의 권리 의식이 높아지고 고급화되면서 체계적인 경영관리 기법을 개발해 나가지 않으면 여전히 외국계 식음료업체에 자리를 내줄 수밖에 없는 것이다. 음식의 품질에 대한 애착을 가지고 지속적으로 연구·개발하고 마케팅 기법을 도입하여 소비자의 만족을 위해 노력하는 것만이 성공할 수 있는 길임을 깨달아야 한다.

4) 기능성 건강식 개발

피자가 맛이 있으나 성인병에 대한 우려가 있자, 샐러드 등 채소, 과일을 주로 다루는 업체가 생기는 것처럼, 앞으로는 먹거리를 통해 건강을 추구하는 경향이 높아지게 될 것이다. 더 나아가 먹거리를 통해 질병을 치료하는 적극적 기능식품의 개발에도 투자가 이루어져야 할 것이다.

제 2 장 서비스란

서비스란 우리말로는 봉사, 접대, 근무, 용역으로 해석하고 있다. 다시 말하면 타인에게 친절하고 정중히 대하는 것과 국가 및 사회와 타인을 위한 봉사를 뜻하는 것이며, 상업적으로는 상품판매와 같은 사업을 위한 수단이나 용역활동을 의미한다.

Service는 라틴어로 Servus, 즉 Servant로 종, 하인이라고 말하는데 과거에는 절대적 복종, 희생을 의미했으며 현재는 만족적인 개념으로써 봉사하는 것을 의미한다.

1. 카페에서의 서비스

카페에서의 서비스는 단순한 봉사활동으로서의 개념이 아니라 그 자체가 무형의 상품으로 간주되며, 서비스라고 하는 상품을 팔고 있는 것이기 때문에 내면적이고 성실한 서비스정신의 발휘가 필요한 것이다.

이 서비스가 수요자인 고객에게 공급되는 것을 서비스의 제공 혹은 서비스 활동이라 한다. 서비스 제공자의 고객에 대한 인간관계는 다음과 같다.

- 고객의 성격 및 개성을 빨리 파악하는 것이 매우 중요하다.
- 서비스는 한계가 없으며, 충분하다고 생각되는 것도 받는 사람에 따라 차이가 생긴다. 그러므로 언제나 차별화된 서비스는 장소와 때에 맞게 해야 하며, 서비스 제공자는 인내심을 가지고 사교성과 성실성을 갖춘 정중한 서비스를 할 수 있는 자질과 인격을 갖춘 종사자가 더욱 요구되고 있다.

따라서 다음 사항들은 서비스 업무에 임하는 자세에 과오가 발생하지 않도록 경계해야 할 사항들이라고 볼 수 있다.

① 종사자의 오만하고 불친절한 태도
② 종사자의 상품에 대한 무지
③ 종사자의 느린 서비스 태도
④ 종사자의 불결한 복장
⑤ 종사자의 접객용어 사용이 부족한 경우
⑥ 불완전한 집기, 비품의 사용
⑦ 고객에 대해 언행을 함부로 하는 행위
⑧ 주문받은 카페 상품에 대해 착오가 발생한 경우

1) 고객이란 어떤 존재인가?

고객은 카페내외에서 물적, 인적 서비스에 대한 과정과 결과를 사용하고 평가하는 사람이다.

① 고객은 우리 카페, 나아가 모든 카페의 생명의 본체이다.
② 고객이 우리에게 의존하는 것이 아니라 우리가 그들에게 의존하는 것이다.
③ 고객은 우리 카페의 목적 그 자체이며, 그들 없이 우리는 아무것도 할 일이 없는 것이다.
④ 고객은 우리의 상품을 구매하며 호의를 베푸는 것이다. 따라서 고객이 필요로 하는 것(Needs)과 원하는 것(Wants)을 채워주는 것이 우리가 할 일이며 의무인 것이다.
⑤ 고객은 우리에게서 만족을 느끼지 못할 때 언제든지 떠날 준비가 되어 있다.
⑥ 고객은 우리가 최선을 다해서 노력할 때만 만족한다. 따라서 우리 사업의 성패는 끝까지 그들을 만족시키는 데 달려 있다.
⑦ 고객이 없는 카페는 존재할 수도 없으며, 우리사업은 영원히 없다는 것을 기억해야 한다.

2) 고객만족 4단계

- 1단계 : Make a Positive First Impression(호감가는 첫인상을 만들어라)
- 2단계 : Treat Guests As Individuals(고객 개개인의 입장에서 최선을 다하라)
- 3단계 : Exceed Guest Expectations(고객의 기대와 욕구를 초월하라)
- 4단계 : Check Guests Satisfactions(고객의 만족도를 확인하고 감사하라)

2. 접객원의 자격과 기본정신

1) 접객원의 자격

접객원은 카페손님을 접대하고 영접하는 사람을 말하며, 접객의 요체는 서비스이다.

카페의 인적 서비스는 사람이 주체가 되어 활동하는 서비스기능을 말하며, 고객영접 안내, 접객업무, 판매서비스, 고객의 편의를 위한 기능을 총칭한다.

고객에 관한 인간관계는 고객이 카페를 편하게 찾고 머무를 수 있게 해야 하는데, 그러기 위해서는 고객의 취향과 성격을 파악하고 만족감을 줄 수 있는 서비스 종사자의 기능을 충분히 발휘하여야 한다.

또한 접객원의 자격요건은 서비스 업무에 대한 흥미를 가지고 있으며 카페 업무에 헌신하는 사람이어야 한다. 따라서 접객원의 자격은 그의 업무에 애착심을 갖고 업무를 숙지해야 하고, 서비스를 실천해야 할 것이다.

접객포인트 - 'BEST 10'

① 항상 고객들에게 서비스할 준비가 완벽히 되어 있어야 한다.
② 미소 띤 얼굴을 해야 하며, 고객과 마주칠 때마다 인사를 한다.
③ 고객들의 이름을 기억하고 불러 주어야 한다.
④ 종업원은 고객을 먼저 알아보아야 한다.
⑤ 서비스는 신속하고 정확해야 하며, 동료간 또는 부서간의 팀웍을 강화하고 최고의 서비스를 위해 서로 협력해야 한다.
⑥ 항상 정직하게 대답하고 행동해야 한다.
⑦ 풍부한 상품지식을 갖도록 노력해야 한다.
⑧ 고객이 더욱 만족할 수 있도록 추가 서비스(Extra Service)를 제안한다.
⑨ 고객의 요구사항은 긍정적이고 적극적인 사고를 바탕으로 신속하게 해결한다.
⑩ 모든 고객을 '나의 고객'으로 대우하고, 열정과 사랑으로 대하면 그 고객은 분명히 영원한 고객이 될 것이다.

---

2) 접객원의 용모와 복장

고객에게 좋은 서비스를 제공하기 위해서는 깨끗하고 단정한 용모 및 복장이 필요하다. 용모에는 우선 깨끗하고 단정한 신체, 청결한 손과 손톱을 유지하며 단정한 두발상태 등이 갖추어져야 한다. 흔히 카페에서는 잘 지켜지지 않는 경우가 많은데 반드시 지켜서 카페의 깨끗한 이미지를 고객에게 심어주어 신뢰를 얻을 수 있도록 해야 할 것이다.

① 명찰
- 명찰은 복장규정의 일부이다.
- 항상 지정된 위치에 부착해야 하며, 실명인식으로 신뢰를 주도록 한다.
- 명찰이 분실 또는 훼손되었을 시 즉시 새 명찰로 교체한다.

② 남사원의 두발
- 뒷머리는 짧게 깎아서 와이셔츠 칼라 부분이 덮이지 않도록 한다.
- 옆머리는 귀를 덮지 않도록 하며 항상 단정하게 정돈하여야 한다.
- 머리에 무스 등을 바를 경우에는 냄새가 강한 것은 삼가도록 한다.

③ 남사원의 얼굴
- 수염은 깨끗이 면도하는 것을 권장하며 콧속 수염도 밖으로 나오지 않도록 잘라야 한다.
- 얼굴에는 상처가 없어야 하며 반창고를 붙이고 영업장에 나가서는 안된다.
- 지나치게 얼굴을 햇빛에 그을리거나 강한 화장품은 사용하지 않는다.

④ 여사원의 두발
- 단정한 헤어스타일을 해야 하며, 지나친 유행을 따르거나 다양한 염색은 삼가한다.
- 머리모양은 얼굴을 가려서는 안된다.
- 어깨를 넘는 긴 머리, 얼굴에 흘러내리는 머리는 핀이나 밴드를 사용하여 고정시킨다.

⑤ 여사원의 얼굴
- 화장은 밝고 자연스럽게 하며, 너무 진한 화장을 하지 않도록 한다.
- 눈화장(Eye Shadow, Eye Line)은 자연스런 색상이어야 하며 속눈썹을 달아서는 안된다.
- 립스틱(Lipstick)은 윤이 나거나 짙은 색의 립스틱보다 엷고 자연스런 색상을 사용한다.
- 향이 강한 향수나 화장품 사용을 최소화한다.

⑥ 액세서리
- 눈에 띄게 요란하게 치장하는 것은 허용되지 않는다.
- 목걸이, 귀걸이, 팔찌, 반지 등 유니폼 밖으로 보여지는 장신구는 너무 자극적이거나 주목을 끌어서는 안된다. 반지는 한손에 한 개, 귀걸이는 늘어져서는 안된다.

- 지나치게 고가의 시계나 장신구의 착용은 금한다.

⑦ 손톱

손톱은 단정하고 적당한 길이로 손질한다. 여성은 손톱 보호제를 사용할 때 투명한 손톱 보호제를 이용한다.

※ 손
- 손은 항상 깨끗이 씻어 청결을 유지하고, 상처가 난 손으로 서비스해서는 안된다.
- 근무 중에 손으로 코를 후비거나, 머리, 얼굴, 입 등을 만져서는 안된다.

⑧ 유니폼

- 유니폼을 착용한 상태로 영업장이나 손님이 사용하는 시설물 이용을 삼가한다.
- 모든 종업원은 복장규정을 지키고 규정에 따른 의복을 착용한다.
- 항상 청결하고 다림질이 잘된 것을 착용한다.
- 단추가 떨어지거나 바느질이 터진 곳이 없어야 하며, 얼룩진 제복을 입어서는 안된다.
- 착용 전 반드시 손질하여 먼지, 머리카락, 비듬 등이 묻어있어서는 안된다.

⑨ 구두

- 구두는 매일 손질하여 깨끗하고 광택이 나게 하여야 한다.
- 구두는 검정색을 신어야 하며 장식이 달린 구두를 허용해서는 안된다.
- 근무시간 내에 신발을 벗어서는 안된다.
- 여사원의 경우 굽이 너무 높거나 아주 낮은 구두를 신어서는 안 되며 앞이 터지거나 뒤축 끈이 없는 샌들을 신어서는 안된다.

⑩ 양말 및 스타킹

- 양말은 검정색 혹은 감색을 신어야 하며 흰색양말 착용은 안된다.
- 스타킹은 무늬가 없는 커피색 계통으로 착용하여야 한다.
- 유니폼 착용 시는 어떤 경우라도 양말이나 스타킹을 신어야 하며 줄이 나간 스타킹은 착용하지 않는다.

⑪ 기타

- 식사 후에는 반드시 양치질을 해야 하며 입 냄새가 있는 사람은 적절한 조치를 취해야 한다.
- 고객 앞에서 재채기, 기침, 딸국질 등을 하지 않도록 해야 한다.

3) 인사

인사는 예절의 기본이고 애사심의 발로이며, 인간관계의 시작이다. 또한 상사에게는 존경심의 표현이며 동료간에는 우애의 상징이고, 고객에는 서비스를 바탕으로 한 프로정신의 표현임과 동시에 자신의 인격과 교양을 밖으로 나타내는 행위이다. 그러므로 인사는 정성과 감사하는 마음으로 예절 바르고 정중하며 밝고 상냥하게 해야 한다.

참고로 인사의 요령과 실시방법은 다음과 같다.
① 고객과는 마주칠 때마다 인사를 한다.
② 인사시 허리를 굽혀 인사를 한다.
③ 적절한 인사말을 이용한 인사를 한다.
④ 고객과 Eye Contact하면서 인사를 한다.
⑤ 앉아서 근무하는 직원이라도 고객을 환영하고 환송할 시에는 반드시 서서 인사를 한 다음 앉아서 업무처리를 한다.
⑥ 고객이 올 때까지 기다리지 않고, 미소 지으며 고객에게 한두 발 다가서 인사한다.

구분/동작	최경례	보통절	반절	거수경례
인사의 속도	하나, 둘 - 구부림	하나 - 구부림	하나 - 구부림	하나 - 올림
	셋 - 멈춤	둘 - 멈춤	둘 - 폄	둘 - 내림
	넷, 다섯 - 폄	셋 - 폄		
인사의 각도	45°	30°	20°	
시선	발 1m전방	발 2m전방	발 5~6m전방	상대방(전방)
양손의 위치	남자 : 왼손으로 오른손을 감싸서 아랫배에 가볍게 댄다.(준비, 대기시) 손을 반주먹 형태로 엄지손가락을 감싸서 바지 재봉선에 댄다.(인사시)			
	여자 : 오른손으로 왼손을 감싸서 아랫배에 가볍게 댄다.(준비, 대기시) 오른손으로 왼손을 감싸서 배꼽 위로 가볍게 올려준다. (인사시)			
발	뒤꿈치를 붙이고 발의 내각을 30°로 하여 벌린다.			
표정	가벼운 미소를 띤다.			
허리, 머리	허리에서 머리까지 일직선을 유지한다. (머리만 숙이거나 허리만 굽히지 않도록 주의한다.)			
인사말	안녕하십니까? 등의 인사말은 시선을 맞추고 하며, 1초 동안 몸을 구부린다.			
다리	곧게 펴고 무릎을 붙인다.			
힙	뒤로 빼지 않도록 한다.			
주의	눈을 치켜뜨지 말아야 한다.			

4) 자세와 태도

서비스를 담당하는 종업원으로서의 태도는 가장 중요하고 기본이 되는 것이다. 무엇보다도 제일 요구되는 것은 몸에 익은 세련된 태도이다. 그렇다면 올바른 태도를 어떻게 취해야 하는가를 살펴보자.

① 보행자세
- 바른 걸음걸이는 바른 자세에서 시작된다. 바로 선 자세로 등을 펴고 턱을 당기고 앞을 보고 똑바로 걷는다.
- 항상 경쾌하며 조용하게 걷는다. 긴급시 이외에는 결코 뛰어서는 안된다.
- 복도를 걸을 때는 우측통행을 하며, 코너에서는 주의 깊게 돌아야 한다.
- 복도에서는 상사나 손님을 앞지르지 않는 것이 원칙이다.
- 손님이나 상사와 엇갈릴 때는 공손히 고개를 숙여 목례를 한다.
- 손님을 수행할 때에는 손님의 좌측 1보 전방 또는 후방을 걷는다.
- 승강기를 탈 때 안내자가 없을 경우에는 고객이나 상위자보다 먼저 타고, 내릴 때에는 나중에 내리도록 한다. 반대로 안내자가 있을 경우에는 상위자가 먼저 타고, 내릴 때도 상위자가 먼저 내린다.
- 보행 중에는 주머니에 손을 넣거나 팔짱을 끼거나 뒷짐을 져도 안된다.
- 보행 중에는 눈망울은 초롱초롱하며, 얼굴표정에 생기가 있어 보여야 한다.
- 보행 중에는 주머니에 소리가 나는 것을 넣지 말아야 한다.

② 서 있는 자세
가슴, 어깨, 등을 곧게 펴고, 발뒤꿈치를 바짝 붙이며, 양무릎은 편 상태로 양손을 자연스럽게 아래로 내린다. 턱은 약간 안으로 당긴 듯한 모습이 좋다.

5) 접객서비스 화법

우리가 사용하는 언어는 바로 우리의 인격을 나타내는 것이다. 친근하고 미소가 담긴 어조, 적절한 언어선택, 예의와 경의가 담긴 표현의 사용은 필수적인 것이다. 또한 상대방 입장에서 상대방이 알아듣기 쉽게 전문용어가 아닌 언어로 말하며, 항상 긍정적인 문구를 사용하도록 한다. 목소리는 낮고 부드러운 목소리가 더욱 설득력이 있다. 이러한 여러 가

지 사항을 고려하여 접객서비스 화법을 살펴보면 다음과 같다.

① 먼저 고객의 말은 경청해야 한다. 관심과 흥미를 보이고, 질문하기도 하며, 동의하기도 하고, 감탄하면, 고객은 흥이 나서 본심을 털어 놓게 된다. 대화 중 시선을 다른 곳으로 돌리거나 시계를 자주 들여다보는 행동은 금물이다.

② 항상 확실한 경어를 사용한다.(존경어, 공손어)

③ 다음과 같은 언어의 사용을 습관화한다.
- 대단히 감사합니다.
- 실례합니다.
- 죄송합니다/죄송하지만...
- 덕분입니다.
- 잠시만 기다려 주시겠습니까?
- 제가 하겠습니다.
- 기다리게 해서 정말 죄송합니다.
- 즉시 해드리겠습니다.
- 좋은 하루 되십시오.
- 맛있게 드십시오.
- 안녕하십니까. 고객님?
- 어서 오십시오.
- 잘 알겠습니다.
- 천만에요.
- 알려주셔서 감사합니다.
- 도와드릴까요. 고객님?
- 더 도와드릴 것이 없습니까?
- 제가 추천해 드릴까요?
- 꼭 다시 뵙기 바랍니다.

④ 고객의 직함을 알면 꼭 직함(또는 이름)을 함께 불러준다.

⑤ 고객이 말한 것은 반드시 다시 한번 복창한다. 분명하게 못 들었으면 다시 물어본다.

⑥ 항상 고객에게 감사의 표현을 한다.

⑦ 부정적인 말, 푸념, 짜증적인 말은 일체 사용하지 말아야 하며, 칭찬을 많이 한다.

⑧ 늘 화제거리를 준비해 둔다. 단, 다음과 같은 화제는 피하는 것이 좋다. 정치문제,

종교문제, 지역문제, 사적인 문제 등
⑨ 훌륭한 화술을 위해서는 훈련이 필요하다. 자신의 발음, 악센트, 발성, 표현력 등을 항상 연구해야 한다.
⑩ 고객 앞에서는 카페전문용어의 사용을 자제해야 한다.

6) 전화 응대

전화는 고객과의 빼놓을 수 없는 의사소통의 수단이며 고객접점의 중요한 매개체로서 전화응대 하나가 카페의 이미지 및 매출액에 지대한 영향을 미친다. 전화는 고객의 얼굴을 보지 못하므로 실수하기 쉽고 오해를 발생시킬 소지가 많다. 따라서 고객의 전화 한 통화가 전체의 이미지를 결정한다는 마음가짐으로 항상 친절하고 정중하게 받아야 한다.

구체적인 전화대응요령을 살펴보면 다음과 같다.

① 벨이 울릴 때
- 세 번 이상 울리지 않도록 즉시 받는다.(즉시 받지 못했을 때에는 사과를 표한다.)
- 간단하게 인사를 하고 이쪽의 카페명, 소속, 이름을 말한다.
  예 "안녕하십니까, xx카페, xxx입니다. 무엇을 도와드릴까요"

② 통화할 때
- 모든 통화는 민첩하고 유쾌하게 응답하며 항상 도울 준비가 되어 있음을 알려야 한다.
- 좋은 경청자가 되어야 한다.
- 즐거운 마음으로 다른 이를 도와주는 것에 항상 적극적이고 우호적임을 보여준다.
- 쉽게 이야기하며 강조와 활기를 주기 위해서는 목소리의 톤을 다양하게 한다.

③ 전화 거는 요령
- 사전에 전화번호를 확인한다.
- 잘못 건 전화는 상대방에게 실례가 될 뿐 아니라 시간과 경비의 손실을 가져온다.
- 상대방이 받으면 즉시 카페명, 소속, 이름을 밝힌다.

④ 전언을 부탁받았을 때
메시지를 받을 때에는 정확히 하며 다음 사항을 기록한다.

- 전화를 건 사람의 이름
- 전화번호
- 전화를 건 사람의 회사 또는 부서
- 메시지 받은 날짜와 시간
- 메시지 내용
- 메시지 받은 사람의 이름

⑤ 전화를 끊을 때
- 밝고 명랑한 소리로 끝인사를 한다.
- 상대방이 먼저 수화기를 내려놓은 다음에 수화기를 조용히 내려놓는다.

⑥ 고객의 불평 전화
- 고객에게 정중히 사과한 후 상대방의 이름, 직함, 전화번호를 메모한다.
- 상대방에게 전화를 다시 걸도록 하거나 전화를 여기저기로 돌리는 행위는 삼가한다.
- 반드시 고객에게 양해를 구한 후 직접 담당자를 찾아 전화연결을 하여 통화하도록 배려한다.

⑦ 개인적인 전화
- 근무 중 사적인 전화는 삼가한다.
- 사적인 전화에서는 언어가 거칠어지고 자세가 흐트러지기 쉬우므로 특히 주의하여 직장 분위기를 흐리지 않도록 한다.
- 직장이라는 것을 잊지 말고 요령있게 용건만 전달한다.
- 친구 및 가족 친지에게는 바쁜 시간에 전화가 오는 것을 피하도록 연락을 해야 한다.

⑧ 중계
- 자신의 담당이 아닌 경우라 할지라도 용건을 충분히 확인한 다음 담당자에게 정확히 인계한다.
- 담당자가 확실치 않을 때에는 양해를 얻어 상대방의 번호를 확인한 다음 일단 전화를 끊고 담당자를 확인하고 난 후에 그 담당자로 하여금 전화를 걸도록 한다. 이때

담당자를 확인하지 않고 여러 사람에게 전화를 돌리는 것은 삼가한다.

7) 습득물 처리

카페 내에서 고객이 소지품을 분실하였거나 두고 간 모든 물건들에 대해 이를 문서화하여 안전하게 보관, 처리하고 본인에게 반환하거나 법에 따라 처분하도록 한다.

① 절차

고객이 두고 간 모든 물건은 가격의 고하를 막론하고 습득일로부터 일정기간 동안 보관되어야 하며 그 이전에는 처분할 수 없다. 카페 내에서 발견, 습득한 모든 물건을 각 직원들을 통하여 그 습득경로와 함께 매니저에게 전달한다.

습득물에 대한 문의 및 전화는 모두 매니저 또는 카페의 최고책임자에게 일임되어야 하며 업무처리의 일원화로 유사한 물건에 대한 부정확하고 신뢰할 수 없는 정보 및 회답을 고객에게 하는 것을 방지해야 한다. 또한 습득물은 본인이 날인한 우송청구서가 있기 전에는 임의로 우송하면 안되며 우송은 등기우편을 원칙으로 한다.

② 보관

모든 습득물에 대한 보관소는 안전 자물쇠로 항상 채워 놓아야 하며 현금 및 고가의 귀중품은 카운터의 안전금고에 보관하도록 한다.

③ 문서처리

모든 분실물 및 습득물은 L/F(Lost & Found) Slip을 작성하도록 한다. 습득물은 각각 Tag에 필요한 내용을 기입하여 분별할 수 있게 한다.

물품을 반환한 경우 담당 직원은 습득물 인계부서에 Slip을 작성 날인 후 전표를 통하여 장부를 정리한다. 전표는 물건 반환 후 6개월 이상 보관한다.

④ 주인 불명의 습득물 처리

주인 불명으로 인계된 분실물 및 습득물은 관계법령에 의거하여 처리되어야 한다.

8) 고객접점 서비스(MOT Service)

서비스에 감동을 받은 고객은 카페에 대한 좋은 경험과 이미지를 가지고 평생고객이 될 수 있다. 고객과 최일선에서 근무하는 접객원이 고객을 만나서 서비스가 이루어지는 15초 동안 서비스 수준을 평가받는 것을 MOT(Moment of Truth : 진실의 순간) Service라고 한다. 이러한 평가는 고객과의 접점 순간에 만족을 줄 수 있는 결정적 요소로서 순간순간 최선을 다하여야 한다는 의미를 내포하고 있으며 고객은 항상 서비스를 받고서 평가하므로 카페경영의 경쟁우위서비스를 위해서는 필수적인 서비스기법이라고 할 수 있다.

① 유래

1980년 초 항공산업 불황시 SAS(Scandinavian Airline System)에 얀 칼슨(Jan Carlzon)사장이 취임하면서 MOT가 최초로 도입되었던 항공사 서비스기법이 호텔, 식음료 서비스 산업에 파급되었다. 불황이 닥치면 대부분의 회사들은 인건비를 비롯한 비용절감에 모든 경영핵심역량을 투입하지만 얀 칼슨 사장은 고객위주의 경영을 제창하고 최일선 직원서비스 혁명을 주도함으로써 성공을 거둔 사례이다.

② 구분

MOT 서비스는 인적 MOT, 물적 MOT, 정보 MOT로 나눌 수 있는데 인적 MOT는 고객과의 접점에서 이루어지는 접객원의 서비스로 외모, 인사, 주문, 서빙, 계산 등이다.

물적 MOT는 고객을 위한 시설물, 기물, 메뉴, 분위기로서 깨끗한 카페의 테이블 크로스, 종사원의 유니폼, 메뉴의 맛과 멋 등이며, 정보 MOT는 고객에게 카페식음료 상품을 홍보하거나 알리는 Image Up, Relationship 등의 서비스를 말하는데, 특히 전화예절이 중요하다.

③ 중요성

수많은 접점서비스 순간 중에서 어느 한순간이라도 고객이 불만족하게 되면 전체적으로 볼 때 서비스는 불량으로 평가되는 것이다. 서비스 결과는 고객의 재방문을 통해 매출액으로 나타나고 고객중심적인 서비스를 하는 접객원들은 자발적이고 의욕적으로 서비스함으로써 고객만족을 통한 직업의 자긍심을 갖게 된다.

④ MOT사례일지 작성 요령

고객의 MOT서비스 사항은 매니저이나 조장에게 보고한 후 모든 사항을 육하원칙(六何原則)에 준해서 일지를 작성한다.

- 일시
- 장소
- 시간
- 고객의 성명
- 내용(서비스를 제공하여 고객이 감동한 내용)
- 왜
- 서비스방법

　이 같은 요령에 의거하여 작성하면 접객원들에게 교육 자료로도 활용할 수 있고 고객의 성격과 기호 파악에 용이하며 보다 나은 서비스수준과 기준을 잡을 수 있다. 또한 종사원끼리 선의의 경쟁을 통해 영업장의 서비스질을 높일 수 있으며 종사원의 자긍심으로 인해 서비스에 자신감을 갖게 되고 고정 고객을 만드는 도구로 활용할 수 있다.

9) 고객의 불평·불만사항 처리

　불평을 말하는 고객은 한 번 더 잘할 수 있는 기회를 주는 고마운 고객이다. 신속하고 정성껏 처리했을 때 그 고객을 우리의 영원한 고객으로 만들 수 있는 또 한 번의 기회이며 '고객은 항상 옳다'는 점을 명심해야 한다.

① 발생요인

　서비스에 대한 평가는 고객의 극히 주관적인 판단으로서, 서비스를 하는 측에서 미세한 부분까지 감안하여 배려하는데 대체로 다음과 같은 원인으로 인하여 불만을 토로한다.

- 전화를 오랫동안 받지 않는 경우
- 말씨가 퉁명스럽거나 난폭할 경우
- 접객 태도가 나쁠 경우
- 주문 메뉴에 불순물이 들어 있을 경우
- 주문 메뉴 맛에 이상이 있을 경우
- 뜨거워야 할 음식이 뜨겁지 않거나, 차가워야 할 음식이 차갑지 않을 경우
- 컵이나 기물 등에 흠이 있거나 불순물이 묻어 있을 경우
- 주문한 것과 다른 경우나 누락된 부분이 있을 경우
- 시간이 지체될 경우

- 설비 및 시설의 미비로 신체나 의복이 손상되었을 경우
- 부주의나 불결로 인해 파리 등의 해충이 있을 경우
- 종업원의 용모 불결 및 업장의 분위기가 산만할 경우

② **처리방법**

미국의 전설적인 호텔 왕 '스타틀러'는 서비스의 개념을 한마디로 'Guest is Always Right'라고 정의하였다. 이 말은 곧 잘못을 지적해주는 사람이나 고객에 대해서는 이의나 변명이 있을 수 없다는 것을 말하며, 오히려 고객의 지적이나 불만사항을 주의 깊게 경청하고 시정하는 자세가 서비스 발전의 원동력이 됨을 뜻하는 것이다.

③ **Complain 발생의 대처 요령**

- 끝까지 고객의 말을 겸손하게 경청한다.
- 성의 있게 사과하여 고객의 불쾌감을 풀 수 있게 한다.
- 고객의 Complain을 회피하거나 무마해서는 안된다.
- 사적인 감정대립이 되지 않도록 분위기를 조절한다.
- 다른 고객에게까지 불편을 끼치지 않도록 주의한다.
- 고객의 Complain을 잘 처리해서 회사의 이미지를 향상시켜야 할 뿐 아니라 그 고객을 고정고객으로 만드는 좋은 계기로 삼는다.

④ **Complain일지의 작성 요령**

고객의 Complain을 지배인이나 캡틴에게 보고한 후 모든 사항을 육하원칙(六何原則)에 준해서 일지에 기록한다.

⑤ **불평처리**

■ Complain 처리 방법
- Complain발생 → 조장 및 상사에게 보고 → 손님과 대화 후 합리적인 방향으로 합의 → 합의한 내용을 실행 → 불평 고객을 고정고객화 → 고정고객 관리
- 일이 크게 번지기 전에 즉시 계통대로 보고하여 해결하도록 한다.
- 절대로 담당종업원 혼자 해결하려고 하지 말고 보고하여 처리하도록 한다.

- Complain을 처리할 때의 자세
  - 손님의 입장에서 성의있는 자세로 임한다.
  - 문제점을 해명하거나 변명을 하지 않는다.
  - 손님에게 동의를 해가면서 긍정적인 자세로 듣는다.
  - 솔직하게 사과드린다.
  - 설명은 사실을 전제로 해서 명확하게 한다.
  - 발생된 원인은 신속하게 처리한다.

- Complain 처리 3변주의
  - 사람을 바꾼다.
    - 사원 → 상사
    - 신입사원 → 선배사원
  - 장소를 바꾼다.
    - 서 있을 때 → 앉아서 진정시킨다.
    - 고객을 혼자 있게 한다.
  - 시간을 바꾼다.
    - 대꾸를 피하고 손님이 진정될 수 있는 시간을 갖는다.
    - 고객에게 중간보고를 한다.

- Complain 처리 5단계
  - Complain 손님을 응대할 때 손님보다 목소리가 높아서는 안되며, 손님의 말을 가로막아서도 안된다.
    - 사전에 '죄송합니다'라는 접객용어 사용
  - 1단계 : 고객의 불만을 듣는다.
    - 선입관을 버리고 관심을 갖고 들어준다.
    - 자기 의견을 개입시키지 말고 전체적인 사항을 듣는다.
    - 중요사항의 메모
  - 2단계 : 고객의 불만 원인 분석
  - 3단계 : 해결책을 검토한다.

- 자기 권한 내인가를 검토(자기 권한 밖이면 조장 및 상사에게 보고)
- 고객을 만족시킬 수 있는 방안 검토
- 신속한 해결 일정 검토

• 4단계 : 고객에게 해결책 제시
- 해결책을 알기 쉽게 설명
- 권한 이외의 것은 설명하면서 양해를 구한다.

• 5단계 : 처리결과를 검토한다.
- 고객반응 조사
- 재발방지

⑥ 불평불만 응대요령(사례)

• 고객이 주문한 캐러멜 마키아토가 상이하다고 불평했을 때

구분	세부 내용
사례내용	• 휴가철인 여름에 커피숍에서 캐러멜 마키아토를 주문하였다. • 주문한 캐러멜 마키아토가 아닌 카페모카가 제공되었다. • 메뉴도 바뀌었으며, 카페모카 맛도 좋지 않아서 요금을 지급할 수 없다며 불평함.
불평청취 및 사과	• 고객의 불평을 끝까지 조용히 청취한다. • 인사를 정중히 45°로 한 후 '그렇습니까? 대단히 죄송합니다. 잠시만 기다려 주십시오. 주문을 받은 담당자를 불러 확인조치 하겠습니다.'라고 한 후 오른발부터 2보 뒤로 물러나 주문받은 담당자나 접객조장, 지배인에게 보고한다. • 고객의 의견에 대한 반론 제기는 절대 금한다.
수습	• 보고 받은 담당자나 조장, 매니저는 즉시 테이블로 가서 정중하게 45°로 인사한 후 '제가 주문받은 xx바리스타입니다. 메뉴가 다르게 제공되었습니다.'라고 사과를 하며 매니저 또는 조장은 1m 뒤에 선다. • 이때 매니저가 고객에게 다가와 '제가 담당 매니저입니다. 저희 직원의 실수에 대해서 정말 죄송스럽게 생각합니다. 고객님의 캐러멜 마키아토 메뉴를 즉시 준비해 드리겠습니다.'라고 말씀드린다. • 매니저는 직접 바리스타에게 불평내용을 설명하고 메뉴를 신속하게 준비하도록 하여 직접 서빙을 하고 재차 사과를 한다. '기다리게 해서 죄송합니다.' '맛있게 드십시오.' 라고 한다.

구분	세부 내용
	• 매니저는 그날의 특별메뉴를 선택 고객수대로 무료로 제공할 수도 있다. • 계산과정에서 상황에 따라 주문메뉴 값에서 10% DC하거나 해당 메뉴에 대해서는 Billing을 하지 않는다.
사후조치	• 매니저는 고객을 정중히 배웅하면서 명함을 드리며 '죄송합니다. 다음에 오시면 최선의 메뉴가 제공될 수 있도록 기억하고 있겠습니다. 괜찮으시다면 명함 한 장 주시면 고맙겠습니다.' 라고 인적 사항을 확인한다. • 매니저는 다음날 고객에게 전화를 걸어 다시 한번 사과를 하고 각종 행사가 있을 때 행사브로셔를 우송하여 단골 고객화 한다.

• 캐셔가 불친절하다는 말을 고객으로부터 들었을 때

구분	세부 내용
사례내용	• 계산을 하는 과정에서 고객이 카페이용시설물과 요금을 물었는데 귀찮은 듯 잘 모르겠으니 직접 가서 물어보라고 답변을 했다. • 잔돈을 내어 주면서도 아무 말도 하지 않고 그냥 데스크 위에 올려놓았다. • 고객은 종업원으로부터 푸대접을 받는 느낌이라고 불평했다.
불평청취 및 사과	• 손님의 불평내용을 끝까지 조용히 청취한다. • 인사를 정중히 한 뒤 '그렇습니까? 대단히 죄송합니다. 저희 종업원의 교육부족입니다. 다시는 이런 일이 발생되지 않도록 철저히 교육시키겠습니다.'라고 한다.
수습	• 보고받은 매니저는 즉시 정중히 인사를 하고 '제가 담당 매니저입니다. 불쾌하셨다니 제가 직원 교육을 잘못시킨 것이니 양해해 주시고 용서해 주십시오.' 라고 한다. • 캐셔를 불러 손님에게 사과하도록 조치를 한다.
사후조치	• 매니저는 고객을 정중히 배웅하면서 명함을 건네며 '죄송합니다. 다음에 오시면 이런 일이 없도록 하겠습니다. 안녕히 가십시오.'라고 인사한다. • 매니저는 캐셔에게 고객 불평에 대한 교육을 실시하고 직접 또는 해당 부서에 교육강화에 대한 협조를 의뢰한다.

- 고객이 빵을 구입하고 요금을 지급했는데 종업원은 요금을 받지 않았다고 할 때

구분	세부 내용
사례내용	• 제과점에서 여자 손님이 빵을 3,500원 어치를 사고 10,000원을 지급했는데 캐셔는 돈을 받지 않았다고 한다. • 그로 인하여 손님은 다른 고객 앞에서 도둑취급을 받은 것 같아서 기분이 무척 상했다고 불평했다.
불평청취 및 사과	• 고객의 불평을 끝까지 조용히 청취한다. • 인사를 정중히 한 뒤 '그렇습니까? 제가 한번 확인해 보겠습니다.'라고 한 후 매니저에게 보고한다.
수습	• 보고받은 매니저는 고객에게 다가가서 '제가 담당 매니저입니다. 직원으로부터 자세히 말씀을 들었습니다. 저희 직원과 손님께서 어느 한 쪽이 착각하신 것 같습니다. 저희가 마감 후 계산결과를 확인하여 통보해 드리겠습니다.'라고 한다. • 매니저는 고객에게 요금지급 여부에 관한 확인 작업을 안내한 후 수긍을 하면 요금을 받고 마감결과를 통보해 준다. • 배웅하면서 '이렇게 불편을 드려서 대단히 죄송합니다.'라고 한다.
사후조치	• 명함을 주고 연락처를 받고 고객을 배웅한다. • '확인한 결과 그 시간은 바쁜 시간이 아니었기 때문에 캐셔는 분명히 기억하고 있었다고 합니다.'라고 한다. • 마감결과 착오가 없었음을 고객에게 통보하고 다시 한 번 '불편을 드려서 죄송합니다.'라고 한다. • 각종 행사시 브로셔를 우송하여 단골 고객화 한다.

적중 예상 문제

01. 커피의 서비스 방법에 대한 설명 중 틀린 것은?
1) 고객에게 커피를 서비스할 때 먼저 미소를 띠고 인사를 한다.
2) 고객의 왼쪽에서 제공하고 여성에게 우선 서비스한다.
3) 고객의 오른쪽에서 제공하고 시계방향으로 서비스한다.
4) 커피를 제공할 때 커피가 흘러넘치지 않도록 한다.
5) 커피잔의 손잡이가 오른쪽을 향하도록 서비스한다.

02. 다음 설명 중 올바른 것은?
1) 커피 컵 손잡이는 고객의 앞쪽을 향하게 서비스한다.
2) 커피스푼은 고객의 오른쪽에 수프 스푼과 함께 세팅한다.
3) 레스토랑에서 커피는 고객의 앞쪽에서 서비스한다.
4) 레스토랑에서 커피주문은 고객의 왼쪽에 서서 받는다.
5) 연장자, 남자, 여자 등의 순으로 서비스한다.

03. 커피를 주문받는 요령을 설명한 것 중 틀린 것은?
1) 상냥하게 인사한다.
2) 시계방향으로 여성을 먼저 받는다.
3) 메뉴를 보여준다.
4) 주문받은 사항을 복창하고 재확인한다.
5) 커피 주문 전에 음식 주문을 받는다.

04. 종업원의 서비스 접객방법 중 잘못 설명된 것은?
1) 주문은 복창하여 주문 내용을 재확인 한다.
2) 세컨 라운드의 주문은 고객이 요청할 때까지 기다린다.

3) 한잔이 주문일지라도 반드시 쟁반을 사용한다.
4) 주문이 끝나면 감사의 표시로 정중하게 인사를 드린 후 물러난다.
5) 메뉴를 설명할 때는 간단하고 정확하게 한다.

05. 다음 중 커피전문점 서비스 종사원의 행동규범에 어긋나는 것은?
1) 손님과 대화할 때만은 담배를 피워도 무방하다.
2) 항상 깨끗하고, 명랑하고 사교적이어야 한다.
3) 글라스를 취급할 때 밑 부분을 잡는다.
4) 화장실 사용 후 반드시 손을 씻는다.
5) 손짓이나 웃음이 지나치지 않아야 한다.

06. 종사원의 전화예절에 대한 올바르지 못한 사항은?
1) 전화벨이 세 번 울리기 전에 받는다.
2) 자신의 신분을 밝히고, 상대방의 용건을 경청한다.
3) 상대방이 전화기를 끊는 것을 확인한 후 내려놓는다.
4) 전화통화시 기분이 좋지 않을 때에는 즉시 끊어 버린다.
5) 메모의 전달은 육하원칙에 의한다.

07. 종사원이 갖추어야 할 기본요건이 아닌 것은?
1) 봉사성   2) 능률성
3) 환대성   4) 청결성
5) 계획성

08. 종사원이 상품 판매시 갖추어야 할 사항으로 틀린 것은?
1) 고객에게 고가의 상품을 판매하도록 유도한다.
2) 항상 미소 띤 얼굴로 서비스와 친절을 판다는 것을 잊어서는 안 된다.
3) 가격을 파는 것이 아니라 가치를 팔아야 한다.
4) 분위기를 함께 팔아야 한다.
5) "NO"라는 단어를 두려워 말아야 한다.

09. 고객을 테이블로 안내하는 요령으로 적당하지 않은 것은?
  1) 젊은 남녀 고객은 벽 쪽 조용한 테이블로 안내한다.
  2) 연로한 고객이나 지체부자유 고객은 입구에서 가까운 테이블로 안내한다.
  3) 합석이 불가피한 경우에는 고객에게 양해를 구하여야 한다.
  4) 똑같은 옷이나 유사한 옷을 입은 사람은 옆의 좌석으로 안내한다.
  5) 어린이를 동반한 고객은 벽쪽 구석진 곳으로 안내한다.

10. 남자 종업원의 용모와 복장으로 잘못된 것은?
  1) 명찰은 항상 지정된 위치에 부착해야 하며, 실명인식으로 신뢰를 주도록 한다.
  2) 뒷머리는 짧게 깎아서 와이셔츠 칼라 부분이 덮이지 않도록 한다.
  3) 머리에 무스 등을 바를 경우에는 냄새가 강한 향을 선택해서 손님에게 기분좋은 향을 선사하도록 한다.
  4) 수염은 매일 깨끗이 면도해야 하며 콧속 수염도 밖으로 나오지 않도록 잘라야 한다.
  5) 상의나 바지의 포켓에 불필요한 것을 넣지 말아야 한다.

11. 여자 종업원의 용모와 복장으로 잘못된 것은?
  1) 어깨를 넘는 긴 머리, 얼굴에 흘러내리는 머리는 핀이나 밴드를 사용하여 고정시킨다.
  2) 화장은 밝고 자연스럽게 하며, 진한 화장을 하지 않도록 한다.
  3) 스타킹은 반드시 무늬가 있는 커피색계통으로 착용하여야 한다.
  4) 굽이 너무 높거나 아주 낮은 구두를 신어서는 안 되며 앞이 터지거나 뒤축 끈이 없는 샌들을 신어서는 안 된다.
  5) 가능한 한 안경보다는 콘텍트렌즈를 착용한다.

12. 다음 중 고객에게 인사하는 방법으로 올바른 것은?
  1) 고객과는 처음 마주칠 때만 인사한다.
  2) 고객이 내 앞에 올 때만 미소 지으면서 그 자리에서 인사한다.
  3) 앉아서 근무하는 직원은 고객을 환영, 환송할 시에도 앉아서 인사한다.
  4) 고객과는 될 수 있는 한 눈을 마주치지 않고 인사한다.
  5) 적절한 인사말을 이용한 인사를 한다.

13. 여러 가지 인사법 중 설명에 알맞은 인사법은?

• 45° 각도로 하나, 둘에 구부리고 셋에 멈춘 후 네, 다섯에 펴는 인사이다.

1) 거수 경례
2) 반절
3) 보통절
4) 최경례
5) 큰절

14. 서비스를 담당하는 종업원의 태도는 가장 중요하고 기본이 되는 것이다. 종업원의 보행자세로 틀린 것은?

1) 바로 선 자세로 등을 펴고 턱을 당기고 앞을 보고 똑바로 걷는다.
2) 긴급 시에는 양해를 구하고 손님을 앞질러 지나갈 수 있다.
3) 손님을 수행할 때에는 손님의 좌측 1보 옆에서 걷는다.
4) 보행 중에는 주머니에 손을 넣거나 팔짱을 끼거나 뒷짐을 져도 안 된다.
5) 보행 중에는 주머니에 소리나는 것을 넣지 말아야 한다.

15. 다음 중 접객서비스 화법으로 틀린 것은?

1) 고객 앞에서는 카페전문용어를 사용하면서 자세하고 친절하게 설명한다.
2) 항상 확실한 경어를 사용한다.
3) 고객이 말한 것은 반드시 다시 한번 복창한다.
4) 고객의 직함을 알면 꼭 직함 또는 이름을 함께 불러준다.
5) 시선은 고객의 미간을 향한다.

16. 전화는 고객과의 빼 놓을 수 없는 의사소통 수단의 중요한 매개체이다. 다음 전화응대에 관한 설명 중 틀린 것은?

1) 상대방이 먼저 수화기를 내려놓은 다음에 수화기를 조용히 내려놓는다.
2) 근무 중 사적인 전화는 삼간다.
3) 벨이 울리면 '여보세요?'라고 말한 후 소속과 이름을 얘기한다.
4) 세 번 이상 울리지 않도록 즉시 받는다.(즉시 받지 못했을 때에는 사과를 표한다.)
5) 대화를 할 때 분명하고 정중하게 하며 표준말을 쓴다.

17. 고객의 물건을 습득했을 때 알맞은 절차는?

1) 물품 반환 후 담당 직원은 습득물 인계부서에 Slip을 작성 날인 후 전표를 통하여 장부를 정리한다. 전표는 물건 반환 후 3개월 이상을 보관한다.
2) 습득물은 한꺼번에 보관소에 넣은 후 보관한다.
3) 모든 습득물에 대한 보관소는 안전 자물쇠로 항상 채워놓아야 하며 현금 및 고가의 귀중품은 카운터의 안전금고에 보관하도록 한다.
4) 고객이 두고 간 모든 물건은 가격 고하를 막론하고 습득일로부터 3개월 동안 보관되어야 하며 그 이전에는 처분할 수 없다.
5) 주인이 나타나지 않을 때는 임의로 경매처분 한다.

18. 식음료 종사자의 기본 정신으로 아래 설명 안에 해당되는 정신은?

> 고객이 입장하면 정중히 인사를 하고 미소 띤 얼굴로 테이블까지 안내를 해 드리며, 고객이 떠날 때는 다시 찾아오실 수 있도록 따뜻이 인사를 하면서 유지를 해야 한다. 식음료 영업장에서는 불평이 많이 발생하기 쉬우나 친절한 사람에게는 화를 낼 수 없듯이 종사원이 혹 실수를 하더라도 고객에게 정중히 사과하고 이해시켜서 즐거운 시간을 보낼 수 있도록 유도하여야 할 것이다. 좀 더 좋은 인상과 호감을 주어 고객들이 다시 찾도록 해야 한다.

1) 봉사성
2) 능률성
3) 청결성
4) 정직성
5) 환대성

19. 고객의 불평사항이 발생하였을 때 적절한 대체요령으로 틀린 것은?

1) 끝까지 고객의 말을 겸손하게 경청한다.
2) 다른 고객에게까지 불편을 끼치지 않도록 주의한다.
3) 고객의 불평을 상사나 다른 직원이 해결하도록 넘겨준다.
4) 고객의 불평을 잘 처리해서 회사의 이미지를 향상시켜야 할 뿐 아니라 그 고객을 고정 고객으로 만드는 좋은 계기로 삼는다.
5) 절대로 고객의 불평을 회피하려고 해서는 안 된다.

20. 불평 처리를 할 때의 자세로 잘못된 것은?
1) 문제점을 해명하거나 변명을 하지 않는다.
2) 발생된 원인은 신속하게 처리한다.
3) 솔직하게 사과드린다.
4) 담당종업원 혼자 해결한다.
5) 경청하는 동안 원인을 파악·분석한다.

21. 아래의 내용 ( ) 안에 적합한 용어는 무엇인가?

> 서비스를 제공하는 종업원과 이를 받아들이는 고객 간의 원활한 상호작용이 이루어지는 시점은 ( )이라 하며, 고객의 만족도는 이 시점에서 최대가 되므로 서비스업은 이에 대한 관리에 최선을 다해야 한다.

1) 서비스 기대점   2) 서비스 접점
3) 서비스 순환점   4) 서비스 시발점
5) 서비스 종착점

22. 다음 중 커피바리스타의 기본자세로 틀린 것은?
1) 머리는 청결을 유지하고 긴 머리는 묶는다.
2) 화장은 진하지 않게 하고 손톱은 짧게 깎는다.
3) 깨끗한 유니폼과 앞치마를 착용한다.
4) 향이 강하고 좋은 향수를 사용하여 손님에게 좋은 인상을 준다.
5) 식후에는 반드시 양치질을 한다.

23. 커피바리스타가 근무 중에 지켜야 할 자세로서 옳다고 할 수 없는 것은?
1) 항상 손님의 입장에서 근무하며 모든 손님을 공평하게 접대한다.
2) 영업장에 손님이 없을 때에도 항상 올바른 서비스 자세를 유지한다.
3) 손님의 취향에 따라 맞춤 서비스를 제공할 수 있도록 최선을 다한다.
4) 손님이 알아듣기 쉬운 용어를 사용한다.
5) 손님 간의 대화에 적극적으로 참여한다.

24. 불평처리 5단계를 잘못 설명한 것은?

1) 1단계 : 고객의 불만을 듣는다.
2) 2단계 : 고객의 불만 원인을 분석한다.
3) 3단계 : 해결책을 검토한다.
4) 4단계 : 처리결과를 보고한다.
5) 5단계 : 처리결과를 검토한다.

25. 다음은 물 서비스에 대한 설명이다. 틀린 것은?

1) 물은 통상 식전음료와 더불어 식사 전에 서비스한다.
2) 테이블이나 고객의 옷에 물방울이 떨어지지 않도록 한다.
3) 물을 따를 때는 고객의 좌측에서 한다.
4) 물이 흘러내리지 않도록 암 타월을 사용한다.
5) 특별한 경우를 제외하고 물잔을 손으로 들고 따르지 않는다.

26. 고객을 맞이하는 접객 포인트로 틀린 것은?

1) 고객들의 이름을 기억하고 불러주어야 한다.
2) 고객이 불편할 수 있으므로 추가 서비스(Extra Service)를 제안하지 않는다.
3) 풍부한 상품지식을 갖도록 노력해야 한다.
4) 서비스는 신속하고 정확해야 하며, 동료 간 또는 부서간의 팀웍을 강화하고 최고의 서비스를 위해 서로 협력해야 한다.
5) 안내 담당자는 업장 내의 모든 정보를 제공할 수 있어야 한다.

27. 국내 식음료 산업의 문제점이 아닌 것은?

1) 국내 식음료기업의 다국적 진출
2) 경영자의 인식부족
3) 종사원의 직업관 결여
4) 과도한 경쟁
5) 원가 절감을 위한 저급 원료의 확산

28. 아래의 내용에 대한 설명 중 식음료 산업의 과제로 알맞은 것은?

> 소비자의 권리 의식이 높아지고 고급화되면서 체계적인 경영관리 기법을 개발해 나가지 않으면 여전히 외국계 식음료업체에 자리를 내줄 수밖에 없을 것이다. 음식의 품질에 대한 애착을 가지고 지속적으로 연구·개발하고 마케팅 기법을 도입하여 소비자의 만족을 위한 노력을 하는 것만이 성공할 수 있는 길임을 깨달아야 한다.

1) 전문가적 의식교육
2) 한국음식의 세계화
3) 선진 경영 기법의 개발
4) 기능성 건강식 개발
5) 마케팅 기법 연구

29. 고객에게 좋은 서비스를 제공하기 위해서는 깨끗하고 단정한 용모 및 복장이 필요하다. 다음 중 틀린 것은?

1) 얼굴에는 상처가 없어야 하며 반창고를 붙이고 영업장에 나가서는 안 된다.
2) 모든 종업원은 복장규정을 지킨다.
3) 화장은 밝고 자연스럽게 하며, 야하거나 진한 화장을 하지 않도록 한다.
4) 단추 및 바느질의 상태를 유의해서 입는다.
5) 손은 항상 깨끗이 씻어 청결을 유지하고, 상처가 난 손은 밴드로 감싼 후 서비스한다.

30. 캐셔가 불친절하다고 고객으로부터 불평을 들었을 때 알맞은 조치는?

1) 손님의 불평내용을 끝까지 조용히 들은 후 바로 매니저에게 보고한다.
2) 보고받은 매니저는 즉시 정중히 인사를 하고 대표자에게 보고한다.
3) 대표자는 캐셔에게 경고를 준다.
4) 매니저는 고객을 정중히 배웅하면서 명함을 건네며 '죄송합니다. 다음에 오시면 이런 일이 없도록 하겠습니다. 안녕히 가십시오.'라고 인사한다.
5) 사적인 감정표현은 피하고 공적입장에서 업무에 임한다.

31. 고객이 다시 찾을 수 있는 업장을 만들기 위한 여러 가지 요소와 거리가 먼 것은?

1) 주 고객의 경제적 요건을 고려하여, 최고급 기물과 식재료만을 사용하여 비싼 메뉴만 구성한다.
2) 고객의 욕구에 충족할 수 있도록 신선한 커피로 다양한 메뉴를 구성한다.
3) 편안한 음악을 준비하고 때로는 다양한 이벤트를 실시한다.
4) 새로운 메뉴를 개발하고 프로모션을 실시한다.
5) 깨끗하고 편안한 업장 환경을 유지한다.

32. 아래의 내용 (   ) 안에 들어갈 단어로 알맞은 것은?

> 서비스에 감동을 받은 고객은 카페에 대한 좋은 경험과 이미지를 갖고 평생고객이 될 수 있다. 고객과 최일선에서 근무하는 접객원은 고객을 만나서 서비스가 이루어지는 (   )초 동안 서비스수준을 평가받는 것을 (   ) Service라고 한다.
> 이러한 서비스는 고객과의 접점순간에 만족을 줄 수 있는 결정적 요소로서 순간순간 최선을 다하여야 한다는 것이다. 고객은 항상 서비스를 받고서 평가하므로 카페경영의 경쟁우위서비스를 위해서는 필수적인 서비스기법이라고 할 수 있다.

1) 15, Complain 2) 15, MOT
3) 5, MOT   4) 5, Complain
5) 20, MOT

33. 다음은 고객으로부터 주문을 받을 때에 대한 설명이다. 틀린 것은?

1) 주문을 하고 받는 행위는 고객과의 계약행위라고 할 수 있다.
2) 예의를 갖추고 정중한 자세로 세련되게 주문을 받아야 한다.
3) 상품에 대한 설명은 명료하고 정확하게 해야 한다
4) 주문을 받는 순서는 일반적으로 오른쪽 반시계방향으로 받는다.
5) 주문은 정확하고 잘 알아볼 수 있도록 기록한다.

34. 식음료는 음식(Food)과 음료(Beverage)를 포함하는 합성어로 고객의 식욕을 충족시켜 주는 수단으로 판매되는 상품을 말한다. 식음료 산업의 특징 중 판매관리 면에서의 특징에 해당되는 것이 아닌 것은?

1) 생산과 판매의 동시성
2) 표준화 생산이 불가능
3) 시간적인 제약
4) 고부가가치상품
5) 높은 판매가

35. 고객의 불평·불만사항 발생요인으로 거리가 먼 것은?

1) 뜨거워야 할 음식이 뜨겁지 않거나, 차가워야 할 음식이 차갑지 않을 경우
2) 설비 및 시설의 미비로 신체나 의복이 손상되었을 경우
3) 종사원이 무관심과 비우호적 태도를 보이는 경우
4) 종업원의 용모 불결 및 업장의 분위기가 산만할 경우
5) 카페 인테리어가 적절하지 않을 경우

36. 인사는 예절의 기본이고 애사심의 발로이며, 인간관계의 시작이다. 다음 인사의 요령과 실시방법 중 잘못된 점은?

1) 남자 종업원의 양손의 위치는 손을 편채로 엄지손가락을 감싸서 바지 재봉선에 댄다.
2) 여자 종업원의 양손의 위치는 오른손으로 왼손을 감싸서 아랫배에 가볍게 댄다.
3) 허리에서 머리까지 일직선을 유지하며 머리만 숙이거나 허리만 굽히지 않도록 주의한다.
4) 인사할 때 다리는 곧게 펴고 무릎을 붙인다.
5) 눈을 치켜뜨지 말아야 한다.

37. 고객은 카페내외에서 물적, 인적 서비스에 대한 과정과 결과를 사용하고 평가하는 사람이다. 다음 중 고객만족에 대한 내용으로 거리가 먼 것은?

1) 호감가는 첫인상을 만들어라.
2) 고객 개개인의 입장에서 최선을 다하라.
3) 고객의 기대와 욕구를 초월하라.

4) 고객을 알아주어라.
5) 고객의 불평을 확인하고 묵인하라.

38. 고객의 습득물 처리 과정 중 알맞은 것은?

1) 모든 분실물 및 습득물은 L/F(Lost & Found) Slip을 작성하지 않아도 무관하다.
2) 습득물은 본인이 날인한 우송청구서가 있기 전에는 임의로 우송하면 안 된다. 우송은 일반우편을 원칙으로 한다.
3) 물품 반환 후 담당 직원은 습득물 인계부서에 Slip을 작성 날인 후 전표를 통하여 장부를 정리한다. 전표는 물건 반환 후 1년 이상을 보관한다.
4) 주인 불명의 습득물 처리는 법이 허용하는 범위에서 발견, 보고한 종업원에게 되돌려 줄 수 있다.
5) 습득물을 주인에게 반환할 시에는 별도의 절차없이 즉시 반환한다.

39. ( )안에 들어가는 알맞은 것은?

> MOT서비스는 (㉠) (㉡) (㉢)로 나눌 수 있는데 (㉠)는 고객과의 접점에서 이루어지는 접객원의 서비스로 Appearance, 인사, 주문, 서빙, 계산 등이다.
> (㉡)는 고객을 위한 시설물, 기물, 음식, 분위기로서 깨끗한 카페의 테이블 크로스, 종사원의 유니폼, 음식의 맛과 멋 등이며, (㉢)는 고객에게 카페식음료 상품을 홍보하거나 알리는 Image Up, Relationship 등 서비스를 말하는데, 특히 전화예절은 중요하다.

1) ㉠ 인적 MOT ㉡ 정보 MOT ㉢ 물적 MOT
2) ㉠ 인적 MOT ㉡ 물적 MOT ㉢ 정보 MOT
3) ㉠ 정보 MOT ㉡ 인적 MOT ㉢ 물적 MOT
4) ㉠ 정보 MOT ㉡ 물적 MOT ㉢ 인적 MOT
5) ㉠ 물적 MOT ㉡ 정보 MOT ㉢ 인적 MOT

40. 카페의 입장에서 고객이란 어떤 의미인지를 잘못 설명한 것은?

1) 고객은 우리에게서 만족을 느끼지 못할 때 언제든지 떠날 준비가 되어 있다.
2) 고객은 우리의 상품을 구매하며 호의를 베푸는 것이다. 따라서 고객이 필요로 하는 것(Needs)과 원하는 것(Wants)을 채워주는 것이 우리가 할 일이며 의무인 것이다.
3) 고객이 없는 카페는 존재할 수 도 없으며, 우리사업은 영원히 없다는 것을 기억해야 한다.
4) 우리가 고객에게 의존하는 것이 아니라 고객이 우리에게 의존하는 것이다.
5) 고객은 서비스에서 조직의 생산역량을 증대시켜주는 인적자원이다.

정 답

01. ② 02. ④ 03. ⑤ 04. ② 05. ① 06. ④ 07. ⑤ 08. ① 09. ④ 10. ③
11. ③ 12. ⑤ 13. ④ 14. ③ 15. ① 16. ③ 17. ③ 18. ⑤ 19. ③ 20. ④
21. ② 22. ④ 23. ⑤ 24. ④ 25. ③ 26. ② 27. ① 28. ③ 29. ⑤ 30. ②
31. ① 32. ② 33. ④ 34. ② 35. ⑤ 36. ② 37. ⑤ 38. ④ 39. ② 40. ④

Memo

카페창업

'커피마스터(Coffee Master)' 자격은 (사)한국능력교육개발원이 주관하는 명실공히 커피의 최고 전문가 과정이라 할 수 있으며, 본서는 이러한 커피마스터 자격검정에 초점을 맞추어 구성하였다.

제1장 카페창업의 사전준비

1. 카페창업 사전 준비사항

1) 창업을 하고자 하는 분야의 전문지식과 기술, 정보를 습득하도록 한다. 이러한 기술과 정보를 습득하는 데 들어가는 비용은 초기 창업비용에 포함하지만 이러한 비용은 소액의 투자비용을 통해 창업에 있어 성공할 확률을 높인다.
2) 어떤 유형의 카페를 오픈하고자 하는지 정확한 컨셉을 설정하고 그에 따른 설비, 부자재, 인테리어 비용의 초기 예상 비용을 최대한 상세하게 산출하도록 한다.
3) 정확한 상권을 분석하도록 한다. 정확한 상권분석을 위해서는 직접현장을 찾아가서 확인하며, 상권의 조사개요, 목적 및 작성방법, 상권개요, 입지선정, 입지현황, 상권 및 입지분석의 내용을 포함하여 인구통계학적으로 작성하도록 한다.
4) 상권분석을 통하여 예상 매출목표를 산정하고 예상매출에 따른 초기 창업비용의 투자가 무리하게 이루어지지 않도록 주의한다.

제 2 장 카페창업의 일반적인 절차

1. 인·허가 및 위생교육

① 사업장으로 예상하고 있는 장소가 카페사업에 적합한 장소인가를 관할 관청을 방문해서 문의한다.
② 카페 메뉴에 알코올음료를 판매하는 경우는 휴게음식업이 아니라 일반음식업으로 영업신고 및 사업자 등록을 신청한다.
③ 휴게음식업 등록의 경우 6시간 교육이수(한국휴게음식업중앙회 http://www.efa.or.kr)
④ 일반음식업 등록의 경우 7시간 교육이수(한국외식업중앙회 http://www.ksed.co.kr)

2. 보건증 발급

- 관할 보건소 민원실에 신청서류 접수 후 5~6일 후 수령
- 준비서류 - 사업장 주소, 신분증, 수수료(1,500원 / 보건소마다 수수료 차이가 있음)

3. 건축물관리대장 확인

사업장이 주택인 경우도 가능하나 정화조 용량을 충족하여야 하며, 사업장을 인수한 경우는 명의 이전만 하면 가능하다.

4. 소방검사필증

임차건물이 지상 2층 이상인 경우, 100㎡(약 30평) 이상이거나 지하는 66㎡(약 20평) 이상인 경우 소방검사필증을 구비한다.(관할소방서)

5. LPG사용 검사필증

도시가스를 사용하지 않는 경우 가스안전공사에 안전검사를 신청한 후 필증을 발급 받아서 구청에 제출한다.

6. 영업신고증 신청 및 수령

위에 언급한 구비서류(위생교육, 보건증, 건축물관리대장, 소방검사필증, LPG사용 검사필증)와 신분증, 구청에 구비된 신청서를 작성하고 접수하면 4일 정도 후에 발급된다.

7. 사업자등록 신청 및 수령

사업개시일로부터 20일 이내에 임대차계약서 사본, 영업신고증 사본, 신분증을 준비하여 세무서에 구비된 신청서를 작성하고 신청하면 신속하게 발급된다.

8. 카드단말기 신청

사업자등록증 사본, 영업신고증 사본, 대표자명의 통장사본, 통장에 있는 도장과 동일한 도장, 대표자 신분증 전후면 사본을 구비해서 카드단말기 회사에 신청한다.

단, 단말기의 직접구매와 임대가 차이가 있으므로 차이점을 잘 주의하여 비교하도록 한다.

9. 사전오픈

개업식 전 커피전문점 기물, 주방기구, 고객 접대에 대한 매뉴얼 등을 점검하고 오픈하기 3주 전부터 오픈에 필요한 사항을 최종 점검한다. 정식 오픈일자 2주 전에 사전 오픈행사를 지인 및 관계자를 중심으로 시행함으로써 운영 매뉴얼을 점검해보는 것이 중요하다.

제 3 장 카페창업에 필요한 기타사항

1. 일반과세자의 이해

부가가치세가 과세되는 사업을 할 때, 사업자등록을 하면 일반과세자 또는 간이과세자로 등록해야 한다. 일반과세자는 10%의 세율이 적용되며, 물품 등을 구입할 때 받은 매입세금계산서의 부가가치세액을 전액 공제받을 수 있다. 또한 세금계산서도 발행할 수 있다. 전년도 1년간의 매출액이 4,800만 원 이상이어도 일반과세자로 분류되는 반면 간이과세자는 1.5~4%의 낮은 세율이 적용되고, 매입세액의 15~40%만을 공제받고 세금계산서를 발행할 수 없다. 그렇기 때문에 어떤 유형이 적합한지 알아보고 자신에게 맞는 사업자등록을 하는 것이 좋다.

2. 간이과세자의 이해

간이과세자란 직전 연도의 재화와 용역의 공급에 대한 대가(부가가치세가 포함된 대가)가 4천 800만 원에 미달하는 소규모 개인사업자를 말한다. 간이과세자는 영수증을 발급하지 않아도 되나 부동산중개업자는 영수증을 발급해야 한다.

3. 부동산(상가) 매매(임대차) 계약서

1) 임대차 계약서 작성법 및 주의사항

부동산 매매계약서나 임대차계약서를 작성(건축물 대장 확인 필수)하기 위해서는 해당 영업장이 음식업 영업이 가능한 근린생활시설(1종, 2종) 공간인지를 확인해야 하며, 불법

건축물 유무를 확인해야 한다. 무엇보다 커피를 볶는 로스터리샵의 경우 음료를 전문으로 판매하는 기존의 커피샵과의 가장 큰 차이점이 바로 원두를 시장에 판매할 수 있다는 점인데 직접 매장에 찾아오는 손님들에게 볶은 원두를 판매할 때에는 즉석 판매 제조가공만 신청하면 큰 문제가 없지만, 추후 내가 볶은 원두를 도매상이 구입하여 시장에 유통할 수 있게 하겠다는 사업구상을 가지고 있거나 주변에 있는 커피매장에 원두를 납품하거나 온라인상으로 원두를 판매하겠다는 사업구상을 가지고 있을 경우에는 사업자등록증에 제조업을 추가하는 것이 유리하다. 이 경우 임대차계약서 작성 전에 이에 해당하는 근린생활시설물인지를 따져보아야 한다. 즉석판매제조 가공업은 식품위생법령에 따라 식품을 제조·가공하여 업소에서 직접 최종소비자에게 판매하는 영업이므로 매장에서 볶은 원두를 구입한 사람이 다시 제3자인 소비자에게 판매할 수 없다.

2) 임대차계약서의 정의

임대차계약서는 부동산 등의 물건을 빌리는 사람(임차인: 賃借人)이 그 물건을 사용하고, 그 사용으로 인한 수익을 갖는다는 조건으로 빌려주는 사람(임대인: 賃貸人)에게 대가를 지불한다는 계약 문서를 말한다.

임대차의 목적물은 유체물(有體物: 액체·고체·기체 등의 형태를 가졌거나 전기·에너지 등 사람이 관리하고 지배할 수 있는 것)에 한정되는데 부동산인 경우 부동산임차인은 당사자 간에 반대약정이 없으면 임대인에 대하여 임대차 등기절차에 협력할 것을 청구할 수 있다.

3) 임대차계약서 작성 시 주의사항

임대차에 관한 계약은 그 목적물(부동산이나 기계, 기구 등)에 따라 여러 가지가 있을 수 있으나 계약서의 작성방법은 거의 유사하다. 즉, 그 목적물과 목적물의 사용에 따른 차임에 관한 사항 및 그 기간은 어느 임대차계약이나 공통된 사항으로 대두되고, 기타 이에 부수한 제반 사항을 약정하여 기재하는 형식을 취하고 있다.

임대차계약서의 작성은 이러한 기본형식을 유지한 후 이에 부수한 사항이나 당사자의 확인 및 계약체결에 따른 계약능력과 제반 요건을 확인한 후 계약서를 작성하여야 한다. 임대차계약은 임대인과 임차인 사이에 임대차에 관한 의사의 합치에 의하여 체결한다. 임차목적물(부동산 등)을 타인이 사용하게 하고 그 사용료로 차임을 지급 받을 것을 내용으로 하는 임대인의 의사와, 차임을 지급하고 타인의 물건을 사용하여 수익을 얻으려 하는 임차인의 의사가 합치하여 그 제반 조건이 맞을 경우 임대차계약을 체결하게 된다.

건물 임대차나 보증금이 있는 임대차의 경우에는 물건의 권리관계를 명확히 확인한 후 계약을 하여야 하며 보증금을 회수할 수 있는 방법을 강구하여야 한다. 먼저 등기부등본에 가등기나 저당권의 설정, 압류, 가처분 등이 있는가를 확인하고 임대인의 신용상태와 이전 임차인들과의 분쟁 등에 관하여도 확인해 볼 필요가 있다. 보증금의 반환을 확보하는 방법으로 임차권의 등기나 전세권 등기, 보증인의 입보 등의 방법을 생각할 수 있다. 대법원 인터넷 등기소 (http://www.iros.go.kr)나 법원 등기소에서 임대차 계약 대상 주소지의 토지, 건물 등 등기부등 본을 열람·발급하여 권리관계를 확인한다.

제4장 카페 인테리어 사전점검과 공사절차

1. 인테리어공사 사전 점검사항

1) 카페 매장 인테리어 구상을 위해 다양한 카페를 미리 방문하여 유행이나 컨셉, 예산 등을 고려해 보고 자신이 원하는 컨셉을 만들기 위해 다양한 사진자료와 카페의 특성을 파악해 본다.

2) 카페 매장 인테리어에 필요한 소요경비와 창업 후 일정기간 운영에 필요한 예산을 확보하고 산출하도록 한다. 소상공인진흥센터 등 국가 지원금에 대한 제도를 정확히 파악하여 활용하는 것도 예산확보에 도움을 준다.

3) 각종 계약금부터 기계류, 집기류, 비품 등에 대한 예산과 정식 오픈 후 일정기간까지의 예상 지출에 관한 내용을 파악하고 정확한 예산 분배를 하도록 한다.

4) 전기소비량에 대한 체크를 한다. 매장에서의 주요 전력소비는 커피머신과 에어컨, 냉장고, 제빙기, 오븐 등에서 일어나므로 각 장비별로 소비량을 체크하여 인테리어 담당자와 협의하도록 한다.

5) 가스사용에 있어 LNG와 LPG 중에 어떤 것이 유리한지와 매장 내 장비를 구매할 때 LNG와 LPG의 사용용도를 파악하도록 한다.

6) 매장의 공사 기간 동안 현수막 등을 만들어 정식 오픈 전에 홍보효과를 볼 수 있도록 하며 메뉴판작업, 전단지작업, 인터넷을 통한 홍보를 함께 하도록 한다.

2. 인테리어 공사절차

1) 철거
매장을 확정한 후 기존시설물 및 부착물을 철거한다.

2) 매장의 실측과 디자인 설정
전체 면적을 실측하고 매장의 디자인을 평면과 3D로 설계한다.

3) 기초설비공사
상·하수도와 화장실 등 기초설비 공사를 한다.

4) 목공과 전기배선
기초 목공공사와 전기배선을 진행한다.

5) 도장공사
페인트나 벽지공사를 한다.

6) 유리와 필름공사
마감부에 해당하는 유리와 필름공사를 한다.

7) 타일공사
석재공사에 해당하는 바닥과 벽체의 타일공사를 한다.

8) 조명공사
매장전체의 조명을 인테리어와 조화를 이루며 공사한다.

9) 싸인공사 및 실내청소
매장전체의 싸인물과 간판을 공사한다.

제 5 장 카페 메뉴의 이해

1. 메뉴의 어원과 개념

메뉴의 어원은 라틴어의 'Minutus', 불어의 'Minute', 영어의 'Minute' 즉 작은 목록 표(Small List)란 뜻으로 '상세히 기록하다'의 의미로 해석할 수 있다. 일반적으로 카페에서의 메뉴란 판매할 상품을 기록한 목록표라 할 수 있다.

2. 카페 메뉴의 선정

카페에서 메뉴는 각종 음료의 목록표로서 카페 경영은 얼마나 가치가 있는 메뉴를 선정하는가에 달려 있다. 즉 카페 메뉴의 선정 시에는 표적 고객들의 구매욕구를 불러일으킬 수 있는지를 판단할 수 있는 시장 조사가 선행되어야 하며, 해당 메뉴를 판매함으로써 얼마의 이익을 창출할 수 있는가의 수익성분석이 동시에 이루어져야 한다.

카페 메뉴는 기본적인 상품의 품목, 상품의 가격, 상품의 규격, 상품의 설명, 상품의 제공방법 뿐만 아니라 매장의 서비스, 매장의 분위기, 매장의 기술 및 인적서비스, 계절적 감각까지도 함축되어 있다. 또한 고객과의 커뮤니케이션 수단이자 고객의 구매욕구를 자극하여 판매를 촉진시키는 기능을 지니고 있어 그 자체로 무언(無言)의 판매자라 할 수 있으므로 그 선정에 주의를 기울여야 한다.

3. 카페 메뉴의 기능

1) 카페의 메뉴는 재료구매, 저장, 재고관리, 제조, 대고객 서비스 표준화의 기준이 된다.

2) 매장의 설비와 구조를 결정짓는 시점부터 계절별, 분기별 설비교체의 기준이 된다.
3) 고객과 매장을 연결시켜주는 판촉매체의 기능을 지니고 있어 매장의 이윤창출과 직결된다.
4) 고객에게 매장의 상품을 안내하는 역할 뿐만 아니라 카페의 이미지를 제공하는 역할을 한다.

4. 카페 메뉴 선정시의 고려사항

1) 시장성

카페를 주로 이용할 표적고객과 잠재고객 및 시장규모에 대한 조사가 우선되어야 하고, 이를 통해 고객의 기호나 사회적인 정서, 유행, 업소의 위치, 교통접근성, 상품의 브랜드 등을 감안하여 메뉴를 결정한다. 또한, 이 메뉴가 고객의 기호나 현재의 트렌드에 맞는지 여부와 향후의 잠재가능성이나 경쟁력을 갖춘 메뉴인지에 대한 조사를 통해 나만의 차별화된 메뉴를 선정하도록 한다.

2) 입지성

호텔이나 외식업체에서 입지성이 중요하듯이 카페 또한 입지가 카페경영의 가장 중요한 고려 대상이다. 즉, 카페의 위치에 따라 업종과 형태, 메뉴의 구성과 가격 결정, 주 고객층이 결정되기 때문에 카페가 추구하는 운영목적과 자본력 및 여러 가지 주변상황을 최종적으로 고려하여 카페의 입지를 선택함으로써 주변환경에 적합한 메뉴를 선정한다.

3) 수익성

메뉴선정의 목적은 결국 원가절감을 통한 이윤창출에 있으므로 고객의 욕구에 부합하는지를 파악함과 동시에, 메뉴의 전반적인 재료원가, 재료의 조달여건, 인건비, 카페의 시설과 공간 확보여부 등 수익성 확보차원에서 메뉴가격을 결정한다.

4) 생산가능성

커피를 조제하는 바리스타와 카페를 관리하는 관리자들의 역량을 고려하여 메뉴선정을 함으로써 재료비와 인건비의 상관관계를 검토한다.

5) 적정판매가격

카페의 입지조건에 따라 지역별, 연령별, 학력별, 소득별, 성별, 직업별 등의 인구통계적인 자료를 근거로 고객층을 파악하고 고객에 맞는 적정판매가격을 설정하여 경쟁력과 매출증대를 도모한다.

6) 기타

오픈 전 홍보나 판촉 등의 마케팅과 업장의 규모 및 카페의 인·허가조건 등을 고려한다.

적중 예상 문제

01. 카페창업에 있어 사전 준비사항에 해당하지 않는 것은?

1) 창업을 하고자 하는 분야의 전문지식과 기술, 정보를 습득한다.
2) 어떤 유형의 카페를 오픈하고자 하는지 정확한 컨셉을 설정한다.
3) 정확한 상권을 분석한다.
4) 예상매출목표를 높게 산정하여 초기비용을 투자한다.
5) 설비, 부자재, 인테리어 비용의 초기 예상비용을 최대한 상세하게 산출한다.

02. 카페의 사업자등록을 신청할 경우 휴게음식업과 일반음식업의 차이에 해당하는 것은?

1) 알코올을 판매하는 경우와 판매하지 않는 경우
2) 매장의 크기가 100㎡ 이상인 경우와 그 이하인 경우
3) 매장에 테이블이 있는 경우와 없는 경우
4) 소방시설이 있는 경우와 없는 경우
5) 식품위생법이 적용되는 경우와 적용되지 않는 경우

03. 휴게음식업의 등록을 하는 경우 위생교육을 주관하는 기관은?

1) 한국외식업중앙회
2) 한국휴게음식업중앙회
3) 한국능력교육개발원
4) 관할관청
5) 한국식품산업협회

04. 임차건물이 지하는 66㎡(약 20평) 이상인 경우 소방검사필증을 구비한다. 그렇다면 지상 2층 이상인 경우 소방검사필증을 구비해야 하는 면적으로 맞는 것은?

1) 50㎡(약 15평) 이상
2) 250㎡(약 75평) 이상
3) 150㎡(약 45평) 이상
4) 200㎡(약 60평) 이상
5) 100㎡(약 30평) 이상

05. 사업자등록 신청은 사업개시일로부터 며칠 이내에 세무서에 등록 신청하는가?

1) 1일
2) 5일
3) 20일
4) 30일
5) 35일

06. 세무서에 사업자등록 신청에 필요한 서류에 해당하지 않는 것은?

1) 임대차 계약서 사본
2) 영업신고증 사본
3) 신분증
4) 매장도면
5) 신청서

07. 카드단말기 신청에 필요한 구비서류에 해당하지 않는 것은?

1) 사업자등록증 사본
2) 영업신고증 사본
3) 대표자 신용카드
4) 대표자 신분증
5) 대표자 통장사본

08. 간이과세자는 직전 연도의 재화와 용역의 공급에 대한 대가가 얼마에 미달할 경우 소규모 개인사업자라 말하는가?

1) 2천 400만원
2) 3천 500만원
3) 6천 300만원
4) 5천 900만원
5) 4천 800만원

09. 인테리어공사에 사전 점검사항에 해당하지 않는 것은?

1) 인테리어에 필요한 소요경비를 산출한다.
2) 전기소비량을 체크한다.
3) 가스사용에 LPG와 LNG에 대한 검토를 한다.
4) 메뉴 선정 작업을 한다.
5) 하자 보수기간을 정한다.

10. 다음 중 다른 뜻을 가진 단어는?

1) Main
2) Minutus
3) Minute
4) Small List
5) Menu

11. 카페에서 메뉴의 기능에 해당하지 않는 것은?

1) 서비스 표준화의 기준이 된다.
2) 매출원가를 알아볼 수 있는 목록이다.
3) 카페의 이미지를 제공하는 역할을 한다.
4) 판촉매체의 기능을 한다.
5) 상품 아이템 개발의 자료가 된다.

12. 커피전문점 인테리어 공사의 절차로 옳은 것은?
1) 매장의 실측과 디자인 설정 → 기초설비공사 → 목공 및 전기배선 → 싸인공사 및 실내 청소
2) 기초설비공사 → 목공 및 전기배선 → 매장의 실측과 디자인 설정 → 싸인공사 및 실내 청소
3) 매장의 실측과 디자인 설정 → 싸인공사 및 실내청소 → 기초설비공사 → 목공 및 전기 배선
4) 기초설비공사 → 매장의 실측과 디자인 설정 → 목공 및 전기배선 → 싸인공사 및 실내 청소
5) 기초설비공사 → 싸인공사 및 실내 청소 → 목공 및 전기배선 → 매장의 실측과 디자인 설정

13. 카페에서 메뉴를 선정할 때 고려하여야 할 부분이 아닌 것은?
1) 표적고객들의 구매욕구를 불러일으킬 수 있는지를 판단할 수 있는 시장 조사를 한다.
2) 메뉴를 판매함으로써 얼마의 이익을 창출할 수 있는가의 수익성 분석이 동시에 이루어져야 한다.
3) 카페가 추구하는 운영목적과 자본력 및 여러 가지 주변상황을 최종적으로 고려하여 카페의 입지를 선택함으로써 주변환경에 적합한 메뉴를 선정한다.
4) 원재료 구매와 재고 관리를 고려해서 메뉴를 선정한다.
5) 카페의 메뉴는 맛으로 결정을 지을 수 있는 부분이기 때문에 업주가 좋아하는 메뉴로 선정을 하는 것이 바람직하다.

14. 카페에서 메뉴를 선정할 때 고려사항이 아닌 것은?
1) 시장성
2) 입지성
3) 수익성
4) 차광성
5) 자본력

15. 카페창업의 일반적인 절차로 알맞은 것은?

1) 인허가 및 위생교육→보건증 발급→영업신고증 신청 및 수령→사업자등록 신청 및 수령→사전오픈
2) 인허가 및 위생교육→영업신고증 신청 및 수령→사업자등록 신청 및 수령→사전오픈→보건증 발급
3) 영업신고증 신청 및 수령→보건증 발급→사업자등록 신청 및 수령→사전오픈→인허가 및 위생교육
4) 영업신고증 신청 및 수령→사업자등록 신청 및 수령→인허가 및 위생교육→보건증 발급→사전오픈
5) 영업신고증 신청 및 수령→보건증 발급→사전오픈→인허가 및 위생교육→사업자등록 신청 및 수령

정 답

01. ④ 02. ① 03. ② 04. ⑤ 05. ③ 06. ④ 07. ③ 08. ⑤ 09. ④ 10. ①
11. ② 12. ① 13. ⑤ 14. ④ 15. ①

부록

연인, 동료, 친구, … 모든 만남에서 '한 잔의 커피'는 이제 특별함이 아닌 일상이 되었다. 이는 우리나라 커피 시장을 가늠하는 하나의 지표로 작용할 뿐만 아니라 커피 업계에 종사하는 사람들 또한 많아졌음을 뜻한다 하겠다.

식품위생영업

> 제 36 조 [시설기준] 다음의 영업을 하려는 자는 총리령으로 정하는 시설기준에 맞는 시설을 갖추어야 한다. 〈식품위생법. 개정 2010.1.18., 2013.3.23.〉
>
> 1. 식품 또는 식품첨가물의 제조업, 가공업, 운반업, 판매업 및 보존업
> 2. 기구 또는 용기, 포장의 제조업
> 3. 식품접객업

식품접객업

가. 휴게음식점영업: 주로 다류(茶類), 아이스크림류 등을 조리·판매하거나 패스트푸드점, 분식점 형태의 영업 등 음식류를 조리·판매하는 영업으로서 음주행위가 허용되지 아니하는 영업. 다만, 편의점, 슈퍼마켓, 휴게소, 그 밖에 음식류를 판매하는 장소(만화가게 및 「게임산업진흥에 관한 법률」 제2조제7호에 따른 인터넷컴퓨터게임시설제공업을 하는 영업소 등 음식류를 부수적으로 판매하는 장소를 포함한다)에서 컵라면, 일회용 다류 또는 그 밖의 음식류에 물을 부어 주는 경우는 제외한다.

나. 일반음식점영업: 음식류를 조리·판매하는 영업으로서 식사와 함께 부수적으로 음주행위가 허용되는 영업

다. 단란주점영업: 주로 주류를 조리·판매하는 영업으로서 손님이 노래를 부르는 행위가 허용되는 영업

라. 유흥주점영업: 주로 주류를 조리·판매하는 영업으로서 유흥종사자를 두거나 유흥시설을 설치할 수 있고 손님이 노래를 부르거나 춤을 추는 행위가 허용되는 영업

마. 위탁급식영업: 집단급식소를 설치·운영하는 자와의 계약에 따라 그 집단급식소에서 음식류를 조리하여 제공하는 영업

바. 제과점영업: 주로 빵, 떡, 과자 등을 제조·판매하는 영업으로서 음주행위가 허용되지 아니하는 영업

식품접객업 시설기준

공통시설기준

가. 공통시설기준

1) 영업장

가) 독립된 건물이거나 식품접객업의 영업허가 또는 영업신고를 한 업종 외의 용도로 사용되는 시설과 분리되어야 한다.
다만, 다음의 어느 하나에 해당하는 경우에는 그러하지 아니하다.
 (1) 일반음식점에서 「축산물가공처리법 시행령」 제21조제6호가목의 식육판매업을 하려는 경우
 (2) 휴게음식점에서 「음악산업진흥에 관한 법률」 제2조제10호에 따른 음반·음악영상물판매업을 하는 경우
 (3) 관할세무서장의 의제 주류판매 면허를 받고 제과점에서 영업을 하는 경우

나) 영업장은 연기·유해가스 등의 환기가 잘 되도록 하여야 한다.

다) 음향 및 반주시설을 설치하는 영업자는 「소음·진동관리법」 제21조에 따른 생활소음·진동이 규제기준에 적합한 방음장치 등을 갖추어야 한다.

라) 공연을 하려는 휴게음식점·일반음식점 및 단란주점의 영업자는 무대시설을 영업장 안에 객석과 구분되게 설치하되, 객실 안에 설치하여서는 아니 된다.

2) 조리장

가) 조리장은 손님이 그 내부를 볼 수 있는 구조로 되어 있어야 한다. 다만, 영 제21조제8호바목에 따른 제과점영업소로서 같은 건물 안에 조리장을 설치하는 경우와 「관광진흥법 시행령」 제2조제1항제2호가목 및 같은 항 제3호마목에 따른 관광호텔업 및 관광공연장업의 조리장의 경우에는 그러하지 아니하다.

나) 조리장 바닥에 배수구가 있는 경우에는 덮개를 설치하여야 한다.

다) 조리장 안에는 취급하는 음식을 위생적으로 조리하기 위하여 필요한 조리시설·세척시설·폐기물용기 및 손 씻는 시설을 각각 설치하여야 하고, 폐기물용기는 오물·악취 등이 누출되지 아니하도록 뚜껑이 있고 내수성 재질로 된 것이어야 한다.

라) 1명의 영업자가 하나의 조리장을 둘 이상의 영업에 공동으로 사용할 수 있는 경우는 다음과 같다.
   (1) 같은 건물 안의 같은 통로를 출입구로 사용하여 휴게음식점·제과점영업 및 일반음식점영업을 하려는 경우
   (2) 「관광진흥법 시행령」에 따른 전문휴양업, 종합휴양업 및 유원시설업 시설 안의 같은 장소에서 휴게음식점·제과점영업 또는 일반음식점영업 중 둘 이상의 영업을 하려는 경우
   (3) 일반음식점 영업자가 일반음식점의 영업장과 직접 접한 장소에서 도시락류를 제조하는 즉석판매제조·가공업을 하려는 경우
   (4) 제과점 영업자가 식품제조·가공업의 제과·제빵류 품목을 제조·가공하려는 경우
   (5) 제과점영업자가 기존 제과점의 영업신고관청과 같은 관할 구역에서 둘 이상의 제과점을 운영하려는 경우
마) 조리장에는 주방용 식기류를 소독하기 위한 자외선 또는 전기살균소독기를 설치하거나 열탕세척소독시설(식중독을 일으키는 병원성 미생물 등이 살균될 수 있는 시설이어야 한다. 이하 같다)을 갖추어야 한다. 다만, 주방용 식기류를 기구 등의 살균·소독제로만 소독하는 경우에는 그러하지 아니하다.
바) 충분한 환기를 시킬 수 있는 시설을 갖추어야 한다. 다만, 자연적으로 통풍이 가능한 구조의 경우에는 그러하지 아니하다.
사) 식품등의 기준 및 규격 중 식품별 보존 및 유통기준에 적합한 온도가 유지될 수 있는 냉장시설 또는 냉동시설을 갖추어야 한다.

3) 급수시설

가) 수돗물이나 「먹는물관리법」 제5조에 따른 먹는 물의 수질기준에 적합한 지하수 등을 공급할 수 있는 시설을 갖추어야 한다.
나) 지하수를 사용하는 경우 취수원은 화장실·폐기물처리시설·동물사육장, 그 밖에 지하수가 오염될 우려가 있는 장소로부터 영향을 받지 아니하는 곳에 위치하여야 한다.

4) 화장실

가) 화장실은 콘크리트 등으로 내수처리를 하여야 한다. 다만, 공중화장실이 설치되어 있는 역·터미널·유원지 등에 위치하는 업소, 공동화장실이 설치된 건물 안에 있는 업소 및 인근에 사용하기 편리한 화장실이 있는 경우에는 따로 화장실을 설치하지 아니할 수 있다.

나) 화장실은 조리장에 영향을 미치지 아니하는 장소에 설치하여야 한다.

다) 정화조를 갖춘 수세식 화장실을 설치하여야 한다. 다만, 상·하수도가 설치되지 아니한 지역에서는 수세식이 아닌 화장실을 설치할 수 있다.

라) 다)단서에 따라 수세식이 아닌 화장실을 설치하는 경우에는 변기의 뚜껑과 환기시설을 갖추어야 한다.

마) 화장실에는 손을 씻는 시설을 갖추어야 한다.

5) 공통시설기준의 적용특례

가) 공통시설기준에도 불구하고 다음의 경우에는 특별자치도지사·시장·군수·구청장(시·도에서 음식물의 조리·판매행위를 하는 경우에는 시·도지사)이 시설기준을 따로 정할 수 있다.

(1) 「재래시장 및 상점가 육성을 위한 특별법」제2조제1호에 따른 재래시장에서 음식점영업을 하는 경우

(2) 해수욕장 등에서 계절적으로 음식점영업을 하는 경우

(3) 고속도로·자동차전용도로·공원·유원시설 등의 휴게장소에서 영업을 하는 경우

(4) 건설공사현장에서 영업을 하는 경우

(5) 지방자치단체 및 농림축산식품부장관이 인정한 생산자단체등에서 국내산 농·수·축산물의 판매촉진 및 소비홍보 등을 위하여 14일 이내의 기간에 한하여 특정장소에서 음식물의 조리·판매행위를 하려는 경우

(6) 「전시산업발전법」제2조제4호에 따른 전시시설에서 휴게음식점영업, 일반음식점영업 또는 제과점영업을 하는 경우

나) 「도시와 농어촌 간의 교류촉진에 관한 법률」제10조에 따라 농어촌체험·휴양마을사업자가 농어촌체험·휴양프로그램에 부수하여 음식을 제공하는 경우로서 그 영업시설기준을 따로 정한 경우에는 그 시설기준에 따른다.

다) 백화점, 슈퍼마켓 등에서 휴게음식점영업 또는 제과점영업을 하려는 경우와 음식물

을 전문으로 조리하여 판매하는 백화점 등의 일정장소(식당가를 말한다)에서 휴게음식점영업·일반음식점영업 또는 제과점영업을 하려는 경우로서 위생상 위해발생의 우려가 없다고 인정되는 경우에는 각 영업소와 영업소 사이를 분리 또는 구획하는 별도의 차단벽이나 칸막이 등을 설치하지 아니할 수 있다.

라) 「관광진흥법」 제70조에 따라 시·도지사가 지정한 관광특구에서 휴게음식점영업, 일반음식점영업 또는 제과점영업을 하는 경우에는 영업장 신고면적에 포함되어 있지 아니한 옥외시설에서 해당 영업별 식품을 제공할 수 있다. 이 경우 옥외시설의 기준에 관한 사항은 시장·군수 또는 구청장이 따로 정하여야 한다.

마) 「관광진흥법」 제3조제1항제2호가목의 호텔업을 영위하는 장소 또는 시·도지사 또는 시장·군수·구청장이 별도로 지정하는 장소에서 휴게음식점영업, 일반음식점영업 또는 제과점영업을 하는 경우에는 공통시설기준에도 불구하고 시장·군수 또는 구청장이 시설기준 등을 따로 정하여 영업장 신고면적 외 옥외 등에서 음식을 제공할 수 있다.

업종별시설기준

1) 휴게음식점영업·일반음식점영업 및 제과점영업

가) 일반음식점에 객실(투명한 칸막이 또는 투명한 차단벽을 설치하여 내부가 전체적으로 보이는 경우는 제외한다)을 설치하는 경우 객실에는 잠금장치를 설치할 수 없다.

나) 휴게음식점 또는 제과점에는 객실(투명한 칸막이 또는 투명한 차단벽을 설치하여 내부가 전체적으로 보이는 경우는 제외한다)을 둘 수 없으며, 객석을 설치하는 경우 객석에는 높이 1.5미터 미만의 칸막이(이동식 또는 고정식)를 설치할 수 있다. 이 경우 2면 이상을 완전히 차단하지 아니하여야 하고, 다른 객석에서 내부가 서로 보이도록 하여야 한다.

다) 기차·자동차·선박 또는 수상구조물로 된 유선장(遊船場)·도선장(渡船場) 또는 수상레저사업장을 이용하는 경우 다음 시설을 갖추어야 한다.

(1) 1일의 영업시간에 사용할 수 있는 충분한 양의 물을 저장할 수 있는 내구성이 있는 식수탱크

　　(2) 1일의 영업시간에 발생할 수 있는 음식물 찌꺼기 등을 처리하기에 충분한 크기의 오물통 및 폐수탱크

　　(3) 음식물의 재료(원료)를 위생적으로 보관할 수 있는 시설

라) 영업장으로 사용하는 바닥면적(「건축법 시행령」제119조제1항제3호에 따라 산정한 면적을 말한다)의 합계가 100제곱미터 (영업장이 지하층에 설치된 경우에는 그 영업장의 바닥면적 합계가 66제곱미터) 이상인 경우에는 「다중이용업소의 안전관리에 관한 특별법」제9조제1항에 따른 소방시설등 및 영업장 내부 피난통로 그 밖의 안전시설을 갖추어야 한다. 다만, 영업장(내부계단으로 연결된 복층구조의 영업장을 제외한다)이 지상 1층 또는 지상과 직접 접하는 층에 설치되고 그 영업장의 주된 출입구가 건축물 외부의 지면과 직접 연결되는 곳에서 하는 영업을 제외한다.

마) 휴게음식점·일반음식점 또는 제과점의 영업장에는 손님이 이용할 수 있는 자막용 영상장치 또는 자동반주장치를 설치하여서는 아니 된다. 다만, 연회석을 보유한 일반음식점에서 회갑연, 칠순연 등 가정의 의례로서 행하는 경우에는 그러하지 아니 하다.

바) 일반음식점의 객실 안에는 무대장치, 음향 및 반주시설, 우주볼 등의 특수조명시설을 설치하여서는 아니 된다.

2) 단란주점영업

가) 영업장 안에 객실이나 칸막이를 설치하려는 경우에는 다음 기준에 적합하여야 한다.

　　(1) 객실을 설치하는 경우 주된 객장의 중앙에서 객실 내부가 전체적으로 보일 수 있도록 설비하여야 하며, 통로형태 또는 복도형태로 설비하여서는 아니 된다.

　　(2) 객실로 설치할 수 있는 면적은 객석면적의 2분의 1을 초과할 수 없다.

　　(3) 주된 객장 안에서는 높이 1.5미터 미만의 칸막이(이동식 또는 고정식)를 설치할 수 있다. 이 경우 2면 이상을 완전히 차단하지 아니하여야 하고, 다른 객석에서 내부가 서로 보이도록 하여야 한다.

나) 객실에는 잠금장치를 설치할 수 없다.

다) 「다중이용업소의 안전관리에 관한 특별법」제9조제1항에 따른 소방시설등 및 영업장 내부 피난통로 그 밖의 안전시설을 갖추어야 한다.

3) 유흥주점영업

가) 객실에는 잠금장치를 설치할 수 없다.

나) 「다중이용업소의 안전관리에 관한 특별법」 제9조제1항에 따른 소방시설등 및 영업장 내부 피난통로 그 밖의 안전시설을 갖추어야 한다.

식품위해요소 중점관리기준(HACCP)

1. "위해요소중점관리기준 (Hazard Analysis and Critical Contral Point : HACCP)"이란 식품의 원료 관리, 제조, 가공, 조리 및 유통의 모든 과정에서 위해한 물질이 식품에 섞이거나 식품이 오염되는 것을 방지하기 위하여 각 과정의 위해요소를 확인, 평가하여 중점적으로 관리하는 기준을 말한다.
2. "위해요소(Hazard)"란 식품위생법 (이하 "법"이라 한다) 제4조(위해 식품 등의 판매 등 금지)의 규정에서 정하고 있는 인체의 건강을 해할 우려가 있는 생물학적, 화학적 또는 물리적 인자나 조건을 말한다.
3. "위해요소분석(Hazard Analysis)"이란 식품 안전에 영향을 줄 수 있는 위해요소와 이를 유발할 수 있는 조건이 존재하는지 여부를 판별하기 위하여 필요한 정보를 수집하고 평가 하는 일련의 과정을 말한다.
4. "중요관리점(Critical Limit)"이란 위해요소중점관리기준을 적용하여 식품의 위해요소를 예방, 제거하거나 허용 수준 이하로 감소시켜 당해 식품의 안전성을 확보할 수 있는 중요한 단계, 과정 또는 공정을 말한다.
5. "한계기준(Critical Limit)"이란 중요관리점에서의 위해요소 관리가 허용 범위 이내로 충분히 이루어지고 있는지 여부를 판단할 수 있는 기준이나 기준치를 말한다.
6. "모니터링(Monitoring)"이란 중요관리점에서의 위해요소 관리가 허용 범위 이내로 충분히 이루어지고 있는지 여부를 판단할 수 있는 기준이나 기준치를 말한다.
7. "개선조치(Corrective Action)"란 모니터링 결과 중요관리점의 한계기준을 이탈할 경우에 취하는 일련의 조치를 말한다.
8. "HACCP관리계획(HACCP Plan)"이란 식품의 원료 구입에서부터 최종 판매에 이르는 전 과정에서 위해가 발생할 우려가 있는 요소를 사전에 확인하여 허용 수준 이하로 감소시키거나 제거 또는 예방할 목적으로 HACCP 원칙에 따라 작성한 제조, 가공 또는 조리(유통단체를 포함한다. 이하 같다) 공정 관리문서나 도표 또는 계획을 말한다.
9. "검증(Verification)"이란 HACCP 관리계획의 적절성과 실행 여부를 정기적으로 평가하

는 일련의 활동(적용 방법과 절차, 확인 및 기타 평가 등을 수행하는 행위를 포함한다.)을 말한다.
10. "HACCP 적용업소"란 식품의약품안전청장이 고시한 HACCP을 적용, 준수하여 식품을 제조, 가공 또는 조리하는 업소를 말한다.

식품위생의 목적

양질의 식품을 선택함으로써 건강을 해치고 질병을 유발시키는 부패, 변패된 식품과 유해 미생물, 유해 화학물질 등을 함유하는 유해 식품을 배제하여 식품을 통한 건강증진과 식품의 안전을 지키는 데 목적이 있다.

■ 식품으로 인한 위생상의 위해 요인

① 기생충에 의한 것(유구조충, 무구조충, 회충 폐흡충)
② 미생물에 의한 것(경구 전염병, 세균성 식중독)
③ 화학물질에 의한 것(유해물질, 식품 첨가물)
④ 유독성 식물의 자연독에 의한 것

■ 식품위생 행정의 실천방안

① 식품의 부패, 변패, 유해물질의 함유를 방지한다.
② 미생물에 의한 식품의 오염을 방지한다.
③ 위생상 필요한 식품의 품질과 성분 규격을 정하고 표시한다.
④ 식품 취급시설의 위생 및 취급자의 위생 문제, 교육을 감시한다.

■ 식품 부패의 방지 대책

① 물리적 처리에 의한 방법
가. 건조법(drying) : 태양, 햇빛을 이용하여 식품의 수분을 감소시켜 세균의 발육저지 및 사멸하여 식품을 보존하는 방법으로 수분 15% 이하에서는 미생물이 번식하지 못하므로 균이 사멸되고 오래 보존할 수 있다.

- 일광건조: 농산물(벼)이나 해산물(김, 명태, 어류, 패류, 오징어)
- 열풍건조: 가열된 공기를 식품에 불어 넣어 수분을 증발시킨다.
- 고온건조: 90도 이상의 고온으로 건조, 보존하는 방법
- 배건법: 직접 불로 가열하는 방법(보리차)
- 냉동건조: 냉동시켜 건조하는 방법(한천, 당면, 건조 두부)
- 분무건조: 액체 식품을 분무하여 열풍으로 분말상태로 만든다(분유).
- 감압건조: 저온에서 압력을 낮추어 건조시키는 방법(건조 채소)

나. **냉장, 냉동법**: 미생물은 일반적으로 10도 이하에서 번식이 억제되고 -5도 이하에서 전혀 번식을 하지 못한다. 이러한 원리에 따라 보존할 수 있는 방법은 냉장, 냉동, 움저장이 있다.

- 냉장법: 0~4도의 저온에서 보존하는 방법(채소, 과일류)
- 냉동법: -5도 이하로 동결시켜 보존하는 방법(육류, 어류), -20도 이하에서는 장기간 어패류 보관 가능
- 움저장: 10도 정도의 움 속에 저장하는 방법(고구마, 감자)으로 세균이 수분 15% 이하에서 번식하지 못하는 원리 이용

다. **가열 살균**: 일반 세균은 70도에서 30분, 포자형성 세균은 120도에서 20분 정도 가열해서 살균하는 방법이다.

- 저온살균법: 60~65도에서 30분 가열하는 방법으로 우유, 술, 과즙, 소스 등의 액체 식품 살균에 이용한다.
- 고온살균법: 95~120도 이상의 온도에서 30분~1시간 가열하는 방법으로 통조림 살균법에 이용된다.
- 초고온 살균법: 130~150도에서 0.75~2초간 가열하는 방법으로 초음파 가열살균법이라고도 한다.

라. **자외선 및 방사선 이용법**: 식품 품질에 영향을 미치지 않는 이점이 있으나 식품내부까지 살균할 수 없는 단점이 있다.

② 화학적 처리에 의한 방법

가. **염장법**: 식품에 소금물을 침투시켜 삼투압을 이용하여 탈수 건조시켜 보존하며 동시에 미생물도 원형질 분리를 일으켜 생육을 억제시키는 방법이다(배추, 해산물, 채소, 육류 등의 저장에 이용되고, 10% 정도 소금 농도에서 발육이 억제된다).

나. **당장법**: 50% 이상의 설탕액에 저장하는 방법으로 삼투압에 의해 일반 세균의 번식

억제로 부패세균 생육을 억제하는 방법이다(과일류, 젤리, 잼, 가당 연유).
- **다. 산저장법(초절임법):** 식초산이나 젖산을 이용하여 식품을 저장하는 방법으로 유기산이 무기산보다 미생물 번식 억제효과가 크다 (3~4% 식초산이 함유된 식초가 사용된다).
- **라. 가스저장법:** 식품을 탄산가스나 질소가스 속에 보존하는 방법으로 호흡작용을 억제하여 호기성 부패세균의 번식을 저지하는 방법이다.
- **마. 훈연법:** 활엽수의 연기 중에 알데히드나 페놀과 같은 살균 물질을 육질에 연기와 함께 침투시켜 저장하는 방법이다(소시지, 햄).

■ 식품과 관계되는 전염병

세균성 식중독

① 식중독에 오염된 식품을 섭취해야 발생한다.
② 식품에 많은 양의 균이나 독소가 있다.
③ 살모넬라 외에는 2차 감염이 없다.
④ 잠복기가 짧은 것이 많다.
⑤ 면역이 안 된다.

소화기계 전염병

① 전염병균에 오염된 식품, 물에 의해 경구적 감염을 일으킨다(이질, 콜레라, 장티푸스).
② 식품에 적은 양의 균이 있다.
③ 2차 감염이 있다.
④ 잠복기가 비교적 길다.
⑤ 면역이 된다.

■ 식중독(Food poisoning)

음식물 섭취로 인한 급성 또는 만성적인 질병을 가리킨다. 발병의 원인물질에 따라 세균성 식중독, 자연독 식중독, 화학물질에 의한 식중독이 있다.

식중독은 일반적으로 자연 유독물, 유해 화학물질 또는 세균이 음식물에 첨가되고 오염되어 경구적으로 섭취하였을 때 일어나는 건강장애이다. 겨울철보다는 여름철에 세균성

식중독이 많이 일어난다. 세균성 식중독은 식중독의 80% 이상을 차지한다. 세균의 증식에 알맞은 온도는 25~37도이다.

(1) 세균성에 의한 식중동

구분	원인 물질
세균성 식중독	• 감염형 : 살모넬라균, 장염 비브리오균, 병원성 대장균 • 중간형 : 웰치균 • 독소형 : 포도상구균(내열성), 보툴리누스균(포자형성)
자연독 식중독	• 동물성 : 복어, 섭조개, 모시조개, 굴, 대합, 바지락 • 식물성 : 독버섯, 감자, 독미나리, 청매
화학성 식중독	• 농약, 금속, 유해 첨가물, 메탄올, 기타
알레르기성 식중독 (히스타민 중독)	• 히스타민(특히 체질 발생, 설사, 두드러기 증상)
곰팡이독 식중독	• 아플로독신 중독, 매각 중독, 황변미 중독

- 감염형 식중독 : 식중독의 원인이 직접 세균에 의하여 발생 → 살모넬라 식중독, 장염 비브리오 식중독, 병원성 대장균 식중독
- 독소형 식중독 : 식중독의 원인이 세균이 분비한 독소에 의해 발생 → 보툴리누스식중독, 포도상구균 식중독
- 중간형 식중독 : 웰치 식중독

가) 감염형 식중독

① 살모넬라(Salmonella)균에 의한 식중독 : 감염형 식중독으로 육류, 어패류 및 가공품, 우유, 계란 등에서 발생하며, 감염원은 쥐, 개, 고양이 등 애완동물이나 야외동물이며, 인축공통 전염병 및 발열이 특징이며 급성 위장염 증상이 나타나고, 24시간 이내에 발열, 구토, 복통, 설사 증세가 나타나고 치사율이 1%이다. 또 2차 감염이 일어날 수 있다.

② 장염비브리오균에 의한 식중독 : 감염형 식중독으로 호염성 세균인 비브리오균이

원인인 세균으로 3~4% 식염 농도에 잘 발육하며 발육 최적 온도는 27~37도이다. 열에 약하며 설사와 구토 증상이 특징이다. 어패류 생식이 주된 원인이 된다. 주로 여름철에 집중적으로 발생되므로 이를 예방하기 위해서는 60도에서 2분간 가열처리, 조리기구, 도마 및 행주의 소독을 필요로 한다. 7~9월에 집중 발생한다.

③ 병원성 대장균에 의한 식중독 : Gram음성간균으로서 편모를 가지고 있으며 보통 배지에서 잘 발육한다. 잠복기간은 10~30시간으로 설사, 점액성물과 같은 대변 등 이질과 증상이 비슷하다. 발열, 두통, 복통을 수반하기도 한다. 환자나 보균자 동물의 분변에 의해 1, 2차적 오염, 손을 통해 조리식품에 오염되기도 한다.

나) 독소형 식중독

① 포도상구균에 의한 식중독 : 황색 포도상구균에 의해 발생하며 독소형 식중독으로 독소는 엔테로톡신(Enterotoxin)이라는 장관독으로 열에 의해 쉽게 파괴되지 않고 화농성 질환을 갖는 조리자가 조리한 식품에서 발생한다. 우리나라에서 가장 많이 발생하며 잠복기가 1~6시간, 평균 3시간 정도로 가장 빠른 것이 특징이다. 이 식중독을 예방하기 위해서는 손의 소독, 식품의 냉장보관, 방충, 방서를 잘 해야 한다. 포도상구균이 생성하는 엔테로톡신은 내열성이 강해 120도 20분 가열해도 완전 파괴되지 않는다.

② 보툴리누수 균에 의한 식중독 : 독소형 식중독으로 독소는 신경독인 뉴로톡신으로 열에 아주 강하며 통조림 식품과 햄, 소시지에서 발견되고 식중독 중 치사율이 64%로 가장 높다. 보툴리누스 식중독의 증상으로는 신경마비, 시력장애, 동공확대 등이 대표적이다. 보툴리누스균은 20도 정도에서 잘 발육하고 독소를 생산하나, 열에 약하여 80도에서 30분간 가열하면 파괴된다.

다) 중간형 식중독

① 웰치(Welchil)균에 의한 식중독 : 동물성 단백질 식품이 주체이다. 가열된 고기를 실온에 방치할 때 고기 내부는 산화 환원의 전위가 저하되어 혐기상태가 되는데 이때 가열 후에도 남아 있던 포자는 급속히 증가된다. 잠복기간은 12~18시간, 설사와 복통을 반드시 수반하나 구토와 발열이 없다. 예방법은 가열조리는 식품을 급냉하여 저온저장하거나 60도 이상 고온보존한다.

(2) 자연독에 의한 식중독

가) 동물성 식중독

① 복어 식중독 : 테트로도톡신(Tetrodotonin)은 복어의 독소로 치사율이 50~60%로 동물성 자연독 중 가장 위험하고 지각이상, 호흡장애, 운동장애 등의 증상이 나타난다. 복어의 난소 부분에 가장 많이 있으며, 중독은 여름보다 겨울에 많이 일어난다. 잠복기는 1~8시간이다.

② 조개 식중독 : 베네루핀(Venelupin)은 모시조개, 굴의 독성 성분으로 1~2일 잠복기를 거쳐 구토, 복통, 변비, 황달 등의 증세가 나타나며, 중증일 때 의식혼탁, 혈변, 토혈을 동반하며 10시간~7일 이내에 사망할 수도 있다. 치사율은 44~50%이다.

③ 섭조개 식중독 : 삭시톡신(Saxitoxin)은 섭조개, 대합조개의 독성 성분이다. 운동장애, 안면마비 증세가 나타나며, 치사율은 10%이다.

나) 식물성 식중독

① 감자 식중독 : 솔라닌(Solanine)은 감자의 발아 부분의 독성분으로 수시간 이내 복통, 두통, 현기증, 위장장애가 나타난다.

② 독버섯 식중독 : 무스카린(Muscarine)은 독버섯의 독성분으로 호흡곤란 및 위장, 자궁수축 등의 증상이 나타난다.

③ 면실유 식중독 : 고시풀(Gossypol)은 정제가 잘못된 불순한 면실유의 독성분이다. 증세는 복통, 구토, 설사이다.

④ 두류, 인삼 식중독 : 사포닌(Saponin)은 두류, 인삼, 팥에 있는 독성분으로 두류, 즉 팥을 삶을 때 생긴 거품은 설사를 유발한다.

⑤ 청매 : 아미그다린(Amygdalin)

⑥ 독미나리 : 시큐톡신(Cicutoxin)

⑦ 맥각 : 맥각 알칼로이드(맥각 Alkaloid)

⑧ 독보리 : 테물린(Temulin)

(3) 화학물질에 의한 식중독

식품의 수확, 제조, 포장과정에서 유해 금속류에 우발적으로 오염되어 이들 중금속염들이 체내에 잔류 축적되면서 중독현상이 일어난다.

금속성	주된 중독 경로	중독증상	발병시간
구리(Gu)	첨가물, 식기, 용기	구토, 위통	수분~2시간
아연(Zn)	식기, 용기, 오용	설사, 구토, 복통	1~2시간
카드뮴(Cd)	식기, 기구, 오용	구토, 경련, 설사	15~30분
납(Pb)	기구, 오용	복통, 구토, 설사	30분 이상
비소(As)	농약, 첨가물	위통, 설사, 구토, 출혈	10분 이상
안티몬(Sb)	식기, 오용	구토, 설사, 출혈	수분~1시간
수은(Hg)	오용	구토, 복통, 설사, 경련	2~30분

(4) 수질오염에 의해 발생되는 공해병

① 미나마타병 : 유기 수은
② 이타이이타이병 : 카드뮴
③ 유증 : PCB
④ 산독증 : 메탄올

(5) 농약에 의한 식중독

① 유기인제제 : 파라치온, 텝(TEPP)
② 유기염소제 : 디디티(DDT), 비에취씨(BHC)

(6) 유해첨가물에 의한 식중독

표백제	롱가리트(Rongalite)
유해 감미료	에틸렌리콜, 니트로 알파닌계 감미료, 싸이클라메이드, 둘신
살균료	승홍
유해 보존료	붕산, 불소화합물, 포르말린, 포름알데히드
착색료	유해성 타르(Tar)색소
착향료	메틸알코올, 클로로포름, 아미부틸레이트, 니트로벤젠
증량제	산성백토, 탄산칼슘, 탄산마그네슘, 벤토네이트, 규산마그네슘, 규조토

(7) 식중독 예방대책

① 손소독 및 몸의 청결

② 구충, 구서 및 위생 해충의 서식 억제
③ 위장 장애자나 화농성 질환자 및 전염병 감염자의 식품취급 금지
④ 세균증식이 우려되는 식품의 냉장보관
⑤ 식품위생법의 규정 엄수

(8) 식중독 발생 시의 대책

의사는 식중독이 확인되면 행정기관(관할보건소장)에 보고한다. 행정기관은 추정 원인식품 을 수거하여 검사기관에 보낸다. 역학조사 실시로 원인식품과 감염경로를 파악한다. 수집자 료는 예방대책 수립에 활용한다.

감염형 식중독

식중독	살모넬라	장염 비브리오(Vibrio)	병원성 대장균
원인균	Salmonella Typhimurium, Sal, Enteritide 등 돼지, 소, 닭, 쥐, 개, 고양이 등의 정상적인 장내 세균	Vibro Parahaemolyticus 해수세균의 일종 3%의 소금물에서 잘 생육 생육 적온 37도	가축이나 인체에 서식하는 Escherichia coli 중에서 인체에 감염되어 나타나는 균주로 장관출혈성 대장균(EHEC-verotoxin 생산), 장관침입성 대장균(EIEC-대장상피에 침입하여 조직내 감염), 장관 병원성 대장균(EPEC-급성 위장염 발병), 독소원성 대장균(ETEC-엔테로톡신 생산)
원인식품	육류 및 그 가공품, 우유 및 유제품, 채소, 샐러드, 조육 및 알 등	어패류(주로하절기)	우유가 주원인, 햄버거, 샐러드, 소고기 등
감염경로	쥐, 파리, 바퀴벌레, 닭, 돼지, 고양이 등의 장내에서 장내 세균으로 서식	어패류의 생식, 어패류를 손질한 도마(조리기구)나 손을 통한 2차 감염	환자나 가축의 분변
잠복기	식후 8~20시간	식후 10~18시간	EHEC 3~8일 EIEC 10~18시간 EPEC 9~12시간 ETEC 10~12시간
증상	설사, 복통, 구토, 발열	구토, 복통, 설사(혈변), 약간의 발열	설사(혈변), 복통, 두통, 발열
예방법	방충 및 방서시설, 식품의 저온보존, 위생 관리 철저, 균은 열에 약하므로 음식물은 60도에서 약 30분간 가열하여 섭취	여름철에 어패류의 생식을 금하며, 이 균은 저온에서 번식하지 못하므로 냉장보관	환자와 가축을 잘 관리하여 식품과 물이 오염되지 않도록 주의, 식품과 음료수의 살균 처리 철저

독소형 식중독

식중독	포도상구균	보툴리누스균(Botulinus)	세레우스균(Cereus)
원인균	Stapylococcus Aureus(황색포도상구균) 화농성 질환의 대표적인 원인균 식중독의 원인물질인 장독소 엔테로톡신 생성(장독소 : 내열성이 강해 120도에서 30분간 처리해도 파괴 안 됨) 생육 최적온도 30~37도, 소금 7.5%의 배지에서도 생육 혈장응고효소 생산	Clostridium Botulinum 유기물이 많은 토양 하층 및 늪지대에서 서식 신경독소 뉴로톡신 생산(뉴로톡신 : 열에 약하여 80도에서 15분 가열하면 비활성화)	Bacillus Cereus 내열성(135도에서 4시간 가열해도 견딤) 토양, 물, 곡물 등의 자연에 널리 분포 식품에 증식하며 설사독소와 구토 독소 생산
원인식품	유가공품(우유, 크림, 버터, 치즈), 조리식품(떡, 콩가루, 김밥, 도시락)	불충분하게 가열살균 후 밀봉 저장한 식품(통조림, 소시지, 병조림, 햄 등)	수프, 바닐라, 소스, 푸딩, 밥, 떡 등
잠복기	1~6시간	12~36시간	8~16시간(설사형) 1~5시간(구토형)
증상	구토, 복통, 설사	신경계의 마비증상 세균성 식중독 중 치명률이 가장 높음(40%)	복통, 설사, 메스꺼움, 구토
예방법	식품 및 조리기구의 멸균, 식품의 저온보관과 오염방지, 조리실의 청결유지, 화농성 질환자의 식품취급 금지, 조리된 식품의 신속 섭취	음식물의 충분한 가열, 살균 처리, 통조림, 소시지 등의 위생적 보관과 위생적 가공	제조된 식품은 즉시 섭취, 보관시에는 즉시 냉각 후 냉장 또는 60도 이상으로 보온 보존

기타 세균형 식중독

식중독	웰치(Welchii)균	아리조나(Arizona)균	장구균	알레르기성
원인균	Clostridium Per Fringens(Cl, Welchii) 토양과 사람 및 동물의 장관에 상주하여 독소 생성	Salmonella Arizona 가금류와 파충류의 정상적인 장내 세균 살모넬라 식중독균과 비슷	Enterococcus Faecalis 사람과 동물의 정상적인 장내 세균	Proteus Morganii 사람이나 동물의 장내에 상주 알레르기를 일으키는 히스타민을 만듦.
원인식품	육류, 어패류의 가공품, 튀김 두부 등 가열 조리 후 실온에서 5시간 경과한 단백질성 식품	가금류, 난류와 그 가공품	유제품(치즈, 우유), 육류(소시지, 햄), 곡류	붉은살 생선(꽁치, 고등어, 정어리, 참치 등)
잠복기	8~20시간	18~24시간	5~10시간	30분 전후
증상	구토, 복통, 설사(혈변)	메스꺼움, 설사, 구토, 발열	설사, 복통, 구토	안면홍조, 발진(두드러기)

세균성 식중독과 경구 감염형의 비교

식중독	세균성 식중독	경구 감염병
발병원인	대량 증식된 균	미량의 병원체
발병경로	식중독균에 오염된 식품 섭취	감염병균에 오염된 물 또는 식품의 섭취
2차감염	살모넬라, 장염비브리오 외에는 2차 감염이 안 된다.	2차 감염이 된다.
잠복기	짧다.	비교적 길다.
면역	안 된다.	된다.

[※참조1 : 임대차계약서 양식]

(상가)임대차계약서

☐ 전세   ☐ 월세

임대인과 임차인 쌍방은 아래 표시 부동산에 관하여 다음 계약내용과 같이 임대차계약을 체결한다.

1. 부동산의 표시

소 재 지				
토 지	지목		면 적	m²
건 물	구조용도		면 적	m²
임대할부분			면 적	m²

2. 계약내용

제 1 조 (목적) 위 부동산의 임대차에 한하여 임대인과 임차인은 합의에 의하여 임차보증금 및 차임을 아래와 같이 지불하기로 한다.

보 증 금	금	원정 ( )		
계 약 금	금	원정은 계약시에 지불하고 영수함. 영수자(㊞)		
중 도 금	금	원정은	년 월	일에 지불하며
잔 금	금	원정은	년 월	일에 지불한다.
차 임	금	원정은 (선불로·후불로) 매월		일에 지불한다.

제 2조 (존속기간) 임대인은 위 부동산을 임대차 목적대로 사용.수익할 수 있는 상태로 년 월 일까지 임차인에게 인도하며, 임대차 기간은 인도일로부터 년 월 일까지로 한다.

제 3조 (용도변경 및 전대 등) 임차인은 임대인의 동의없이 위 부동산의 용도나 구조를 변경하거나 전대.임차권 양도 또는 담보제공을 하지 못하며 임대차 목적 이외의 용도로 사용할 수 없다.

제 4조 (계약의 해지) 임차인의 차임연체액이 2기의 차임액에 달하거나 제3조를 위반하였을 때 임대인은 즉시 본 계약을 해지할 수 있다.

제 5조 (계약의 종료) 임대차계약이 종료된 경우에 임차인은 위 부동산을 원상으로 회복하여 임대인에게 반환한다. 이러한 경우 임대인은 보증금을 임차인에게 반환하고, 연체 임대료 또는 손해배상금이 있을 때는 이들을 제하고 그 잔액을 반환한다.

제 6조 (계약의 해제) 임차인이 임대인에게 중도금(중도금이 없을 때는 잔금)을 지불하기 전까지, 임대인은 계약금의 배액을 상환하고, 임차인은 계약금을 포기하고 이 계약을 해제할 수 있다.

제 7조 (채무불이행과 손해배상) 임대인 또는 임차인이 본 계약상의 내용에 대하여 불이행이 있을 경우 그 상대방은 불이행한 자에 대하여 서면으로 최고하고 계약을 해제할 수 있다. 그리고 계약 당사자는 계약해제에 따른 손해배상을 각각 상대방에 대하여 청구할 수 있다.

제 8조 (중개수수료) 부동산중개업자는 임대인과 임차인이 본 계약을 불이행함으로 인한 책임을 지지 않는다. 또한, 중개수수료는 본 계약체결과 동시에 계약 당사자 쌍방이 각각 지불하며, 중개업자의 고의나 과실없이 본 계약이 무효. 취소 또는 해제되어도 중개 수수료는 지급한다. 공동중개인 경우에 임대인과 임차인은 자신이 중개 의뢰한 중개업자에게 각각 중개수수료를 지급한다.(중개수수료는 거래가액의 %로 한다.)

제 9조 (중개대상물확인.설명서 교부등)중개업자는 중개대상물 확인. 설명서를 작성하고 업무보증관계증서(공제증서등) 사본을 첨부하여 계약체결과 동시에 거래당사자 쌍방에게 교부한다.

특약사항

본 계약을 증명하기 위하여 계약 당사자가 이의 없음을 확인하고 각각 서명. 날인 후 임대인, 임차인 및 중개업자는 매장마다 간인하여야 하며, 각각 1통씩 보관한다.

년   월   일

임대인	주 소						㊞
	주민등록번호			전 화		성 명	
	대 리 인	주소		주민등록번호		성 명	
임차인	주 소						㊞
	주민등록번호			전 화		성 명	
	대 리 인	주소		주민등록번호		성 명	
중개업자	사무소 소재지			사무소 소재지			
	사무소 명칭			사무소 명칭			
	대 표	서명및날인	㊞	대 표	서명및날인		㊞
	등 록 번 호		전화	등 록 번 호		전화	
	소속공인중개사	서명및날인	㊞	소속공인중개사	서명및날인		㊞

[※참조2 : 사업자등록신청서 양식]
[별지 제3호 서식](2011.3.24. 개정)   홈텍스(www.hometax.go.kr)에서도 신청할 수 있습니다.

사업자등록신청서(개인사업자용)
(법인이 아닌 단체의 고유번호 신청서)

※ 귀하의 사업자등록 신청내용은 영구히 관리되며, 납세성실도를 검증하는 기초자료로 활용됩니다. 아래 해당사항을 사실대로 작성하시기 바라며, 신청서에 본인이 자필로 서명하여 주시기 바랍니다.(앞쪽)

※ [ ]에는 해당되는 곳에 표를 합니다.

접수번호		처리기간 3일(보정기간은 불산입)

1. 인적사항

상호(단체명)		전화번호	(사업장)
성명(대표자)			(자 택)
			(휴대전화)
주민등록번호		FAX번호	
		전자우편주소	
사업장(단체) 소재지		국세청이 제공하는 국세정보 수신동의 여부	[ ] 동의함 [ ] 동의하지 않음

2. 사업장 현황

	주업태		주종목		주업종코드	개업일	종업원 수
	부업태		부종목		부업종코드		
사이버몰 명칭			사이버몰 도메인				
사업장구분	자가 면적	자가 면적	사업장을 빌려준 사람 (임 대 인)			임대차 명세	
			성명 (법인명)	사업자 등록번호	주민(법인) 등록번호	임대차 계약기간	(전세) 보증금	월세
	m²	m²				원	원	원

허가 등 사업 여부	〔〕 신고 〔〕 등록 〔〕 허가 〔〕 해당없음		주류면허	면허번호	면허신청 〔〕 여 〔〕 부
개별소비세 해당 여부	〔〕 제조 〔〕 판매 〔〕 입장 〔〕 유흥				
사업자금 명세 (전세보증금 포함)	자기자금 원		타인자금		원
사업자단위과세 적용 신고 여부	〔〕 여 〔〕 부		간이과세 적용 신고 여부	〔〕 여 〔〕 부	
그 밖의 신청사항	확정일자 신청 여부 〔〕 여 〔〕 부	공동사업자 신청 여부 〔〕 여 〔〕 부	사업장소 외 송달장소 신청 여부 〔〕 여 〔〕 부	양도자의 사업자등록번호 (사업양 수의 경우에 한정함)	

3. 사업자등록 신청 및 사업 시 유의사항 (아래 사항을 반드시 읽고 확인하시기 바랍니다)

가. 귀하가 다른 사람에게 사업자명의를 빌려주는 경우 사업과 관련된 각종 세금이 명의를 빌려 준 귀하에게 나오게 되어 다음과 같은 불이익이 있을 수 있습니다.

    1) 조세의 회피 및 강제집행의 면탈을 목적으로 자신의 성명을 사용하여 타인에게 사업자등록을 할 것을 허락한 사람은「조세범 처벌법」제11조 제2항에 따라 1년 이하의 징역 또는 1천만 원 이하의 벌금에 처해집니다.

    2) 소득이 늘어나 국민연금 및 건강보험료를 더 낼 수 있습니다.

    3) 명의를 빌려간 사람이 세금을 못 내게 되면 체납자가 되어 소유재산의 압류. 공매처분, 체납명세의 금융회사 등 통보, 출국규제 등의 불이익을 받을 수 있습니다.

나. 귀하가 다른 사람의 명의로 사업자등록을 하고 실제 사업을 하는 것으로 확인되는 경우 다음과 같은 불이익이 있습니다.

    1) 조세의 회피 또는 강제집행의 면탈을 목적으로 타인의 성명을 사용하여 사업자등록을 한 사람은「조세범 처벌법」제11조 제1항에 따라 2년 이하의 징역 또는 2천만 원 이하의 벌금에 처해집니다.

    2)「부가가치세법」제22조 제1항 제2호에 따라 사업개시일부터 실제 사업을 하는 것으로 확인되는 날의 직전일까지의 공급가액에 대하여 100분의 1에 해당하는 금액을 납부세액에 가산하여 납부하여야 합니다.

    3)「주민등록법」제37조 제10호에 따라 다른 사람의 주민등록번호를 부정사용한 자는

3년 이하의 징역 또는 1천만 원 이하의 벌금에 처해집니다.
다. 귀하가 실물거래 없이 세금계산서 또는 계산서를 발급하거나 발급받은 경우「조세범 처벌법」제10조 제3항 또는 제4항에 따라 해당 법인 및 대표자 또는 관련인은 3년 이하의 징역이나 공급가액 및 그 부가가치세액의 3배 이하에 상당하는 벌금에 처해집니다.
라. 신용카드 가맹 및 이용은 반드시 사업자 본인명의로 하여야 하며 사업상 결제목적 외의 용도로 신용카드를 이용할 경우「여신전문금융업법」제70조 제2항에 따라 3년 이하의 징역이나 2천만 원 이하의 벌금에 처해집니다.

대리인이 사업자등록신청을 하는 경우에는 아래의 위임장을 작성하시기 바랍니다.

위 임 장	본인은 사업자등록 신청과 관련한 모든 사항을 아래의 대리인에게 위임합니다. 본 인 :　　　　　　　　　　(서명 또는 인)			
대리인 인적사항	성 명	주민등록번호	전화번호	신청인과의 관계

위에서 작성한 내용과 실제 사업자 및 사업내용 등이 일치함을 확인하며,「부가가치세법」제5조 제1항. 제25조 제3항, 같은 법 시행령 제7조 제1항, 제74조 제4항, 같은 법 시행규칙 제2조 제1항 및「상가건물 임대차보호법」제5조 제2항에 따라 사업자등록[ ]일반과세자 〔 〕 간이과세자 〔 〕 면세사업자 〔 〕 그 밖의 단체] 및 확정일자를 신청합니다.

　　　　　　　　　　　　　　　　　　　　　　　년　　월　　일
　　　　　　　　　　　　　　　　　신청인 :　　　　(서명 또는 인)
　　　　　　　　　　　　　　　　위 대리인 :　　　　(서명 또는 인)

세 무 서 장　　귀하

신고인 제출서류	1. 사업허가증 사본, 사업등록증 사본 또는 신고필증 사본 중 1부(법령에 따라 허가를 받거나 등록 또는 신고를 하여야 하는 사업인 경우만 해당합니다) 2. 임대차계약서 사본(사업장을 임차한 경우만 해당합니다) 1부 3.「상가건물 임대차보호법」이 적용되는 상가건물의 일부분을 임차한 경우에는 해당부분의 도면 1부 4. 자금출처명세서(금지금 도.소매업 및 과세유흥장소에의 영업을 하려는 경우 만 해당합니다) 1부
담당공무원 확인사항	1. 법인등기사항증명서

※ 사업자등록 신청 시 다음과 같은 사유에 해당하는 경우 붙임의 서식 부표에 추가로

적어 주시기 바랍니다.
① 공동사업자에 해당하는 경우
② 종업원을 1명 이상 고용한 경우
③ 사업장 외의 장소에서 서류를 송달받으려는 경우
④ 사업자단위과세 적용 신청자의 경우(2010년 이후부터 적용)

210mm×297mm[일반용지 70g/㎡(재활용품)]

[※참조3: 제1종 근린생활시설과 제2종 근린생활시설의 구분표]
「건축법 시행령」 별표 1

제1종 근린생활시설

「건축법」에 의한 용도별 건축물의 종류상 다음에 해당하는 것은 제1종 근린생활시설로 분류한다.
① 수퍼마켓, 일용품 등의 소매점 : 바닥면적의 합계가 1천㎡ 미만인 것
② 휴게음식점, 제과점 : 바닥면적의 합계가 300㎡ 미만인 것
③ 이용원, 미용원, 목욕장 및 세탁소(공장이 부설된 것과「대기환경보전법」등에 따른 배출 시설의 설치, 허가 또는 신고의 대상이 되는 것은 제외)
④ 의원, 치과의원, 한의원, 침술원, 접골원, 조산원, 안마원
⑤ 탁구장, 체육도장 : 바닥면적의 합계가 500㎡ 미만인 것
⑥ 지역자치센터, 파출소, 지구대, 소방서, 우체국, 방송국, 보건소, 공공도서관, 지역건강보험 조합, 그 밖에 이와 비슷한 것 : 바닥면적의 합계가 1천㎡ 미만인 것
⑦ 마을회관, 마을공동작업소, 마을공동구판장, 그 밖에 이와 비슷한 것
⑧ 변전소, 양수장, 정수장, 대피소, 공중화장실, 그 밖에 이와 비슷한 것
⑨ 지역아동센터(단독주택과 공동주택에 해당하는 것은 제외)
⑩ 「도시가스사업법」에 따른 가스배관시설

제2종 근린생활시설

「건축법」에 의한 용도별 건축물의 종류상 다음에 해당하는 것은 제2종 근린생활시설로 분류한다.
① 일반음식점, 기원
② 휴게음식점, 제과점 : 바닥면적의 합계가 300㎡ 이상인 것
③ 서점 : 바닥면적의 합계가 1천㎡ 이상인 것
④ 테니스장, 체력단련장, 에어로빅장, 볼링장, 당구장, 실내낚시터, 골프연습장, 물놀이형 시설(「관광진흥법」에 따른 안전성검사 대상시설에 한함), 그 밖에 이와 비슷한

　　　것 : 바닥면적의 합계가 500㎡ 미만인 것
⑤ 공연장(극장, 영화관, 연예장, 음악당, 서커스장, 「영화 및 비디오물의 진흥에 관한 법률」에 따른 비디오물감상실 비디오물소극장, 그 밖에 이와 비슷한 것) 또는 종교집회장(교회, 성당, 사찰, 기도원, 수도원, 수녀원, 제실, 사당, 그 밖에 이와 비슷한 것) : 바닥면적의 합계가 300㎡ 미만인 것
⑥ 금융업소, 사무소, 부동산중개사무소, 결혼상담소 등 소개업소, 출판사, 그 밖에 이와 비슷한 것 : 바닥면적의 합계가 500㎡ 미만인 것
⑦ 제조업소, 수리점, 세탁소, 그 밖에 이와 비슷한 것 : 바닥면적의 합계가 500㎡ 미만이고, 다음의 요건 중 어느 하나에 해당되는 시설
　• 「대기환경보전법」 등에 따른 배출시설의 설치허가 또는 신고의 대상이 아닌 것
　• 「대기환경보전법」 등에 따른 설치허가 또는 신고 대상 시설이나 귀금속 장신구 및 관련 제품 제조시설로서 발생되는 폐수를 전량 위탁 처리하는 것
⑧ 「게임산업진흥에 관한 법률」에 따른 청소년게임제공업의 시설 및 복합유통게임제공업의 시설(청소년 이용 불가 게임물 제공은 제외)로서 바닥면적의 합계가 500㎡ 미만인 것과 「게임산업진흥에 관한 법률」에 따른 인터넷컴퓨터게임시설제공업의 시설로서 바닥면적의 합계가 300㎡ 미만인 것
⑨ 사진관, 표구점, 학원(바닥면적의 합계가 500㎡ 미만인 것만 해당되며, 자동차학원 및 무도 학원은 제외), 직업훈련소(바닥면적의 합계가 500㎡ 미만인 것을 말하되, 운전·정비 관련 직업훈련소는 제외), 장의사, 동물병원, 독서실, 총포판매사, 그 밖에 이와 비슷한 것
⑩ 단란주점 : 바닥면적의 합계가 150㎡ 미만인 것
⑪ 의약품 판매소, 의료기기 판매소, 자동차영업소 : 바닥면적의 합계가 1천㎡ 미만인 것
⑫ 안마시술소, 노래연습장
⑬ 고시원(「다중이용업소의 안전관리에 관한 특별법」에 따른 고시원업의 시설로서 독립된 주거의 형태를 갖추지 아니한 것) : 바닥면적의 합계가 500㎡ 미만인 것

커피마스터 자격검정 요강

○ 주최 : 사단법인 한국능력교육개발원
○ 주관 : 한국커피자격검정평가원
○ 자격명 : 커피마스터
○ 자격의 종류 : 등록민간자격
○ 자격 등록번호 : 제2013-0706호
○ 응시자격 :

- 4년제 대학 관련학과 졸업 후 실무경력 6개월 이상인 자
- 2~3년제 전문대학 관련학과 졸업 후 실무경력 1년 이상인 자
- 직업전문학교 관련학과 졸업 후 실무경력 2년 이상인 자
- 커피관련 교육기관 또는 산업체 실무경력 3년 이상인 자
- 등급이 없거나 커피바리스타2급 수준의 커피분야 등록 민간자격 취득 후 2년 이상인 자
- 커피바리스타1급, 바리스타1급 등 1급 수준의 등록 민간자격 취득 후 1년 이상인 자
- 한능원 커피바리스타1급을 취득 후 실기심사 경력 4회 이상인 자

○ 특전

- 장애인 응시료 할인
- 국가유공자 응시료 할인
- 기초생활수급자 응시료 할인
※ 중복할인 불가

○ 응시료 및 환불조건

- 필기 5만원, 실기 8만원
- 원서접수 마감일까지는 100% 환불
- 원서접수 마감일 이후부터 검정 시행일 6일전까지 50% 환불
- 검정 시행 5일 이전부터는 환불 불가

○ 문의 : ☎ 02-2281-4001/02-2298-8222
※ 검정일정 공식 홈페이지 참고(www.caea.or.kr)
○ 소재지 : (04715)서울시 성동구 왕십리로 311-1
○ 과정이수형 시행 및 시행 예정 자격:

자격 종목	등록 번호	검정 형태	주요 직무
로스터(Roaster)	2013-0707	과정이수형 (무시험)	커피 로스팅
카페경영관리사(Cafe Consultant)	2013-0709		카페창업 컨설팅
라떼아트(Latte Art)	2014-1534		라떼아트 제작
핸드드립(Hand drip)	2014-1535		핸드드립 커피제작
에스프레소 머신 오퍼레이터(E.M.O)	2014-4003		커피기계 운용
에스프레소 테이스터(Espresso Taster)	2014-4374		에스프레소 평가
젤라띠에리(Gelatieri)	2014-4598		젤라또 제작
사이포니스트 Lv1, Lv2(Siphonist Lv1, Lv2)	2015-003853		싸이폰 커피추출
CAEA Cupper	2015-002291		커핑
홈바리스타	2016-001317		가정에서 커피제작

· 주최 _ 한국능력교육개발원   · 주관 _ 한국커피자격검정평가원

커피마스터 자격시험대비(개정증보판)
커 피 마 스 터

초판인쇄	2013년 09월 25일
개 정 판	2017년 05월 01일

지은이	학술위원회
펴낸이	김미아
펴낸곳	도서출판 한수

출판등록	제303-2003-000031호
등록일자	2008년 8월 13일
주소	서울특별시 성동구 왕십리로 311-1
전화	02) 2281-8013
팩스	02) 2281-4102
홈페이지	www.hansoo.or.kr

copyright ⓒ 학술위원회, 2017

ISBN 979-11-85174-06-8

이 책은 저작권자의 계약에 따라 출판하였습니다. 이 책은 저작권법에 따라 보호받는 저작물이므로 책의 내용을 무단으로 인용하거나 발췌를 금지하며, 이 책의 내용의 전부 또는 일부를 이용하려면 저작권자와
도서출판 한수의 서면동의를 받아야 합니다.

*잘못된 책은 구입하신 서점에서 바꾸어 드립니다.

*책값은 뒤표지에 있습니다.